"互联网+"视域下大学生核心素养研究

毕清波 著

北京工业大学出版社

图书在版编目（CIP）数据

"互联网+"视域下大学生核心素养研究 / 毕清波著
. — 北京：北京工业大学出版社，2021.4
ISBN 978-7-5639-7935-6

Ⅰ. ①互… Ⅱ. ①毕… Ⅲ. ①大学生－素质教育－研究－中国 Ⅳ. ①G640

中国版本图书馆CIP数据核字（2021）第081829号

"互联网+"视域下大学生核心素养研究
"HULIANWANG+" SHIYU XIA DAXUESHENG HEXIN SUYANG YANJIU

著　　者：	毕清波
责任编辑：	李倩倩
封面设计：	知更壹点
出版发行：	北京工业大学出版社
	（北京市朝阳区平乐园 100 号　邮编：100124）
	010-67391722（传真）　　bgdcbs@sina.com
经销单位：	全国各地新华书店
承印单位：	唐山市铭诚印刷有限公司
开　　本：	710 毫米 ×1000 毫米　1/16
印　　张：	12
字　　数：	240 千字
版　　次：	2023 年 4 月第 1 版
印　　次：	2023 年 4 月第 1 次印刷
标准书号：	ISBN 978-7-5639-7935-6
定　　价：	60.00 元

版权所有　翻印必究

（如发现印装质量问题，请寄本社发行部调换 010–67391106）

前 言

"互联网+"与大学生核心素养培育契合在一起,既是互联网时代信息技术发展的必然要求,也是大学生核心素养依托互联网拓宽培育途径的必然体现。"互联网+"视域下"核心素养"教育借助互联网重塑学生的理性批判思维,培育学生自主学习的能力,以推动学生核心素养的发展,从而促进当代大学生的全面发展,满足"互联网+"时代对人才的需求。

本书共四章。第一章为"互联网+"概述,包括"互联网+"的概念界定、"互联网+"的时代特性与技术基础、"互联网+"的思维逻辑模式、"互联网+"对教育的影响等内容。第二章为核心素养与大学生核心素养体系的构建,包括核心素养的内涵、大学生核心素养体系构建的理论基础、大学生核心素养体系的构建等内容。第三章为"互联网+"视域下大学生核心素养培养面临的挑战与机遇,包括"互联网+"视域下大学生核心素养培养面临的挑战、"互联网+"视域下大学生核心素养培养面临的机遇等内容。第四章为"互联网+"背景下大学生核心素养培育,包括"互联网+"对大学生核心素养培育的作用、互联网+"背景下大学生核心素养培育的原则与策略等内容。

为了保证内容的丰富性与研究的多样性,笔者在撰写的过程中参考了大量的相关文献,在此谨向相关文献的作者表示衷心的感谢。

最后,由于笔者水平有限,加之时间仓促,书中难免存在不足之处,在此恳请广大读者批评指正。

目 录

第一章 "互联网+"的含义与特点 1
    第一节 "互联网+"的概念界定 1
    第二节 "互联网+"的时代特性与技术基础 4

第二章 "互联网+"与教育 24
    第一节 "互联网+"的思维逻辑模式 24
    第二节 "互联网+"对教育的影响 31

第三章 大学生核心素养体系 42
    第一节 核心素养的内涵 42
    第二节 大学生核心素养体系构建的理论基础 51
    第三节 大学生核心素养体系的基本内容 81

第四章 "互联网+"视域下大学生核心素养培养面临的挑战与机遇 105
    第一节 "互联网+"视域下大学生核心素养培养面临的挑战 105
    第二节 "互联网+"视域下大学生核心素养培养面临的机遇 126

第五章 "互联网+"背景下大学生核心素养培育 167
    第一节 "互联网+"对大学生核心素养培育的作用 167
    第二节 互联网+"背景下大学生核心素养培育的原则 171
    第三节 "互联网+"背景下大学生核心素养培育的策略 173

参考文献 186

第一章 "互联网+"的含义与特点

第一节 "互联网+"的概念界定

普适计算之父马克·韦泽说:"最高深的技术是那些令人无法察觉的技术,这些技术不停地把它们自己编织进日常生活,直到你无从发现为止。"而互联网正是这样的技术,它正潜移默化地渗透到我们的生活中来,改变了传统的信息"传播"模式、重构了更加先进的"生产关系",成为我们器官的延伸,与我们的环境融为一体。

一、"互联网+"概念的提出

所谓"互联网+"就是以互联网为主的一整套信息技术(包括移动互联网、云计算、大数据技术等)在经济、社会生活各部门的扩散、应用过程。简言之,"互联网+"是以互联网平台为基础,利用信息通信技术与各行业的跨界融合,推动产业转型升级,并不断创造出新产品、新业务与新模式,构建连接一切的新生态。互联网作为一种通用目的的技术,与100年前的电力技术,200年前的蒸汽机技术一样,将对人类经济社会产生巨大、深远而广泛的影响。

北京大学移动政务实验室博士宋刚认为:应将"互联网+"看作是创新2.0下的互联现点网发展新形态、新业态,是知识社会创新2.0推动下的互联网形态演进。北京大学博士、高级工程师、超图软件先进技术实验室主任黄骞认为:"互联网+"提出的背景与思路,有点类似美国的工业互联网理念。"互联网+"是希望用国内相对优质与国际领先的互联网力量去加速国内相对落后的制造业的效率、品质创新、合作与营销能力的升级,以信息流带动物质流,也会与一带一路相结合,推展整体产业的国际影响力。

从"互联网+"的概念中可以提炼出它的四个基本要素。一是技术基础,即构建在现代信息通信上的互联网平台;二是实现路径,即互联网平台与传统产业的各种跨界融合；三是表现形式，即各种跨界融合的结果呈现为产品、业务、模式的不断迭代出新；四是"互联网+"的最终形态，即个由产品、业务、模式构成的、动态的、自我进化的、连接一切的新生态。四个要素形成一个自然的递进关系：在技术基础之上，依循跨界融合的实现路径，融入互联网基因的新产品、业务、模式不断演进，最终达到"互联网+"在微观上连接一切、在中观上产业变革、在宏观上经济转型的动态平衡。

据了解，较早提出"互联网+"这一概念的是易观国际。2012年11月14日，易观国际董事长兼CEO于扬在"易观第五届移动互联网博览会"上提出"互联网+"，认为它是互联网对传统行业的渗透和改变。于扬表示，"移动互联网它的本质，离不开'互联网+'。在未来，互联网+公式应该是我们所在的行业目前的产品和服务，在与我们未来看到的多屏全网跨平台用户场景结合之后产生的这样一种化学公式。"

"互联网+"的本质是传统产业的在线化、数据化。无论网络零售、在线批发、跨境电商、快的打车、淘点点所做的工作分享都是努力实现交易的在线化。只有商品、人和交易行为迁移到互联网上，才能实现"在线化"；只有"在线"才能形成"活的"数据，随时被调用和挖掘。在线化的数据流动性最强，不会像以往一样仅仅封闭在某个部门或企业内部。在线数据随时可以在产业上下游、协作主体之间以最低的成本流动和交换。数据只有流动起来，其价值才得以最大限度地发挥出来。

在互联网时代，信息化正在回归"信息为核心"这个本质。互联网是迄今为止人类所看到的信息处理成本最低的基础设施。互联网天然具备全球开放、平等、透明等特性，使得信息/数据在工业社会中被压抑的巨大潜力爆发出来，转化成巨大生产力，成为社会财富增长的新源泉。例如，淘宝网作为架构在互联网上的商务交易平台，促进了商品供给—消费需求数据/信息在全国、全球范围内的广泛流通、分享和对接：10亿件商品、900万商家、3亿多消费者实时对接，形成一个超级在线大市场，极大地促进了中国流通业的效率和水平，释放了内需消费潜力。

什么是"互联网+"

李克强总理在政府工作报告中明确指出："着力培育新的增长点，促进服务业加快发展，支持发展移动互联网、集成电路、高端装备制造、新能源汽车等战略性新兴产业，互联网金融异军突起，电子商务、物流快递等新业态快速成长，众多'创客脱颖而出,文化创意产业蓬勃发展。全面推进'三网'融合,加快建设光纤网络,大幅提升宽带网络速率,发展物流快递,把以互联网为载体、线上线下互动的新兴消费搞得红红火火。"制定'互联网+'行动计划,推动移动互联网、云计算、大数据、物联网等与现代制造业结合,促进电子商务、工业互联网和互联网金融健康发展,引导互联网企业拓展国际市场。"

从李克强总理的政府报告中我们可以看出,国家正在大力推进互联网+,试图运用互联网+的力量来推动中国经济的发展,使中国经济实现弯道超车,更快地步入世界强国的行列。

所以,在中国这片有着轰轰烈烈的建设热潮的土地上,"互联网+"正在成为这个时代最重要的主角,因为它作为这个时代的主流趋势,肩负着影响中国、改变中国的神圣使命。如果你不知道或者不了解"互联网+",那就意味着你与这个时代脱节了。任何人、任何企业,只有紧跟时代的脉搏,才能获得更好的生存资本和市场红利。

"互联网+"作为一种新的经济形态,一种新的生产力,它将会依靠自身独特而又强大的优势,将互联网的创新成果深度融合于经济社会各领域之中提升实体经济的创新力和生产力,形成更广泛的以互联网为基础设施和实现工具的经济发展新形态。所以,越来越多的人开始谈论"互联网+",开始深入了解"互联网+",意在从中寻找新的发展机遇,寻找新的市场空间和营销手段,以期更好地完成蜕变和战略转型、升级。

"互联网+"蕴含的价值与力量,远非我们能够想象到的。有了"互联网+",企业、产业才能够串联起来。而未来的商业世界,早已不是企业与企业之间,个人与个人之间的竞争,而是升级到平台与平台之间的竞争,甚至是生态圈与生态圈之间的战争。而要想升级到这种竞争高度,就必须借助"互联网+"。所以,我们只有深入了解"互联网+",运用"互联网+",才能抓住这个时代的机遇,胜任这个时代的挑战。你是没落还是崛起,取决于你是否掌握"互联网+"的精髓,并懂得运用它。

第二节 "互联网+"的时代特性与技术基础

一、"互联网+"的时代特性

互联网+"是互联网的升华和发展,是把互联网的创新成果与经济社会各领域深度融合,推动技术进步、效率提升和组织变革,提升实体经济创新力和生产力,形成更广泛的以互联网为基础设施和创新要素的经济社会发展新形态。张晓峰先生认为,"互联网+"时代具有跨界融合、创新驱动、重塑结构、尊重人性、开放生态、连接一切六大特征。我们认为,连接、融合、创新、共享、生态、责任是"互联网+"最显性的特性。

(一)连接

"互联网+"的基础是连接。将互联网与传统各行业进行深度连接、融合,并形成创新驱动是"互联网+"的目标。没有连接,就没有跨界,更没有融合,也就谈不上"互联网+"。可以说,连接的泛化性是"互联网+"时代最显著的特征。

在"互联网+"环境下的连接,不仅仅是互联网之间技术要素的连接,更是一种跨界连接,是一种跨界思维、理念、模式等全方位的连接。

1. 连接才能实现技术创新

互联网企业自身要进行技术创新,要具备相互连接的能力和条件,这是"互联网+"下实现连接一切的前提和基础。只有有效形成"互联网+移动互联网+云计算+大数据+物联网+万联网+产业互联网+XX互联网",才能为跨界连接提供技术支持。

2. 连接才能提升服务质量

各行业和服务不仅要有与"互联网+"进行跨界连接的勇气和信心,更要具有"互联网+"的思维,要冷静思考,选择一条最适合自己的"互联网+"的路径。各行业和服务要通过连接,整合、优化自身内部组织和管理系统,不断提升产品和服务质量,以产品和服务的质量去赢得用户的信赖。只有这样,产品和服务才具有黏性，才具有市场竞争力。

3.连接才能重塑管理理念

互联网与各行业及服务不能为连接而连接，为跨界而跨界。"互联网+"下的连接不仅是商业模式的变革，更是一种管理理念的革新，是社会结构的重构，也是经济结构、生活结构和文化结构的重塑。连接应当成为"互联网+"下的一种行为模式。

4.连接才能体现对人性的尊重

就个人而言，连接更多的是一种体验、一种社交和一种生活方式；对于整个社会而言，连接将更多的是一种对话、一种交互、一种价值、一种治理结构。从这个角度上来看，连接能够给予人性最大的尊重，能最大限度地满足人性中交流、交互、交往的需要，这也是对人性的最大释放。

5.连接一切是其最显著的特征

"互联网+"下的连接是连接一切，即将一切可以产生信息并具有信息交互可能性或相互影响的因素，利用信息通信技术特别是智能化的方法连接在一起的过程和状态。连接是互联网的未来，是互联网+"最基本的特征。

（二）融合

1.融合是全方位的深度融合

"互联网+"下的融合，不仅是互联网之间各技术要素的融合，更是互联网与各行业在理念、思维、行为模式等方面全方位的深度融合。如果说连接只是为创新创造了前提，那融合即为创新提供了实实在在的基础。

2.融合是"互联网+"的关键

"互联网+"的关键在于融合，即为推动社会各行业及服务通过融合走向成功的一种驱动力，或者说是寻求建立在融合基础上走向成功的一种模式或路径。"互联网+"下的"+"，并不是互联网与各行业及服务两者之间的简单相加。事实证明，两者简单相加并不能取得实效，只有将互联网的创新成果与经济社会各领域深度融合，才能提升实体经济创新力和生产力。

3.融合是"去中心化"的融合

融合意味着互联网和各行业均要打破各自的领域边界，均要转变各自固有的观念，改变各自的思维模式，均要去"中心化"。只有"去中心化"的融合，互联网和各行业才能在平等的基础上实现跨界，才能在彼此间无隔阂。跨界融合就如同植物嫁接，影响植物嫁接成活的首要因素是接穗和砧木的亲和力，其次才是嫁接的技术和嫁接后的管理。"亲和力"就是接穗和砧木在内部组织结构、生理和遗传上彼此相同或相近，能互相结合在一起的物质。亲和力高，嫁接成活率就高，反之，则成活率低。

（三）创新

不论是从一般意义还是从战略意义上去解读"互联网+"，其目的都在于创新。只有创新，才能使实体经济提质增效，使服务更加惠及民生，使管理更加提效增优。

1.创新的本质

从本质上来看，"互联网+"就是创新2.0下的互联网发展新形态、新业态，是知识社会创新20推动下的互联网形态演进。伴随知识社会的来临，无所不在的网络与无所不在的计算、无所不在的数据、无所不在的知识共同驱动了无所不在的创新。新一代信息技术发展催生了创新2.0，而创新20又反过来作用于新一代信息技术形态的形成与发展，重塑了物联网、云计算、社会计算、大数据等新一代信息技术的新形态。实际上"互联网+"不仅仅是互联网移动了、泛化了、应用于传统行业了，更是会同无所不在的计算机、数据与知识，造就了无所不在的创新，推动了知识社会以用户创新、开放创新、大众创新、协同创新为特点的创新2.0。

2.创新的内容

互联网+"下的创新不仅仅是技术上的创新，更是思维、理念和模式上的创新。仅有技术上的创新，而没有思维创新、理念创新和模式创新，不是真正的"互联网+"，也不能形成创新驱动。"互联网+"下的创新，并不仅仅是对传统技术、观念、思维和模式的改造，而是对传统思维的颠覆，是对传统理念的重塑，是对传统模式的重构。

3.创新的模式

创新是"互联网+"的生命线。如以微信为代表的"快速迭代式"创新模式，在满足用户需求的同时，又推动了"生态协同式的产业创新，带来了新产品、新模式和新生态，促进了大众创业、万众创新。

（四）共享

"互联网+"下，移动终端、物联网和云计算的发展，打破了传统各行业领域边界范围，使得各种信息共享和资源共享成为现实。可以说"互联网+"下的经济就是共享（分享）经济。目前，共享经济的商业模式已广泛渗入了从消费到生产的各类产业，并成为众多创业者的重要选择。从在线创意设计、营销策划到餐饮住宿、物流快递、资金借贷、交通出行、生活服务、医疗保健、知识技能、科研实验，等等，共享经济已经渗透到几乎所有的领域，有力地推进了产业创新与转型升级。

1. 共享的本质

在"互联网+"时代，共享模式的本质就是资源的优化配置。它主要以移动互联网为载体，利用P2P技术来促进信息的高效流通，减弱信息的不对称性，从而使得使用价值的获取更为廉价、方便、快捷。更甚的是，共享不仅仅是"互联网+"下的经济模式，也是人们的生活、工作和行为模式。

2. 共享的作用

首先，共享模式满足人全面发展的需求。它颠覆了传统企业的产业模式，使每个人可以同时成为消费者和生产者，自由度得到提升，人际关系得到拓展，信任感得到增强，自我价值实现的成就感得到满足。

其次，共享模式提升产业的创新能力。共享模式的去"中心化"使得每个人都可从被动的消费者转变成创造者，个体创造力得到极大的释放。

最后，共享模式满足可持续发展的需求。共享模式实现了消费模式从"扔掉型"转变为"再利用型"，实现了商品价值最大程度地利用。可以说，共享模式以接近免费的方式分享绿色能源和一系列基本商品和服务，这是最具生态效益的模式，也是切实可行的可持续发展模式。

（五）生态

所谓生态，指的是生物在一定的自然环境下生存和发展的状态，也指生物的生理特性和生活习性。生态一词源于古希腊字指家（house）或者我们的环境。简单地说，生态就指的是一切生物的生存状态，以及它们之间和它们与环境之间环环相扣的关系。

1. 生态的构成

构建生态环境是"互联网+"的另一个显性特征。互联网连接的泛化性，促使互联网与传统的各行业首先都要各自优化自己的内部生态，并和外部生态做好对接，才能形成跨界融合，进而形成一个良好的跨界生态环境。同时，在"互联网+"时代，由于移动互联网技术的广泛运用，人们对互联网的依赖程度加深，线上和线下的结合更加紧密，使人们的生活与互联网的契合度更高。互联网、物联网、万联网、云计算、大数据等使得物流系统、信息发布系统、支付系统、互动和交流系统等共同构成了一个虚拟的生态圈。在这个生态圈内，每一个系统都是架构这个生态圈的鼎足，无论缺少哪个系统，生态圈都会失去平衡，并导致崩溃。

2.互联网生态圈

互联网生态圈，指的是互联网企业向用户提供服务的新的商业模式。它与传统商业模式不同的是，向用户提供服务的不是一个企业，而是几个具有互补性的企业联合起来，形成一种紧密合作、优势互补、利益共享、风险共担的新链条关系。它用互联网来完善企业的生态，将一站式解决企业所有的互联网问题，减少企业大部分的沟通成本和时间成本，通过整体的解决方案去帮助企业实现转型升级和产业结构的调整。对于企业来讲，互联网生态系统就是一个圈子、一个环，把消费者圈在里面，让消费者的消费行为形成一个闭合的环。"中国中小企业互联网+全国普及工程"负责人，鸭梨公司董事长吴金军表示，互联网生态圈是用互联网来完善企业的生态。企业内所有跟互联网有关的元素都属于互联网生态圈。它具体包括企业PC互联网网站、手机智能网站、移动APP、微信平台、OA办公系统、终端智能交互机、后台大数据以及在线互联网培训。这些模块构成了一个完整的、良性的、有效的企业互联网生态圈。

（六）责任

此处所指称的责任，指的是互联网企业的社会责任。企业社会责任的概念由英国学者谢尔顿提出，它指的是企业在为股东谋取最大化利益的同时，为实现促进国民经济和社会发展的目的，对其他利益相关者如员工、消费者、社区、环境等应履行的社会义务。

其实，互联网责任问题一直是伴随着互联网发展而被社会广大公众所强烈关注的热点问题，尤其是"互联网+"各行业及服务。其本身就是一个庞大的生态圈，其一举一动都会对社会产生较大的影响，可谓关注度越高，其责任也越大。互联网及"互联网+"各行业的责任涉及经济责任、法律责任、道德责任和社会责任。

首先，无论是互联网企业还是"互联网+"各行业，在为自己创造利益的同时，更多的是应该考虑为用户创造价值。在"互联网+"时代，基于互联网连接的泛化性和移动互联网的广泛性，用户群体具有不确定性，这使得互联网企业和"互联网+"各行业更应该为广大用户提供更优质的产品和服务，而不能一味地夸大宣传、虚假宣传从而误导用户、欺骗用户甚至是欺诈用户，损害消费者的利益。这是互联网及"互联网+"各行业最基本的责任。

其次，互联网及"互联网+"各行业负有净化网络环境，为社会提供正能量的社会责任，负有引导广大消费者和用户树立诚实信用道德风尚的社会义务，要关注弱者，在慈善事业上要率先垂范。

再次，互联网企业负有网络安全的义务和责任。数据将是互联网企业最大的资源，但这种资源涉及大量的个人信息，绝不允许互联网企业非法泄露和他人非法刺探。没有安全，就没有互联网，更没有"互联网+"；没有责任，就没有用户，就没有互联网，更没有"互联网+"。

二、"互联网+"的技术基础

（一）大数据

自20世纪80年代以来，人们就开始尝试在网上进行交易。然而，由于互联网的匿名性与早期第三方监管的缺失，网上交易产生了许多投机行为。随着第三方惩罚机制和声誉机制的建立和完善，网上交易环境逐渐得到优化，越来越多的人愿意在互联网上进行交易事宜，交易所产生的网络数据也不再是人们上网环节产生的副产品。每天在互联网上所产生的交易数据已成为维系社会经济事业的关键纽带，一些业内人士看到了其中的商机，开始运用统计学工具对这些数据进行分析。随着社会的发展，人们的生活水平不断提高，数字化与信息化的普及，与工作生活相关的信息类型和规模都以前所未有的速度不断增长。

1.什么是大数据

大数据，指的是无法在可承受的时间范围内用常规软件工具进行捕捉、管理和处理的数据集合。但这种定义并不够直观和严谨，大数据其实并不是一个新鲜事物，早在20世纪80年代伊始，被称为"最有影响的未来学家"阿尔文·托夫勒就指出，对大量数据的处理与分析将成为第三次浪潮中最精彩的篇章。最近几年更频繁、更迅速地进入人们的视野，刷新着大众的互联网思维，虽然人们已经对大数据并不感到陌生，但是很少有人真正地探究过隐藏在大数据背后的神秘王国。

提及大数据这一概念，很多人只能从数据量上去模糊地感知，其实大数据离我们一点儿也不远。文字成了数据，机械的物理状态成了数据，人们所处的地理位置成了数据，甚至人与人之间的互动信息也成了数据，据估计，全球人类如今每天都会增加2.5万亿字节的数据。

大数据的起源虽然要归功于互联网与电子商务，但大数据最大的应用前景却在传统产业。一是因为几乎所有传统产业都在互联网化，二是因为传统产业仍占据了国内生产总值（GDP）的绝大部分份额。作为传统企业，在互联网时代，应用大数据可以直接获取消费者对产品的反馈，与消费者有了真正意义上的互动沟通。在大数据时代，企业的核心还是在于做更极致的产品，提供更好的体验。大数据在传统产业的应用其实就是"互联网+"的个重要组成部分。如何利用好大数据，对传统行业进行升级转型以及管理营销都是巨大的机遇和挑战。

2.大数据的特点

"大数据"的英文" Big data"可以恰如其分地刻画出其自身庞大的数据规模，除了从数据量上对"大数据"进行认识，我们还可从大数据的特征对其进行全面理解。通俗地讲，大数据的特点可以概括为"4V"（Volume，Variety，Ve理locity，value）。

其中，大量的（Volume）指传统的技术已无法处理的庞大数据量，如一座大型城市在一年时间内所产生的数十亿条智能电表数据，利用传统的方法甚至难以清晰地进行明细记录。

多样化的（Variety）指的是大数据中不仅有传统的结构化数据，而且有非结构化、半结构化数据。

高速增长的（Velocity）指数量众多的设备所产生的实时数据量十分庞大，数据总量呈指数级增长，需要利用先进的技术手段才能及时对其进行记录与存储。

有价值的（Value）指单条数据的价值虽然并不大，而当数据量达到庞大的规模时，就能从中分析出有价值信息，如企业利用客户消费的各种数据，分析出不同客户群体的消费意向发展趋势，对企业来说就是十分有价值的商业情报。

当庞大的数据量难以用统计学的方法进行处理时，就必须借助数据挖掘、云计算等更先进的技术与方法对其进行处理。

（二）商务智能

1.什么是商务智能

商务智能（BI）的概念最早由高德纳公司在1996年提出，并最初将其定义为一类由数据仓库（或数据集市）、查询报表、数据分析、数据挖掘、数据备份和恢复等部分组成的，以帮助企业决策为目的的技术及其应用。其后，高德纳公司又补充说明"商务智能"是把数据转化成信息，并通过迭代发现把信息转化成商业上可用知识的技术与行为。之后，商务智能的相关研究层出不穷，许多学者相继提出自己的理解与定义，并对其进行补充。概括地说，商务智能就是能够从（海量）业务和相关数据中提取有用的信息，把信息转化成知识，然后可以根据这些知识，智能地做出商务行为的工具。值得指出的是，商务智能涵盖了大量数据挖掘的相关方法及工具。数据挖掘的最终目的是实现数据的价值，而企业实行商务智能则是实现数据价值的最佳方式。

2.商务智能的相关应用

（1）商务智能与业务分析

对于一个企业，其分析能力最大化的基础是能够访问企业内部的所有数据源，不受其中的各类平台限制；而服务能力最大化的基础则是可同时为所有用户提供便于理解的详细信息视图，不受用户角色或所在位置的影响。企业为解决各类业务分析问题，就要考虑到利用智能化的工具，实现不同的业务用户能够轻松地通过各类设备完成信息分析。此外，企业需要具备多样化的业务分析功能，而各式各样的分析工具与平台带来的信息壁垒，以及对于某种应用的过度依赖等因素，使得企业的分析工作增添了许多困难。

需要说明的是，业务分析并非"放之四海而皆准"，不同的用户其需求可能会有很大的不同。企业只有通过分析不同用户的需求类型，将其与组织中的特定角色结合起来，才能从中获益。

（2）商务智能与决策管理

决策管理是用来优化并自动化业务决策的一种有效方法。它通过预测分析让组织能够在制定决策以前有所行动，以便预测哪些行动在未来最有可能获得成功。

从广义角度来看，主要存在三种组织决策类型：战略型、业务型与战术型。其中，战略决策通常为组织设定长远方向；业务决策通常包括策略或流程的制定，专注于在战术级别上执行特定项目或目标；业务与战术决策通常是将策略、流程或规则应用到具体事例的"前线"行动中。这一系列类型的决策适用于自动化办公流程中，能够使得各种决策更具有可预测性。

决策管理通常专注于大批量决策，并使用基于规则或基于分析模型的应用程

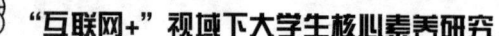

序实现决策，而商务智能的出现使得决策管理的过程得以优化。商务智能利用决策流程框架来分析和优化决策流程，并使得自动化决策在一些小问题的处理过程中成为可能。

（三）云技术

1.云存储

谷歌（Google）公司是全球最大的互联网企业之一，而当年其能在前有微软后有雅虎等大型公司的夹击之下突围而出，云存储的应用功不可没。云存储具有以下几个显著优势。

①高容错性。在云存储看来，存储的部分出错不再是意外，而是经常会发生的正常事件。分布式的存储系统会自动保存数据的多个副本，能很好地解决这种问题。

②低成本性。因为云存储系统需要的不再是高性能的服务器，而是大量普通电脑，这大量节省了成本。

③高效性。分布式的存储系统只要算法得当，在调用、查询等特定性能上可以比过去的传统服务器更出色。

④高拓展性。云系统能够动态分布存储和计算任务，能轻易将计算机节点拓展到数万个，而在不再需要这么多计算节点的时候，系统资源也能随时重新调配。

（1）云存储的关键技术

云存储主要是存储虚拟化技术、重复数据删除技术、分布式存储技术、数据备份技术、内容分发网络技术、存储加密技术等一系列相应技术的有机整合，以下将对这一系列技术逐一介绍。

①存储虚拟化技术。存储虚拟化技术是云存储的核心技术。通过存储虚拟化方法，把不同厂商、不同型号、不同通信技术、不同类型的存储设备互联起来，将系统中各种异构的存储设备映射为一个统一的存储资源池。存储虚拟化技术能够对存储资源进行统一分配管理，又可以屏蔽存储实体间的物理位置以及异构特性，实现了资源对用户的透明性，降低了构建、管理和维护资源的成本，从而提升云存储系统的资源利用率。

②重复数据删除技术。随着数据中重复数据的数据量不断增加，会导致重复的数据占用更多的空间。重复数据删除技术是一种非常高级的数据缩减技术，可以极大地减少备份数据的数量，通常用于基于磁盘的备份系统，通过删除运算，消除冗余的文件、数据块或字节，以保证只有单一的数据存储在系统中。其目的

是减少存储系统中使用的存储容量，增大可用的存储空间，增加网络传输中的有效数据量。然而重复删除运算相当消耗运算资源，对存取能效会造成相当程度冲击，要应用在对存取能效较敏感的网络存储设备上，将会面临许多困难。

③分布式存储技术。分布式存储是通过网络使用服务商提供的各个存储设备上的存储空间，并将这些分散的存储资源构成一个虚拟的存储设备，数据分散地存储在各个存储设备上。它所涉及的主要技术有网络存储技术、分布式文件系统和网格存储技术等，利用这些技术实现云存储中不同存储设备、不同应用、不同服务间的协同工作。

④数据备份技术。在以数据为中心的时代，数据的重要性无可置疑，如何保护数据是一个永恒的话题，即便是现在的云存储发展时代，数据备份技术也非常重要。数据备份技术是将数据本身或者其中的部分在某一时间的状态以特定的格式保存下来，以备原数据出现错误、被误删除、被恶意加密等各种原因不可用时，可快速准确地将数据进行恢复的技术。数据备份是容灾的基础，是为防止突发事故而采取的一种数据保护措施，根本目的是重新利用和保护数据资源，核心工作是数据恢复。

⑤内容分发网络技术。内容分发网络是一种新型网络构建模式，主要是针对现有的互联网进行改造。基本思想是尽量避开互联网上由于网络带宽小、网点分布不均、用户访问量大等影响数据传输速度和稳定性的弊端，使数据传输得更快、更稳定。通过在网络各处放置节点服务器，在现有互联网的基础之上构成一层智能虚拟网络，实时地根据网络流量、各节点的连接和负载情况、响应时间、到用户的距离等信息将用户的请求重新导向离用户最近的服务节点上。

⑥存储加密技术。存储加密指的是当数据从前端服务器输出，或在写进存储设备之前通过系统为数据加密，以保证存放在存储设备上的数据只有授权用户才能读取。目前云存储中常用的存储加密技术有全盘加密、虚拟磁盘加密、卷加密、文件/目录加密等。全盘加密技术的存储数据都以密文形式书写；虚拟磁盘加密需要在存放数据之前建立加密的磁盘空间，并通过加密磁盘空间对数据进行加密；使用卷加密技术的磁盘分区中所有用户和系统文件都被加密；文件/目录加密一般用于对单个的文件或者目录进行加密。

（2）云存储的结构模式

云存储系统的结构模型由4层组成，分别是存储层、基础管理层、应用接口层、访问层，各层的应用软件与存储设备相结合，通过应用软件来实现存储设备向存储服务的转变。

①存储层。存储层是云存储最基础的部分。云存储中的存储设备往往数量庞大且分布在多个不同地域，彼此之间通过广域网、互联网或者FC光纤通道网络连接在一起。存储设备之上是一个统一存储设备管理系统，可以实现存储设备的逻辑虚拟化管理、多链路冗余管理，以及硬件设备的状态监控和故障维护。

②基础管理层。基础管理层是云存储最核心的部分，也是云存储中最难以实现的部分。基础管理层通过集群、分布式文件系统和网格计算等技术，实现云存储中多个存储设备之间的协同工作，使多个存储设备可以对外提供同一种服务，并提供更强大的数据访问性能。其中利用内容分发系统、数据加密技术以保证云存储中的数据不会被未授权的用户所访问，同时通过各种数据备份和容灾技术和措施，可以保证云存储中的数据不会丢失，保障云存储运行的安全和稳定。

③应用接口层。应用接口层是云存储最灵活多变的部分。不同的云存储运营单位可以根据实际业务类型，开发不同的应用服务接口，提供不同的应用服务，如视频监控应用平台、IPTV和视频点播应用平台、网络硬盘引用平台、远程数据备份应用平台等。

④访问层。任何授权用户都可以通过标准的公用应用接口来登录云存储系统，享受云存储服务。云存储运营单位不同，云存储提供的访问类型和访问手段也不同。

云存储不仅是一种存储，同时也是一种服务。就如同云状的广域网和互联网一样，云存储对用户而言不指的是某一个具体的设备，而指的是一个由若干个存储设备和服务器所构成的集合体。用户使用云存储也并非仅使用某一个存储设备，而是使用整个云存储系统带来的数据访问服务。

2.云计算

（1）云计算的关键技术

①虚拟化技术。虚拟化技术指的是计算元件在虚拟的基础上而不是真实的基础上运行，可以扩大硬件的容量，简化软件的重新配置过程，减少软件虚拟机相关开销，使得计算机支持更加广泛的操作系统。通过虚拟化技术，可在计算机设备中实现软件应用与底层硬件的分离，其包括将单个资源划分成多个虚拟资源的裂分模式与将多个资源整合成一个虚拟资源的聚合模式。虚拟化技术根据对象可分成存储虚拟化技术、计算虚拟化技术、网络虚拟化技术等，计算虚拟化技术又分为系统级虚拟化、应用级虚拟化和桌面虚拟化。在云计算实现过程中，计算系统虚拟化技术是一切建立在"云"上的服务与应用的基础。

②分布式海量数据存储。云计算系统由能够同时为众多用户服务的大量服务器组成,采用分布式存储的方式存储数据,用冗余存储的方式(集群计算、数据冗余和分布式存储)保证数据的可靠性。冗余的方式通过任务分解和集群,即为同一份数据存储多个副本,用低配机器替代超级计算机的性能来保证低成本,高可用性与高可靠性。

③海量数据管理技术。云计算需要对海量的分布数据进行处理分析,因此其必须具备高效的数据管理技术。由于云数据存储管理形式不同于传统的数据管理,如何在规模巨大的分布式数据中找到特定的数据成为云计算数据管理技术亟须解决的问题。同时,由于管理形式的不同,传统的数据库接口无法直接移植到云管理系统中,目前为云数据管理提供新接口有着较多研究,如基于Hadoop的子项目HBase和Hive等。

④云计算平台管理技术。云计算资源规模庞大,服务器数量众多并分布在不同的地点,同时运行着数百种应用。如何有效地对数量众多的服务器进行管理,保证云计算系统不间断地提供服务是云计算管理领域的重要环节。在目前的云计算应用中,云计算系统的平台管理技术能够使大量的服务器协同工作,方便地进行业务部署和开通,快速发现和恢复系统故障,通过自动化、智能化的手段实现大规模系统的可靠运营。

(2)云计算的架构体系

云计算的体系结构可分为五个部分,分别为应用层、平台层、资源层、用户访问层和管理层(如图1-1)。

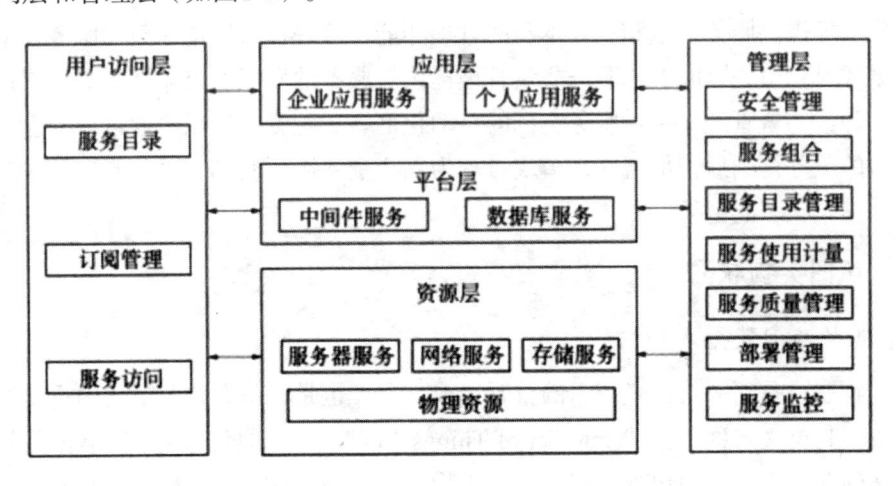

图1-1 云计算体系结构

①资源层。资源层指云计算服务的基础架构层面，主要提供虚拟化的资源，对"物理资源的复杂性形成隐藏。这里的"物理资源"指物理设备，如存储器、服务器等；服务器服务主要指操作系统的环境，如linux集群；网络服务指的是提供的网络处理能力，如防火墙、VLAN、负载均衡等；存储服务主要可为用户提供存储数据的功能。

②平台层。平台层为用户提供对资源层服务的封装，使用户可以在云平台上构建自己的应用。其中数据库服务提供可扩展的数据库处理的能力；中间件服务为用户提供可扩展的消息中间件或事务处理等。

③应用层。应用层主要为用户提供软件服务，其中企业应用指面向企业的服务，如财务管理、客户关系管理、商务智能等；个人应用指面向个人用户的服务，如电子邮件、文本处理、个人信息存储等。

④用户访问层。用户访问层是方便用户使用云计算服务所需的各种支撑服务，针对每个层次的云计算服务都需要提供相应的访问接口。其中服务目录是一个服务列表，用户可以从中选择需要使用的云计算服务；订阅管理为用户提供订阅与管理功能，用户可以查阅自己订阅的服务，开始或者终止订阅的服务；服务访问是针对每种层次的云计算服务提供的访问接口，针对资源层的访问可提供远程桌面或xwindows服务接口，而针对应用层的访问可提供web等服务接口。

⑤管理层。管理层提供对所有层次云计算服务的管理功能，其中安全管理提供对服务的授权控制、用户认证、审计、一致性检查等功能；服务组合提供对已有云计算服务进行组合的功能，使得新的服务可以基于已有服务创建；服务目录管理服务提供服务目录和服务本身的管理功能，管理员可以增加新的服务，或者从服务目录中去除服务；服务质量管理提供对服务的性能、可靠性、可扩展性进行管理；部署管理提供对服务实例的自动化部署和配置，当用户通过订阅管理增加新的服务订阅后，部署管理模块自动为用户准备服务实例。服务监控提供对服务的健康状态的记录。

（四）物联网

1.物联网简介

物联网是新一代信息技术的重要组成部分，也是"信息化"时代的重要发展阶段。其英文名称是："Internet of Things（loT）"。顾名思义，物联网是物物相连的互联网。其中包含两层意思。①物联网的核心和基础仍然是互联网，是在互联网基础上的延伸和扩展的网络；②与互联网相比，物联网的客户端扩展到了几乎任何物品与物品之间，进行信息交换和通信，实现"物物相息"。物联网通过智能感知、识别等通信感知技术，广泛应用于网络的融合中，也因此被称为继计算机、互联网之后世界信息产业发展的"第三次浪潮"。物联网是互联网的应用拓展，与其说物联网是网络，不如说物联网是业务与应用。

2.物联网的关键技术

（1）感知与标识技术

感知和标识技术是物联网的基础技术之一，主要用于采集物理世界中发生的客观事件和数据，实现外部世界信息的感知与识别，其中包括多种传感技术、无线频射识别（RFID）技术、二维码识别技术等。

其中传感技术利用传感器和多跳自组织传感器网络，协作感知、采集网络覆盖区域中被感知对象的信息。传感器技术依附于敏感机理、敏感材料、工艺设备和计测技术，对基础技术和综合技术的要求很高。目前，传感器在被检测量类型和精度、稳定性、可靠性、低成本、低功耗方面还没有达到规模应用水平，是我国物联网产业化发展的技术瓶颈之一。识别技术涵盖物体识别、位置识别和地理识别，对物理世界的识别是实现全面感知的基础。物联网标识技术以二维码、无线频射识别标识技术为基础，其中对象标识体系是物联网的一个重要技术点。从应用需求的角度，识别技术首先要解决的是对象的全局标识问题，需要研究物联网的标准化物体标识体系，对现有各种传感器与标识方法适当兼容或融合合并，支持现有的与发展的识别方案。

（2）网络与通信技术

网络是物联网信息传递和服务支撑的基础设施，通过泛在的互联功能，实现感知信息高可靠性、高安全性传送。

①接入与组网。物联网的网络技术涵盖泛在接入和骨干传输等多个层面的内容。以互联网协议版本6（IPv6）为核心的下一代网络，为物联网的发展创造了良好的基础网条件。以传感器网络为代表的末梢网络在规模化应用后，面临与骨干网络的接入问题，并且其网络技术需要与骨干网络进行充分协同，这些都将面临新的挑战。

②通信与频管。物联网需要综合各种有线及无线通信技术，其中近距离无线通信技术将是物联网的研究重点。由于物联网终端一般使用工业科学医疗（ISM）频段进行通信，频段内包括大量的物联网设备以及现有的无线保真（WiFi）、超宽带（UWB）、ZigBee、蓝牙等技术设备，频谱空间将极其拥

挤，在一定程度上制约了物联网的实际大规模应用。

（3）计算与服务技术

在物联网的计算与服务技术中，对海量感知信息的计算与处理是物联网的核心支撑，服务和应用则是物联网的最终价值体现。

①信息计算。海量感知信息计算与处理技术是物联网应用大规模发展后所面临的重大挑战之一，其需要研究海量感知信息的数据融合、高效存储、语义集成、并行处理、知识发现和数据挖掘等关键技术，攻克物联网"云计算"中的虚拟化、网格计算、服务化和智能化技术。目前物联网的信息计算核心是采用云计算技术实现信息存储资源和计算能力的分布式共享，为海量信息的高效利用提供支撑。

②服务计算。物联网的发展应以应用为导向，在"物联网"的语境下，"服务"的内涵将得到革命性扩展，不断涌现的新型应用将使物联网的服务模式与应用开发受到巨大挑战。近年来，随着云计算的兴起和逐渐普及，物联网的服务计算开始逐渐普遍采用云计算的方式，云计算与物联网技术上的结合又形成了"云物联"的新兴概念，成为物联网服务计算技术的发展趋势。

（4）管理与支撑技术

随着物联网网络规模的扩大、承载业务的多元化和服务质量要求的提高以及影响网络正常运行因素的增多，管理与支撑技术是保证物联网实现"可运行、可管理、可控制"的关键，其包括测量分析、网络管理和安全保障等方面。

①测量分析。测量是解决网络可知性问题的基本方法，可测性是网络研究中的基本问题。随着网络复杂性的提高与新型业务的不断涌现，需研究高效的物联网测量分析关键技术，建立面向服务感知的物联网测量机制与方法。

②网络管理。物联网具有"自治、开放、多样"的特性，这与传统网络运行管理的基本需求存在一定的矛盾，为保证网络系统正常高效地运行，新的物联网管理模型与关键技术亟待被提出。

③安全保障。安全是基于网络的各种系统运行的重要基础之一，而物联网的开放性、包容性和匿名性也决定了不可避免地存在信息安全隐患。物联网安全关键技术必须满足机密性、真实性、完整性、抗抵赖性的四大要求，同时还需解决好物联网中的用户隐私保护与信任管理问题。

3.物联网的体系结构

至今为止，物联网仍没有一个被广泛认同的体系结构，目前较多人认可的

"三层结构"是根据物联网对信息感知、传输、处理的过程而划分成的感知层、网络层和应用层（图1-2）。

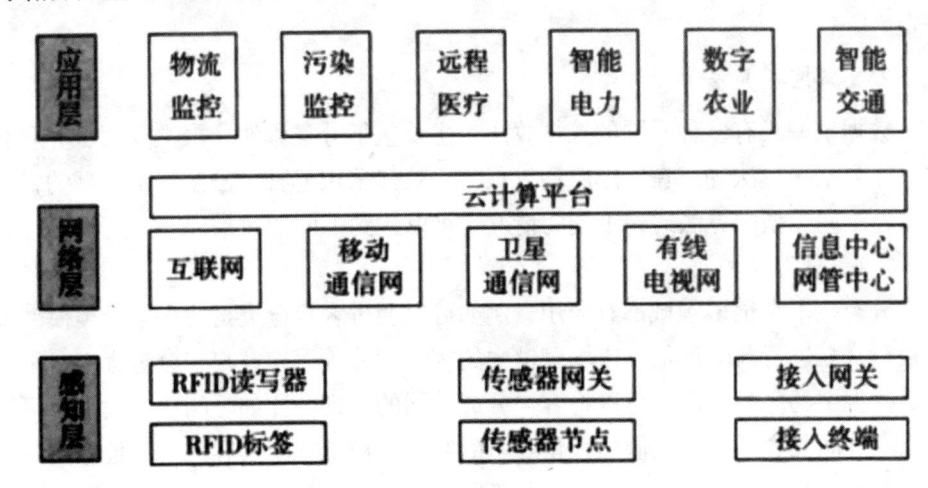

图1-2 物联网体系结构

其中感知层主要用于对物理世界中的各类物理量、标识、音频、视频等数据的采集与感知；网络层主要用于实现更广泛、更快速的网络互连，把感知到的数据信息可靠、安全地进行传送，目前能够用于物联网的通信网络主要有互联网、移动通信网、卫星通信网与有线电视网；应用层主要包含应用支撑平台子层和应用服务子层。应用支撑平台子层用于支撑跨行业、跨应用、跨系统之间的信息协同、共享和互通。应用服务子层包括智能交通、智能家居、智能物流、智能医疗、智能电力、数字环保、数字农业、数字林业等领域。

（五）数据挖掘

1.数据挖掘简介

数据挖掘是通过分析，从大量数据中寻找其规律的技术，主要有数据准备、规律寻找和规律表示三个步骤，数据挖掘的任务有关联分析、聚类分析、分类分析、异常分析、特异群组分析和演变分析等。

数据挖掘算法经过多年的发展已经成为一种成熟、稳定，且易于理解和操作的技术。现在面临的尴尬境地是数据越丰富，信息越匮乏。快速增长的海量数据，已经远远地超过了人们的理解能力，如果不借助强有力的工具，很难弄清大堆数据中所蕴含的知识。重要决策只是基于制定决策者的个人经验，而不是基于信息丰富的数据，数据挖掘就这样应运而生，数据挖掘填补了数据和信息之间的鸿沟。数据在商业运营上要能起到作用，有数据支持的（商业）决定总是更好的决定。

2.数据挖掘算法

数据挖掘具有多种不同的挖掘算法，主要包括分类算法、聚类算法、关联算法、序列挖掘算法等。在实际应用过程中，具体采用哪种算法主要由挖掘的目标决定，不同类型的算法适合不同的情况，可以达到不同的效果。

（1）分类算法

分类技术在很多领域都有应用，例如可以通过客户分类构造一个分类模型来对银行贷款进行风险评估、市场营销中的客户细分等。在客户细分过程中，采用数据挖掘中的分类技术，可以将客户分成不同的类别，比如呼叫中心设计时可以分为：呼叫频繁的客户、偶然大量呼叫的客户、稳定呼叫的客户、其他客户，这样细分可以帮助呼叫中心寻找出这些不同种类客户之间的特征，了解不同行为类别客户的分布特征。此外，还有其他分类应用，比如文献检索和搜索引擎中的自动文本分类技术，安全领域有基于分类技术的入侵检测，等等。具体地，在机器学习、专家系统、统计学和神经网络等领域的研究中已经相继提出了许多具体的分类预测算法，如决策树算法、KNN（K- Nearest Neighbor）算法、支持向量机（SVM）算法、VSM（Value Stream Mapping）算法、贝叶斯（Bayes）算法、神经网络算法等。

（2）聚类算法

将物理或抽象对象的集合分成由类似的对象组成的多个类的过程被称为聚类。由聚类所生成的簇是一组数据对象的集合，这些对象与同一个簇中的对象彼此相似，与其他簇中的对象相异。"物以类聚，人以群分"，在自然科学和社会科学中，存在着大量的分类问题。

聚类分析又称群分析，是研究分类问题的一种统计分析方法。聚类分析起源于分类学，但是聚类不等于分类，其最大的不同点在于聚类所要求划分的类是未知的。此外，在聚类分析中，聚类是由若干模式（pattern）组成的，通常，模式是一个度量（measurement）的向量，或称为多维空间中的一个点。在一个聚类中的模式之间比不在同一聚类中的模式之间具有更多的相似性。聚类分析作为数据挖掘中的一个模块，可以作为一个单独的工具以发现数据库中分布的一些深层的信息，并且概括出每一类的特点，或者把注意力放在某一个特定的类上以做进一步的分析。此外，聚类分析也可以作为数据挖掘算法中其他分析算法的一个预处理步骤。

聚类分析的应用十分广泛，例如在市场分析中，聚类分析可以帮助市场分析人员从消费者数据库中区分出不同的消费群体来，并且概括出每一类消费者的消费模式或者说习惯。目前聚类分析主要有K- MEANS算法、Clara算法、Clarans算法、系统聚类法、有序样品聚类法、动态聚类法、模糊聚类法、图论聚类法、聚类预报法等。

（3）关联算法

关联算法一般用于关联分析，即从大量数据中发现项集之间潜在的关联或隐含的相关联系。关联分析是一种简单、实用的分析技术，就是发现存在于大量数据集中的关联性或相关性，从而描述了一个事物中某些属性同时出现的规律和模式。例如，典型的"购物篮"分析案例中，通过发现顾客放入其购物篮中的不同商品之间的联系，分析顾客的购买习惯，同时通过了解哪些商品频繁地被顾客同时购买，帮助零售商制定营销策略。其他的应用还包括价目表设计、商品促销、商品的排放和基于购买模式的顾客划分等。

关联算法的分析原理是：从数据库中关联分析出形如"由于某些事件的发生面引起另外一些事件的发生"之类的规则。例如，"67%的顾客在购买啤酒的同时也会购买尿布"，通过合理的啤酒和尿布的货架摆放或捆绑销售可提高超市的服务质量和效益。又如"C语言课程优秀的同学，在学习数据结构课程时为优秀的可能性达88%"，那么就可以通过强化"C语言"课程的学习来提高教学效果。目前关联规则的经典算法主要有Apriori算法、FP-Growth算法等。

（4）序列挖掘算法

序列挖掘算法是基于时间或其他特定的序列而进行的一类算法。例如，顾客在租借"星球大战"系列的录像带时，按照故事情节的顺序，是先租"星球大战"，然后是"帝国反战"，再是"杰达武士归来"。然而，顾客租借这三部电影录像带的行为并非一定是连续的，在任意两部电影之间随意插租了其他电影录像带，仍然还是满足了这个序列模式。在这个案例中，一部电影录像带代表着一个序列元素，而在其他序列模式中，一个序列元素可以是一个项集，即多个物品组成的集合，项集的内部元素可以不区分顺序，如"枕头和枕头套"就可以看作是由两个项（iem）组成的项集，作为某一个序列模式的元素。从巨量的数据中发现这些项集的顺序规律的算法便是序列挖掘算法。典型的序列挖掘算法有AprioriAll算法、AprioriSome算法、GSP算法，以及PrefixSpan算法等。

3.数据挖掘的基石——数据仓库

数据仓库之父比尔·恩门在1991年出版的《建立数据仓库》一书中所提出的定义被广泛接受，数据仓库是一个面向主题的、集成的、相对稳定的、随时间变化的的数据集合，用于支持管理决策。

（1）面向主题的

操作型数据库的数据组织面向事务处理任务，业务系统之间各自分离，而数据仓库中的数据是按照一定的主题域进行组织的。主题是与传统数据库的面向应用相对应的，是一个抽象概念，是在较高层次上将企业信息系统中的数据综合、归类并进行分析利用的抽象。每一个主题对应一个宏观的分析领域。数据仓库排除对于决策无用的数据，提供特定主题的简明视图。

（2）集成的

数据仓库中的数据是在对原有分散的数据库数据抽取、清理的基础上经过系统加工、汇总和整理得到的，必须消除源数据中的不一致性，以保证数据仓库内的信息是关于整个企业的一致的全局信息。

（3）相对稳定的

数据仓库的数据主要供企业决策分析之用，所涉及的数据操作主要是数据查询，一旦某个数据进入数据仓库以后，一般情况下将被长期保留，也就是数据仓库中一般有大量的查询操作，但修改和删除操作很少，通常只需要定期地加载、刷新。

（4）随时间变化的

数据仓库中的数据通常包含历史信息，系统记录了企业从过去某一时点（如开始应用数据仓库的时点）到目前的各个阶段的信息，通过这些信息，可以对企业的发展历程和未来趋势做出定量分析和预测。

数据仓库提供用户用于决策支持的当前和历史数据，这些数据在传统的操作型数据库中很难或不能得到。数据仓库技术是为了有效地把操作型数据集成到统一的环境中，以提供决策型数据访问的各种技术和模块的总称，所做的一切都是为了让用户更快更方便地查询所需要的信息，提供决策支持。

数据仓库包括数据仓库数据库、数据抽取工具、元数据、访问工具与数据集市等要素。数据仓库的数据库是整个数据仓库环境的核心，是数据存放的地方，提供对数据检索的支持。而对于操作型数据库来说，其特点是要对海量数据管理的支持与快速的检索技术，数据抽取工具把数据从各种各样的存储方式中取出，进行必要的转化、整理，再存放到数据仓库内，对各种不同数据存储方式的访问能力是数据抽取工具的关键。数据管理包括删除没有意义的数据段、转换到统一的数据名称和定义、计算统计和衍生数据、给缺值数据赋予缺省值，以及把不同的数据定义方式统一等。

　　元数据是描述数据仓库内数据的结构和建立方法的数据。按照元数据的用途可将其分为技术元数据和商业元数据两大类。技术元数据是数据仓库的设计和管理人员用于开发和日常管理数据仓库使用的数据，包括数据源信息、数据转换的描述、数据仓库内对象和数据结构的定义、数据清理和数据更新时用的规则、源数据到目的数据的映射、用户访问权限、数据备份与导人历史记录、信息发布历史记录等。商业元数据从商业业务的角度描述了数据仓库中的数据，主要包括业务主题的描述、业务包含的数据、查询与报表等。元数据为访问数据仓库提供了一个信息目录，该信息目录全面地描述了数据仓库中的数据类型、数据来源以及访问数据的渠道。访问工具为用户访问数据仓库提供了渠道，其主要包括数据查询和报表工具、应用开发工具、经理信息系统工具、联机分析处理工具以及数据挖掘工具等。数据集市是为了特定的应用目的或应用范围，而从数据仓库中独立出来的一部分数据，也可称为部门数据或主题数据。在数据仓库的实施过程中往往可以从一个部门的数据集市着手，以后再用几个数据集市组成一个完整的数据仓库。需要注意的是在实施不同的数据集市时，同一含义的字段定义必须相容，以免在对数据仓库进行实施时造成麻烦。

　　通常来说，数据仓库的管理主要包括安全和特权管理、跟踪数据的更新、数据质量检查、管理和更新元数据、审计和报告数据仓库的使用和状态、删除数据、复制和分发数据、备份和恢复以及存储管理等。

第二章 "互联网+"与教育

第一节 "互联网+"的思维逻辑模式

《中国互联网状况》白皮书指出:"互联网是人类智慧的结晶,20世纪的重大科技发明,当代先进生产力的重要标志。""互联网+"是以互联网平台为基础,将互联网的创新成果与经济社会各领域深度融合,推动技术进步、效率提升和组织变革,提升实体经济创新力和生产力,形成更广泛的以互联网为基础设施和创新要素的经济社会发展新形态。"互联网+"不仅能提供产业转型升级和融合创新的重要平台,而且能推动产业生态创新,促进大众创业,同时还能促进资源共享,优化资源配置,极大地惠及民生。因此,"互联网+"会颠覆传统的逻辑模式,重塑起"互联网+"的逻辑模式。

所谓"互联网+"思维模式,指的是在"互联网+"背景下,对市场、产品和服务、企业价值链乃至整个商业或服务生态进行重新审视的思考方式。"互联网+"逻辑思维体系是由如下几种思维模式构成的。

一、用户思维

企业传统思维的核心是围绕产品来构建的。从产品制造到产品营销(广告宣传),再到产品销售,无一不是如此。在这种思维模式下,许多企业认为,在网络上做个广告、建个网站,或是建个微信公众平台,然后再做网络推广,就是与互联网进行跨界连接,殊不知这根本上就不是跨界连接。因为企业的本质一点没有变,只不过将互联网当作一种广告宣传的手段或工具而已。

"互联网+"下的经济是以用户为中心的交互性群体经济,"互联网+"下的思维模式的核心是用户思维模式,其他思维模式都是围绕用户思维模式展开的。没有用户思维模式,也就谈不上其他思维模式。

（一）用户思维的核心

用户思维模式的核心是用户至上。它要求企业应以市场为导向、以用户为中心来选择最适合自己的"互联网+"路径，也就是要将用户的需求放在首位。这与传统企业将关注的重点放在产品和竞争的对手上完全不同。企业可以通过大数据挖掘分析用户的需求，用户需要什么就生产什么，用户亟待解决什么就完善什么。在这种模式下，企业必须从产品市场定位、研发、生产、销售乃至整个售后体系建立起"以用户为中心"的企业文化，必须要深刻解读用户，深度了解用户。比如，华为的高层领导二十多年来一直重复、强调着一个老掉牙的真理——以客户为中心，就是抓住了用户思维模式的核心。

（二）用户思维的实质

1.用户思维模式高度注重用户对产品或服务的体验

乔布斯曾说："在我们定下的苹果店面设计标准中，最重要的一点就是，我们想要为顾客创造不一样的体验……"。"三只松鼠"虽然是卖坚果，但将用户的购物体验做到了极致。"互联网的好处在于顾客说了算，品牌能否树立在于服务过程等细节是否达到了用户的满意度和期望值。""三只松鼠"的创始人章燎原如此说。

2.用户模式非常重视用户的参与

通过用户参与到产品创意、开发和销售的所有环节，拉近用户和产品的距离，让每一个用户都成为产品或服务的参与者、评价者和传播者，让用户有参与感、存在感和自豪感，让用户形成黏性，产生粉丝效应和屌丝情节，人人都是设计师，人人都是创意大师，人人都是销售人员，人人都是用户。

二、极致思维

什么是极致？雷军认为，极致就是做到你能力的极限。马化腾也表示，任何产品都有核心功能，其宗旨就是能帮助用户解决用户某一方面的需求，如节省时间、解决问题、提升效率等。产品经理就是要将这种核心能力做到极致，通过技术实现差异化。

（一）极致思维的内涵

所谓极致思维，就是要把产品和服务做到极致，做让用户尖叫的产品和服务，并超越用户的预期。极致思维的本质就是一种专注和永不满足的匠人精神，瑞士的表匠们就是这种匠人精神的最好代表。

很多传统企业认为，在"互联网+"时代，只要有好的创意，再平庸的产品都有市场，只要有眼球，用户不会去计较产品和服务的质量。其实这是一种片面的理解。在"互联网+"下，企业要更加注重产品和服务的质量，更加强调用户的体验至上，否则，无论是哪个行业或服务都不可能被互联网"+"。在"互联网+"时代，不仅要做用户需求的产品和服务，更要做让用户尖叫的产品和服务。比如小米，"打造让用户尖叫的产品"这种理念已经浸入小米公司文化的骨髓。

在互联网尤其是"互联网+"时代，只有第一，没有第二，只有第一才能被人记住。58同城CEO姚劲波说："互联网社会，任何一个细分领域，做到第一能活得很好，做到第二、第三会比较辛苦，做到第四，生存都成问题。"寺库创始人李日学也说："互联网社会只有第一，要想活得好，就要做到最好。"

（二）极致思维的表现形态

1. 极致的产品

极致的产品既是拉动用户的根基，也是竞争的强有力壁垒。苹果和小米之所以拥有那么多的用户和粉丝，就是因为他们做出了让用户尖叫的产品，并成功地抓住了用户的痛点（用户需求必须是刚需，痛点就是其急需企业解决的问题）、痒点（用户清楚知道却抓不到的部位，急需企业来为其解决这些问题）、兴奋点（给用户带来"wow"效应的刺激，产生兴奋点），用户和粉丝愿意去购买这些产品，愿意为其宣传，并愿意与他人分享这种极致产品的用户体验。极致思维拒绝"差不多"的思维惯性，一旦"差不多"成为企业和服务执行力，那么企业就离极致越来越远了。

2. 极致的服务

用极致思维打造极致产品和服务，其主要方法论有三：一是"要求抓得紧"（痛点、痒点和兴奋点），二是"自己要逼得狠"（做到自己能力的极致），三是"管理要盯得紧"（得产品者得天下）。好产品和服务是会说话的，是能够自己传播的，酒香不怕巷子深。因为在"互联网+"时代，人人都是传播者，人人都是媒体人。

给用户带来远超预期的产品和极致的服务，并且通过大数据分析来保证对用户具有强大的吸引力,是传统企业、行业和服务业在选择"互联网+"路径之前和之后需要研判和尽快掌握的技能。各行业只有将自己的产品和服务做到极致,才能赢得口碑,赢得用户,从而形成正向循环

3.专注的态度

所谓专注,少即是多,专注就是少做点事,或者说只做一件事,并将这件事做到极致。少就是多,意味着专注才有力量,专注才能把产品做到极致。正所谓"越专注,越专业"。乔布斯在接受采访时曾说:"'专注和简单'是我的梵咒。简单比复杂更难:你必须更努力工作来使得你的思想干净、简单,但这是值得的,因为一旦你做到了,你就可以移山了。"万通董事长冯仑也说:无数企业中最终存活下来并且能够成为市场经济中主流的企业绝大部分都是那些专注、简单、持久和执着的公司。"小米之所以能将产品做到极致,专注是必不可少的一个因素。

三、简约思维

(一)简约思维的内涵

所谓简约思维,指的是在产品规划的品牌定位上,力求专注、简单;在产品设计上,力求简洁、简约。微信的用户界面就非常干净、简单,摇一摇这个功能更是简单到了极致。

在"互联网+"时代,用户可供选择的信息是海量和爆炸性的,但其消费时间都被碎片化了。面对如此多的选择、如此短的时间,用户的耐心越来越不足。线下从一个门店到另一个门店,而在互联网上只需鼠标轻轻一点,转移成本大大降低。谁能用最短的时间抓住用户的关注点,并持续专注于这个关注点,谁就能在未来的竞争中赢得主动,谁就可以用较少的代价获得更多的收益,这就是"互联网+"时代的逻辑。

在"互联网+"时代,尽管用户拥有海量的信息,但其接受的信息是有限的,通常用户会按照自己的个人情趣、喜好去选择接受并记住这些信息,同时喜欢简单而讨厌复杂。在通常的情况下,用户对品牌的印象一般不会轻易改变,但面对如此多的选择,用户在第一时间内的想法容易失去焦点。所以,作为企业一定要熟知用户的心理,做好品牌定位。大道至简,越简单的东西越容易被人记住,也越容易传播,但也越难做。

（二）简约思维的实质

1.简约思维的实质即是用简约创造美

用户在碎片化的时间内一般只会考虑三个问题，即该产品和服务"对我有什么用处""和其他产品和服务有什么不同""我凭什么相信你"。这也就是产品销售策略上的三个点，即利益点、差异点和支撑点。因此，为了满足用户的需求，在产品设计上一定要做减法。即外在部分，外观要足够简洁；而内在部分，一定要做到操作流程上足够简化。

2.简约思维即意味着思维的人性化

简约是人性要求中最基本的东西，在人性里惰性是基本的特性之一，什么样的产品能让用户更轻松一点，用户就更愿意用你这个产品。比如微信中"摇一摇"。用户都追求使用上的简单、简便、好用，但使用上越是简约，其产品的内部结构往往却是越复杂、越严谨，可以说简约而不简单。例如，谷歌就是一个首页极其简约的网站，但其背后却有着惊人的数据库与技术支持。

四、快速迭代思维

传统企业关注的是产品，产品开发出来后通过不断完善直至自认为完美后再投向市场，投入市场后经过消费者认可，或有更好的建议时，想要再修改完善只能等到下一代产品了。但在"互联网+"背景下则完全不同，互联网求的是一个快字，要尽快将产品和服务投入市场，然后再通过客户的广泛参与不断地完善，实现快速迭代，最终让产品和服务日臻完美。

任何一款产品和服务在刚开始推出时，总是有不完善之处。第版百度搜索如此，第一款小米手机也是如此。如果要秉承产品完美之后再推向市场的心态，百度可能永远不会推出自己的搜索引擎，小米也不会将产品做到如此极致。因为，"互联网+"是要求产品和服务以用户需求为导向随时演进的，而用户的需求日新月异，没有最好，只有更好。这就要求产品和服务在演进过程中，注入用户需求的基因，快速完成产品和服务的升级换代，让用户维持高水平的体验。切忌闭门造车试图一步到位，要时刻牢记，产品研发的速度永远也赶不上用户需求的变化。迭代思维，重在迭代的意识。意味着各行业和服务必须及时乃至实时关注用户的需求，把握住用户需求的变化。

五、开放性思维

（一）开放性思维的内涵

所谓开放性思维，指的是突破传统思维定式和狭隘眼界，多视角、全方位看问题的思维模式。开放性思维拒绝自我封闭、故步自封。互联网本身就是开放系统，是一个大的开放平台。"互联网+"中的"+"本身就意味着开放，只有开放，才能跨界、才能融合。

"互联网+"时代不再追求丛林法则，弱肉强食，更多的时候是犀牛和犀牛鸟的关系，是彼此共生的良性生态。因此，无论是互联网还是各个行业和服务都不要企图独自积累好资源，一个人独占市场和成功，更不要在自己的领域内自我封闭、故步自封和夜郎自大，而是要拥有开放的思维和心态，开放自己的领域，打破行业垄断和市场分割确定，跨界融合；要开放自己的技术，破除限制新技术、新产品、新商业模式发展的不合理障碍，强强联手。在"互联网+"时代，你的开放度越高，协同性和交互性就越强，跨界融合度就越高，所产生的创新驱动力就越大。

（二）开放性思维的意义

开放性思维是实现跨界、融合、创新的基础。开放是互联网的趋势，也是互联网发展的未来。在"互联网+"时代，要想跨界融合，要想创新驱动，就要有开放的思维。

六、大数据思维

（一）大数据思维的内涵

大数据思维即是用大数据思考问题的方式，它是一种新的思维观念。在互联网尤其是"互联网+"时代，大数据思维已成为一种思维趋势。依据维克托·迈尔·舍恩伯格和肯尼斯·库克耶所著《大数据时代：生活、工作与思维变革》一书的界定，所谓大数据，更接近全数据，与传统分析抽样的、部分的数据的方法不同，大数据分析近乎总体的、所有的数据。大数据具有规模大（Volume）、速度快（Velocity）、类型多（Variety）和价值大（Vale）的4V特征。它不仅是适应时代发展的技术产物，更是一种全新的思维理念，即基于数据的商业经营模式。

在互联网尤其是"互联网+"时代，数据被解释为信息。信息常识化即是知识，所以说数据解释、数据分析能产生价值。大数据思维有点像混沌思维，确定与不确定交织在一起。过去寻求精确度，现在重视高效率；过去讲求因果性，现在关注相关性；过去追求确定性，现在寻找概率性，对不精确的数据结果已能容忍。只要大数据分析指出可能性，就会有相应的结果，从而为企业快速决策、快速动作、抢占先机提高了效率。大数据思维是一种全新的思维方式，在"互联网+"时代将会对传统思维模式带来颠覆性变革，而成为一种"互联网+"的思维模式。

（二）大数据的提出

最早提出大数据时代已经到来的是全球知名咨询公司麦肯锡。麦肯锡在研究报告中指出，数据已经渗透到每一个行业和业务职能领域，逐渐成为重要的生产要素。而人们对于海量数据的运用将预示着新一波生产率的增长和消费者盈余浪潮的到来。大数据被著名未来学家阿尔文·托夫勒赞颂为"第三次浪潮的华彩乐章"。

随着科技发展和生活方式的转变，每个人的行为都会产生数据。但数据本身不会创造价值，只有充分挖掘、分析和合理利用这些数据才能转变为用户价值、企业价值，甚至是社会价值。在"互联网+"时代，数据不仅成为一种资源，而且是企业竞争力和社会发展的重要资源。

（三）大数据技术的运用

利用大数据技术，行业和服务可以挖掘出隐蔽在大数据背后的规律，可以先找到用户的兴趣、喜好、需求、消费观，甚至是性格等典型特征，然后再制定不同的营销策略，使企业能够快速精准地与用户建立联系，进而引导消费，以此来降低企业运营成本。大数据可以帮助用户做出购买决策，告诉用户该买什么产品，什么时候买最便宜，并预测产品的价格走势，以提高用户的体验，从而进一步提升企业的竞争力。

第二节 "互联网+"对教育的影响

一、互联网发展对教育的影响

（一）信息化的普及与教育信息化的发展

信息化已经成为当今世界经济和社会发展的大趋势，随着我国现阶段高科技技术的发展速度不断加快，信息技术的发展也对我国的经济生活、政治生活以及文化生活产生一定的影响，因此，现阶段要不断普及信息化教育，以此推动社会的发展。同时，不断提高信息化技术也是与国际接轨的必要条件。

"互联网+"跨界融合的特质必将催生一批新产业、新业态、新商业模式，产生一系列新的用人需求，主动适应"互联网+"条件下的用人需求，当代，信息技术的发展速度不断加快，已经慢慢地对各个专业产生一定的影响。而现阶段高等教育的目标之中也加入了重要的一条，即为社会培养符合"互联网+"产业发展所需的优秀人才。普及信息化教育是培养创新型人才的需要。

21世纪是信息技术飞速发展的时代，各种创新成果层出不穷，教学目标已不再是纯粹的向学生灌输已有的理论知识，应该更加注重于培养学生不断探索与掌握新知识的能力，进而增强学生的创新的能力。创新是一个民族进步的灵魂，是一个国家兴旺发达的不竭动力。一个民族，如果缺乏创新能力是难以在世界民族之林立足的。只有创新才有出路，面临着当今世界科学与信息技术的飞速发展，为了更好地在竞争激烈的世界潮流中继续生存与发展下去，必须高度认识到增强民族创新能力的重要性。教育在培养创造精神与创新型人才方面就肩负了重要使命。在教育中融入信息技术因素，能够有效激发学生的学习兴趣，诱导学生进行积极思考，同时也为学生提供了更为广阔的发展空间和动手空间，对培养学生的创新意识和创新能力，提高学习效率具有极其重要的作用。

此外，教育的最终目的是培养社会所需要的人才，所以，教育的发展也要随着社会的发展而不断进行变革。在这个信息化时代，教育应该改变传统的教学观、师生观以及学习观。对于学生而言，学习不应该只是片面、被动接受知识与信息的过程，而是要主动去构建知识。要以自己的知识背景为依据，在接收外来信息时，不再一味地、不分主次地全盘接受，而应该主动地进行选择、加工及处理，成为学习的主体，在教学活动中成为积极的参与者、知识的主动构建者，传统的教学主要是向学生传授知识，现阶段，教学也变成了对知识的一种处理以及转换的过程。教师在教学中不再占据主导地位，而只是学生学习的引导者和组织者，也不仅仅传递知识，在学生人格、情感与智力等其他方面也应该进行全面的培养与塑造，最终实现育人的目的。只有全面普及信息技术教育，教育才能在信息化社会中朝着纵深方向发展。

发展至今，教育信息化已经由多个单系统转变成了一个共享的、整合的、统一的系统；经历一个由原来的面向系统、面向技术的建设向现在面向用户、面向应用转变的建设过程。

互联网已经成为当今世界教育与学习的主流方式，它的出现，使人们对教育的认识发生了质的变化，它对教育产生的影响可以说是史无前例的。随着我国教育信息化的不断发展，国家教育部发布了《教育信息化十年发展规划（2011—2020年）》，紧紧围绕着"优秀教育资源建设与共享、教师与学生的信息化应用及学校管理水平提升"这三个方面来进行工作的部署。其中就特别提到了要建立教育信息化产业发展机制。

据统计，我国网民以中等教育水平的群体为主。截至目前，初中、高中/中专/技校学历的网民占比分别为38.7%和24.5%；受过大学专科、大学本科及以上教育的网民占比分别为8.7%和9.9%，这也为高校的教育信息化、网络化改革提供了发展基础。教育信息化的建设，能够在课程建设、教育资源、教学设备等方面带来现代化的改变。总的来说，信息技术的发展与教育信息化的发展成为网络教育最大的推动力之一。

（二）教育的信息交换与处理

教育的本质是为社会培养人才，同时完善人的人格、健全人的人格，并让人们能够有一个更好的人生，从教育的角度来看，"教育过程是教师根据教育目的、任务和学生身心发展的特点，通过指导学生有目的、有计划地掌握系统的文化科学知识和基本技能，发展学生智力和体力，形成科学世界观及培养道德品质、发展个性的过程"。如果不以这种方式来看待教育，那么教育的过程在一定的程度上也可以视为是一种信息交换以及处理的过程，这与互联网的相关功能具有一致性。互联网的信息交换和处理主要包括以下几个特点。

互联网信息交换和处理的速度非常快，主要由于互联网技术非常先进，能够在短时间之内实现对信息的快速处理。

对信息处理和交换能够突破时间和空间的限制，现阶段的互联网技术都是不受时间和空间限制的，在不同的时间以及不同的地点也能够做到对同一信息进行处理。

信息交换和处理的成本比较低，一般而言，处理和交换信息是互联网技术的最基本的功能，因此不需要支付什么额外的费用，成本比较低。

互联网技术能够处理和交换很大容量的信息，主要指的是互联网处理和交换信息不受容量的限制。

通过互联网进行信息交换的处理过程，可以达到多个人倾听、回应或者发言的效果。

运用互联网技术处理和交换信息的品种比较多，有语音图像和文本等形式。互联网技术处理和交换信息比较节省时间和金钱，因为互联网技术非常先进，因而其处理信息的效率非常高。互联网处理交换信息的能力非常强大。

总的来说，无论发挥互联网处理和交换信息的哪一种功能，都能对教育的发展产生很大的影响和作用。从互联网能够让很多人有倾听、回应以及发言的功能来看，这一功能就意味着人们也可以通过一对一的网络视频课程来满足自己的要求，从而有利于帮助学校的教师改革自己的教学方法和模式，更多地发挥网络信息处理的作用，让学生进行自主性的探究式的学习，从而让学生养成自主学习的习惯，并为广大学生营造一个交流讨论式、探究式的良好的学习环境。当然，从互联网的其他功能特点来看，其信息交换和处理的效率很高也就意味着给教学带来了更多的便利，节约了教师们的备课时间，也能让学生在课外通过自学学习到更多的知识。

（三）传统教育体系无法满足需求

在中国，部分人学习的目的都是带有功利性的，一些人是为了能够找到满意的工作，一些人是为了混圈子，还有一些人是为了虚荣。现阶段我国的教育体系还存在一定的不足，不能完全地满足市场对人才发展的需求。同时，现存的教育行业还存在一定的政策监管不到位的问题，教育行业与互联网行业能够很好地融合在一起，因为互联网的发展对教育行业的发展起到了一定的促进作用。总的来说，互联网技术的发展突破了传统教育体系的不足之处，同时给教育的发展提供了良好的环境。在这样的大背景之下，在线教育也得到了很大的发展。

二、互联网教育的发展

（一）传统教育与互联网的融合

　　传统教育有很多不足之处，在现今"互联网+"的大时代之下，我们要做到不断促进传统教育与"互联网+"之间的相互融合，这相互融合并不是互相取代的意思，即在教育中加入了互联网的因素，这既不可能改变教育的本质，也不可能完全取代传统教育对人们的特殊意义。就互联网和教育的关系来看，互联网是能对教育的发展起到辅助作用的一种工具，二者之间是相辅相成的。因为，同样教育的发展也可以使得学习互联网技术的人数量增多，推动互联网的不断普及。从真正的融合来看，不是谁取代谁，而是互联网作为一种技术进入教育行业，让教育行业在各个方面有较大的发展。当今时代是网络的时代，很多事物的发展都打上了"互联网+"的烙印。互联网对人们的生活方式、生存方式以及工作方式都产生了很大的影响，它时时刻刻地在方便着我们的生活，让世界变小，让人们的生活变得更加方便，同时也使得人们之间的联系更加便捷。但是，同时我们也应该看到，由于互联网技术的发展导致社会上人们的人际关系变得更加冷漠，很多人宁愿在网上聊天也不愿意在现实生活中约出来一起面对面地聊天。但是现当代教育也非常重视师生之间的关系以及教育的情感和教育传授给学生各种价值观的重要性，因此，也应该看到互联网给人们的交流和沟通确实带来了很多的便利，促进了人与人之间的资源共享，增加了互相联系的频率。

　　就教育的"互联网+"的现象来看，我们也应该加大对教育对象的关注度。现阶段的互联网用户大多是年轻人，更偏重于"90后"，甚至是"00后"，他们是社会的主力军，也是互联网的主要用户之一。相对于老一辈人来说，他们更容易接受网络这种新事物。而老一辈的人们相对来说，更加喜欢用读书和看报等方式来接触外界信息。但是新一代的人们接触的是网络世界，喜欢QQ空间、微博、贴吧以及各种论坛，他们更加习惯于通过互联网来获取自己所需要的信息。事实上，通过互联网，我们查阅和搜集信息的速度更快，效率也更高，因此在网络时代年轻人也更容易接受"互联网+"的教学模式。且现在大多数的学校都是采用多媒体教学，这样不仅教师备课非常方便，学生学习也更加便捷，有不懂的知识点，学生在课后还可以备份教师的PPT进行课后的自主学习，或者在家里通过一些自学APP搜寻不懂的题目，这样一来，就可以很好地发挥网络的作用。

　　因此，从各个角度来看，我们国家都应该十分重视互联网对教育的影响，对学生的成长和发展的重要作用，一些忽视以及轻视互联网对教育行业作用的行为都是不正确的，也是不科学的。时代的发展，就需要教育也不断跟上步伐。一个国家的发展，最重要的还是看这个国家的国民素质，而国家的国民素质归根结底还是靠教育。教育的好坏决定了一个国家在世界之林能否站稳脚跟，决定了这个国家的未来发展，因此，是否重视互联网对教育的作用是衡量国家的未来发展的重要标准之一。

"互联网+"与传统教育之间，二者的关系是复杂的，既不是简单的重叠形式，也不是一对一的替代关系，二者之间是相对的，不是绝对对立的关系。习近平总书记在讲话中就提到，互联网技术的发展，代表了人类认识世界、改造世界的能力在不断地提高，我们也深刻地体会到了互联网发展给我们的日常生活带来的便利。从一些相关的新闻可以看到，一些落后地区在引进了互联网技术之后，极大地发展了该地区的经济，同时也促进了该地区教育事业的发展，学校教学也在互联网的影响之下进行改革和调整，不断完善教学方式，改革教学模式，提高教学效率，并进一步地提高了学校的教学质量。这些相关的新闻也表明，互联网与教学融合的进程中，正在对传统教育产生一定的冲击，同时也促进了新的教育教学方式的产生。

而教育层面的"互联网+"也更应该关注和看到那些教育不发达的地区，那些地区的学校对互联网的了解还比较少，距离人们现代生活还比较远。针对这种情况，我国政府也制订了相应的支持政策，这也意味着，很多不发达地区的学校都将不断地得到政策上的支持，并有机会引进互联网技术，促进学校进行改革和完善，适应未来社会的挑战。从这政策也可以看出来，政府还是非常关注一些教育薄弱地区教育工作的，且还将不断地促进该地区的教育实现更好发展。而教育"互联网+"也更加不能忘记这些地区，应该发挥互联网的作用，为这些地区的教育发展发挥传播、分享等作用，让这些学校也能提高自己的教育教学水平。

要真正地做好教育"互联网+"的进程，国家需要做的事情还有很多。首先，在政策方面，国家应该给互联网和教育相融合一些政策上的倾斜；其次，教育行政部门等应该重视"互联网+"与教育行业的密切关系，要不断地支持学校在与互联网的相互融合之下的教育教学改革创新；再次，学校的决策层也应该支持学校老师在互联网的基础之上进行教育教学创新；最后，从媒体的角度来看，媒体应该多传播一些正能量的信息，给予互联网和教育行业的融合一些关注、支持和鼓励。只有这样融合多方面的努力，才能真正地推动互联网与传统教学的相互融合。

（二）多样化的教学模式

一般意义上来看，传统的教学方式主要指的是，学生在教室里听老师讲课，并获取知识，也可以在课堂中与老师进行一定的交流与互动。随着现阶段互联网技术的快速发展，这种传统的教学模式也将不断地改革，以互联网技术为基础的新的教育教学模式将产生并进一步得到发展。相关调查表明，未来的学生只有占很少比例的还会继续延续这一传统的教学方式，而更多的学生也并不是严格意义上的学生，他们可能只是对某个学习领域比较感兴趣，或者很急切地需要学习某项技能，而不得不进行课程学习。教学模式是教学的重要组成部分之一，在对学生进行教学的过程中产生着重要的作用。而对教学模式进行改革也就意味着整个教学将会发生很大的改变，互联网的优势在教学中的优势是显而易见的，如何更好地发挥互联网的作用，让其超过传统的教育教学方法和模式，还需要互联网对教育进行重新解释和重构，进而建立一整套新的教育教学模式，可能这种教学模式与传统的模式会有很多的不同，但不变的是，这种新的教学模式能发挥更大的作用，能提高学的学习积极性，能够更好地满足学生各方面的需求，为学生提供更好的教学体验。这同样也是"互联网+"下的教育教学模式发展的目标所在。其中比较常见的教学模式包括：多媒体课堂教学模式、基于计算机网络的讲授型模式、基于计算机网络的个别化教学模式、4A学习模式以及讨论学习模式，等等。教学模式是教学复杂过程的抽象，是在一定的教育思想指导下，在某种教学环境和资源的支持下，对教学诸要素所设计的较为稳定的教学组合方式及活动顺序。"互联网+"下的多样化的教学模式主要有以下几个方面的表现。

1.多媒体课堂教学模式

现在的多媒体课堂教学模式主要指的是在传统课堂教学的基础之上，加入互联网技术，主要是通过计算机、投影仪的方式进行课堂教学。教师事先备好课，并将课程的内容做成PPT，通过计算机和投影仪在课堂教学中体现出来，给学生良好的教学体验。教师在进行课件制作的时候，可以参考网上的相关资料，同时根据教学目标加入自己的相关备课知识，并制定教学策略，对教学的整个流程进行设计，在教学的过程中，通过精美的PPT展示再结合教师声情并茂的授课，让学生获得更多的知识。同时通过投影仪，学生能够对知识点进行清楚的界定和认识。再者，一个小结的课堂内容已经融合在教学课件当中，学生可以在课后将课件进行复制，在课后也可以进行自主学习。其次，通过多媒体教学也可以避免让教师书写太多的板书，所有的知识点已经在课件之中，可以提高课堂的效率。

2.以计算机为基础的讲授型模式

这一种教学模式，是在互联网时代下发展的一种新的教育教学模式，因为互联网在处理和交换信息上可以不受时间和空间的限制，因此，这一模式就是发挥互联网在这方面的功能。在教学开始之前，教师可以将自己要讲授的内容事先准备好，然后将其存储进计算机当中，在讲授的时候，教师既可以通过计算机传递出丰富的教学信息，同时也可以在讲述的时候，将所有的知识点讲得很全面。这种方式可以同时满足学生的视觉感受和听觉感受让学生对学习的相关知识点了解得更加透彻。而另一种方式则是现在我们所的视频教学形式，教师可能并不出现在课堂之上，通过在课堂上播放教师准备的教学视频，学生进行自主学习。当遇到一些不懂的知识点的时候，学生可以给教师发邮件，而教师也可以通过邮件对问题进行解答，这种方式不会受到时间和空间的限制，有利于促进学生进行自主学习，不断锻炼自己的自主学习能力。并且学生可以按照自己学习时间的安排以及学习的兴趣点来进行学习，也不会受到章节的限制，同时学生也可以控制自己的学习进度。

3.讨论性的学习模式

通过计算机网络也可以开展讨论形式的学习模式，这种模式主要通过一种电子布告牌系统来实现，这一系统具备了用户管理、文章讨论、用户留言、实时讨论以及电子信件等功能。学生能够在这一系统里面找到自己所需要的版块，并在其中与其他一些有类似问题的学生或者教师进行讨论。学生可以针对自己遇到的问题，在相关的版块中发帖，与其他人进行交流和学习。现在，随着互联网技术的发展，能实现让学生进行交流学习的媒介也越来越多，除了学习论坛之外，还包括贴吧、学习交流的手机APP等。时代在不断地进步和发展，也将给我们带来更多的惊喜。

4.以计算机为基础的个别化教学模式

自古以来，我们就一直强调教学中教师要做到因材施教，但是因为诸多条件的限制，传统的教学模式还存在很多的不足，难以满足学生个别化的需求。现阶段，随着互联网技术的发展，这一教学目标能得到更好的实现。以计算机为基础的个别化的教学模式中，学生的学习不会受到时间和空间的限制，可以在家中、图书馆、教室或者其他的任何地方，利用自己已经掌握的各种学习资料，包括纸质的资料，也包括一些视频资料和其他资料进行学习。在这一学习过程中，教师并不需要直接地向学生传递知识，只是通过间接的方式，如一些多媒体课件的制作以及教材的编制等，给学生提供更多更优质的学习资源。这种学习模式中学生可以根据自己的学习兴趣，在自己喜欢的场所进行学习，能加强学生的学习主动性并让学生养成一定的学习自觉性。

5.计算机支持合作学习模式

这一种模式指的是有共同学习目的的学习者们，通过计算机网络技术对相同的学习主题进行相互的合作，可以针对课堂教学内容上一些难以理解的地方，进行相互讨论和学习，同时也可以共同合作完成一个以小组为单位的课程作业。在这种教学模式中，教师起到的作用主要是根据教学目标，安排教学方案，并进行网上教学，后期进行作业的修改以及评估学生的成绩和表现。而学生可以自主选择自己学习还是以小组合作的方式来进行学习，教师要充分尊重学生的想法和意见。在合作的学习模式中，主要说的是学生们团体间的合作学习。在学习的过程中，学生也可以成为同学的小老师，在帮助同学的过程中能体现自己价值，这样可以提高学生学习的积极性，让自己能更深入地进行学习。总的来说，实际教学的过程中，教师采取的计算机技术与教学结合在一起的教学模式是多种多样的，根据学生的需求，可以对多种教学模式进行整合，在一节课中一起使用。要发挥互联网在教学模式改革中的作用，就要真正地发挥互联网在教育教学中的作用。

（三）以学习者为中心的教育

"以学习者为中心"与"以教师为中心"应相互对应，指的是在教学过程中要贯彻以人为本的教育理念，根据学习者的知识储备、心智特点等进行有针对性的教学。在传统的"以教师为中心"的授课形式中，教师是教学的核心，学生被当作知识灌输的对象，授课内容、授课方式等完全由教师决定，不论学生的实际情况如何，教师总是以同一种模式，把认为必要的知识传授给千差万别、各具特点的学生。在这种教学模式中，学生的主观能动性被忽视，学生必须被动适应教师，因而学习兴趣低下，学习效果不佳，也会逐渐失去学习兴趣。因而，总体来说，传统的教学模式忽视了学生的个性，严重影响了教学效果。

"以学习者为中心"的教学模式是对人本主义的理性回归，是在对传统教学模式进行深刻反思的基础上发展起来的。学习者在学习中是单个个体而不是群体，教师从事的不应是大众教育而是个体教育，而作为个体，每个学习者都有差异化的价值观，以个人惯有的速度成长，他们有自己偏好的学习风格、学习模式以及学习速度，各自不同的理想和目标也决定了他们的不同动机。正如维尔格曾经说过的："每个人生来就是一个独特的个体，发展也有个人的特点，他生活在人类关系中，但他的内在需求和思想世界是完全个人的。他有自己特殊的经历和期望，他的发展也有其不规则的模式和速度。"充分尊重学生的个性，根据学生的特点因材施教，这恰恰是"以学习者为中心"教学理念的核心。

互联网教育在一定程度上改变了传统教学模式中"以教师为中心"的形式，并向以学生为中心的方向发展，一切从学习者的实际出发，教师与学生、学习资料等之间的关系也都是以学习者为中心的互动关系。教师能够为学生提供全面的服务，因为教师的目的就是提供更好的教学服务，让学生学习到更多的知识。教师给学生进行教学的时候，不应该是一味地进行知识的简单灌输，而应该是根据学生的需求，以及院校对学生的发展需求，再结合课程目标，进行科学的教学设计。同时，教师在教学的过程中也要注意发挥学生的自主学习意识，不应该让学生养成单向的接受知识的不良习惯，应该让学生多思考，多创新，并正确地认识自己。教师还应该转变自己的角色，应该更多地发挥其作为学生的服务者和引导者的作用。再者，随着学生个性化的学习需求不断增强，通过互联网学生可以接触到很多自己想要学习的知识，但是教师也应该看到互联网上有一些不利于青少年发展的信息。因此，教师应该全面地监督学生的自学行为，提供给学生更安全的信息来源渠道，并全面了解学生的学习特点，进行有针对性的教学，并激励学生进行自主学习，同时通过多种途径提高学生学习的效率，只有这样，才能真正地实现因材施教。

（四）教育娱乐化

兴趣是学生学习的自觉性和积极性的最直接因素，同时也是学生学习最强大的学习动力。在传统的教学模式下，往往是教师满堂灌，教师讲得头头是道，学生却听得索然无味、昏昏欲睡。通过互联网教育会让学生的学习更加方便，同时感觉到更加快乐，只有心情快乐，才能进行快乐的学习。而要让学生的学习过程更加快乐首先可以将枯燥的知识点趣味化，可以通过小视频或者精美的图片增加学生的学习兴趣，同时，现阶段很多人在研究游戏学习方法，即让学生在游戏的过程中也学习到知识，这样一来，学生就能更自觉地进行学习。互联网的相关技术给学生提供更多将知识趣味化的途径。有关趣味化学习的例子有很多，它们以学生兴趣为目的，将索然无味的内容趣味化，同时在教学过程中能够很好地启发和引导学生进行自主的、创造性的学习，不断探索和形成新的知识和技能。

（五）免费教育平台的搭建

要实现社会公平，最基本的就是要实现教育的公平。互联网教育不受时间和空间的限制，覆盖面比较大，涉及的方面也比较多，从不同学校到不同地区再到不同的国家，互联网都在发挥重要的作用。网络视频学习将很多信息传播到了网上，让更多的学生有机会进行学习。课程学习也让学生能够有机会通过教学资源的反复巩固不断地提高学习效果，能促进师生之间的良好沟通。互联网的发展促进了全球范围内的优质资源的平等共享，为广大学生打造了一个拥有很多优质课程的平台，能够让学生在良好的学习氛围内进行学习，同时加强自学的意识和能力，促使学生在与他人的互动中学习到更多的知识，实现自己的价值。如今，只要接入互联网，无论是身处著名学校，还是在偏远的小山沟，都能依靠互联网的力量学习，传道授业打破了空间限制，教育公平在这里逐步变成现实。2000多年前，孔子杏坛讲学口口相传，完全倚赖于老师。1000多年前，活字印刷术迅速发展，文字典籍大量复制，师生得以初步分离。到今天互联网技术的发展，已经打破了时间和地点的限制，学生和教师不必局限在特定的时间和地域进行教学和实习，就算是偏远的地区只要有网络也可以共享学习资源。

（六）教育的大数据应用

现阶段，互联网的应用不断得到普及，很多通过互联网进行的教学都可以通过网络的教学系统得以记录下来，相关学者能够有机会对教育相关数据进行一定的分析，从而了解现阶段教学过程中教师和学生所遇到的问题；并有机会通过相关的措施改革教师的教学方式，从而提高教学质量，给学生以更好的教学体验。

具体来说，首先可以根据教师设置的相关数据来分析每一个学生的学习情况、学习过程中所遇到的问题以及学习的结果等。这样一来就有利于教师更多地了解学生，从而真正地做到因材施教，为学生制定个性化的学习计划。其次，通过数据分析，能够在教学的过程中更好地监督和管理学生，当一些学生的数据中表现出学习上缺乏一定主观能动性的时候，教师就可以采取相应的措施在课堂上多注意该生的情况，并激励他主动地进行学习，提高其课堂参与度。再次，对学生的学习过程以及学习行为和学习结果进行数据分析，可以准确地看出教师的课堂教学设计中存在的一些问题，发现问题之后，就可以改正问题，从而不断完善教学设计。最后，在未来，大数据技术还将突破新的发展，数据库以及人工智能等技术会得到新的提升，教育大数据能够更多地促进课堂教学的发展，为其创造更多的价值。

（七）互联网教育实现社会认证

现阶段，很多人进行学习的重要目的就是要得到一个让人满意的学历证书，从而在社会上站稳脚跟，在找工作方面有一定的优势。在互联网教学模式之下，人们也希望能在网上获得相关的证书，这样一来其学习的过程也就具有了意义。在未来，随着互联网技术的发展，人们在网上学习将有可能获得相应的证书。

第三章 大学生核心素养体系

第一节 核心素养的内涵

"核心素养"已成近些年国内外教育界普遍关注的议题，世界主要发达国家和地区先后构建了不同的核心素养体系，这些体系从不同的角度诠释了核心素养。在深化课程改革的背景下，清晰界定核心素养的内涵，是有效推进核心素养落地的前提。基于此，我们梳理了不同框架中核心素养的定义、特点、内容及其价值等，以期更准确把握核心素养的内涵和实质。由此，进一步回答核心素养到底是什么的基础性问题，为核心素养的深入探讨奠定基础。

一、核心素养的定义

对核心素养的关注，意味着在当下教育变革的浪潮中，人才质量标准的重新定位。我国对核心素养的研究尚处于探索阶段，对国际上关于核心素养的研究进行综述，有助于提升核心素养本土定义的适切性。

自1985年卡莫委员会提出五大"关键能力"开始，澳大利亚就一直致力于核心素养体系的研制，在核心素养的内涵、构成、评价准则等方面的研究都取得了显著的成果。梅耶委员会认为，关键能力是个人在学习、工作及生活环境中所需的能力，是对知识和技能的整合与应用体现，使个体未来能有效地参与工作与适应成人生活的社会环境。据此，该委员会还提出了七大核心素养分支：收集、分析和整理信息的能力；交流思想和信息的能力；计划与组织活动的能力；与他人合作的能力；运用数学方法与数学技术的能力；解决问题的能力；使用技术手段的能力。到21世纪初，经合组织的"素养的界定与遴选：理论和概念基础"项目研制的核心素养总体框架为世界各国建立本土化的核心素养体系提供了重要的参考。Deseco项目指出，核心素养指的是覆盖多个生活领域的，促进成功的生活和健全的社会的重要素养。该项目通过多学科的整合，归纳出"能互动地使用工具""能在异质社群中进行互动""能自律自主地行动"三方面的核心素养。2006年,欧洲联盟将核心素养的概念界定为:核心素养是一系列可移植的、具有多种功能的知识、技能和态度,是个体获得个人成就和自我发展、融入社会、胜任工作的必备素养,并且指出这些素养的培育应该在义务教育阶段完成,且成为终身教育的基础。在此基础上,欧盟提出终身学习八大核心素养,包括使用母语交流、使用外语交流、数学素养和基本的科学技术素养、数字素养、学会学习、社会与公民素养、主动意识与创业精神、文化觉识与文化表达。

梳理国外相关研究成果,发现对核心素养的思想基础、价值取向、具体内容的认识有共通之处,我们可以从以下三个维度来剖析核心素养的定义。

维度一,学生核心素养培育的思想基础是"人的全面发展",具体诠释学生经历教育后必须拥有怎样的基本素养和能力,成为怎样的人才。人的全面发展的当代内涵就指的是提高人的综合素质和创新能力,这和核心素养的理念是一致的。核心素养是知识、技能和态度等的综合表现,不是囿于某单一学科的知识和技能,而是非情境化的,适用于不同学习领域、不同情境中。而且各国各地区核心素养体系中的指标大多都可按照经济合作与发展组织的架构划分,分为人与工具互动、人与自己互动、人与社会互动,从分类框架上体现综合性。再者,各个国家在核心素养体系建构中均提到的创新素养的培养也是全面发展理论最核心成分。

维度二,核心素养的价值取向在于满足"个人发展"与"社会发展"的双重需要。在个人的自我实现与发展方面,核心素养必须为人们追求生活目标提供帮助,为实现个人兴趣及终身学习的愿望提供动力,有助于满足个人"优质生活"需求,获得个人成功的人生。同时,在社会发展方面,核心素养可以帮助每个人建立公民身份、行使公民权利、积极融入社会,支持个人在社会文化网络中,积极地回应情境的要求与挑战,保障社会的稳定和发展。因此,核心素养不仅可以营造"成功的个人生活",更可以有助于建立功能健全的社会,达成"优质社会"的发展愿景。

维度三,核心素养的内容包括知识、能力、态度等多方面,其含义比"知识"的意义更加宽广,并不指向某一学科知识,而是强调个体能够积极主动并且具备一定的方法获得知识和技能;比"能力"的意义更加宽泛,既包括传统的教育领域的知识、能力,还包括学生的情感、态度、价值观。它是一系列知识、技能和态度的集合,以三维整合的方式呈现,有较强的综合性和实践性,如国际上重视的语言交往、信息处理、问题解决、社会合作、创新意识等素养,都是学生

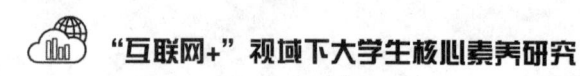

获得知识、习得能力、发展情感后相互融合的产物。总之，核心素养是个体适应未来社会需要、获得全面发展、提高生存能力的必备品格和关键能力，是满足终身学习的基本条件，是提升个体综合素质的重要保障。

二、核心素养的特点

学生核心素养模型的建构既要从个体成长发展的一般规律出发，也要符合教育教学活动实践的客观要求。同时，学生核心素养模型要反映新时期社会对人才的新要求，紧随全球化、信息化发展的大趋势，使学生适应未来社会生活，拥有终身学习的能力。虽然不同国家和地区基于自己的教育实践建构的核心素养框架有所差异，但是最后筛选出的核心素养都呈现出一些共同的特点。

（一）普遍性

核心素养的普遍性表现在它是不同学习领域、不同情境中都不可或缺的共同底线要求。一方面，核心素养不同于素养。素养是在个体与情境的有效互动中生成的，这些情境包括家庭、职场、社区及其他公共领域等。素养不应该脱离特定的情境，不同的情境所要求的素养也有所不同，抽象地谈论所谓"素养"是没有太大的价值的。而核心素养不是只适用于特定情境或特定人群的特殊素养，而是适用于一切情境和所有人的普遍素养。另一方面，核心素养是一种跨学科素养，它强调各学科都可以发展的、对学生最有用的东西，并不指向某一学科知识，不针对具体领域的具体问题，而是强调个体能够积极主动并且具备一定的方法获得知识和技能，从人的成长发展与适应未来社会的角度出发，跨学科跨情境地规定了对每一个人都具有重要意义的素养。例如，审美素养不仅仅是音乐、美术课程需要致力促进学生养成的素养，语文课程同样需要对学生进行文学美的浸润，培养其感知美、欣赏美、评价美的意识和基本能力。再者，随着知识时代的开启，知识的增加到了令人目不暇接、耳不暇闻、思所不及的程度。在这样的时代，任何个人都不可能把所有的知识都学懂、都弄通，这需要学生养成学会学习的核心素养以适应科学技术日新月异的发展。通过努力学习提高自身的言语信息技能、态度技能、动作技能、智慧技能和认知技能，掌握符合自身特点的一整套科学学习方法体系，从而使自己掌握主动学习、终身学习、全面发展和持续发展的能力。这是每个学科课程共同的价值追求，体现了素养要求的普遍性。

（二）系统性

核心素养具有系统性，各指标因素之间相辅相成、相依相促。从纵向来看，素养的生成是从生理到心理，再到文化和思想四个不同的、纵向发展的层面，这四个层面中，前者是后者的基础。"基础"包含两层含义："一是发生上前者对后者存在一种逻辑在先的意义；二是在内容上后者以萌生的形式存在于前者之中。"这决定了核心素养的习得与养成必须具有整体性、综合性和系统性。从横向来看，核心素养各因素间彼此并非单独存在而是呈现可交互作用、相互渗透、彼此互动的动态发展，甚至是相互依赖可以部分重叠交织，这彰显了"素养"的本质，更彰显了多元面向、多元功能、多元场域、高阶复杂、长期培育等"三多元一高一长"等核心素养的特质。核心素养以整合的方式在实践中发挥作用。例如反思能力的养成有利于学生对自己的决策、行为、方法以及由此产生的结果进行审视、分析、调整。自我认知素养是主观自我对客观自我合理认识与评价的意识与能力，包括自己对自己身心特征、优缺点、心理活动的认识，清晰认识到自己在集体和社会中的地位及作用，并在此基础上对自己做出合理评价判断。反思能力和自我认知素养的养成与发展是相辅相成、相互促进的，这体现了核心素养之间的系统性。因而，以核心素养引领课程改革，可在纵向上促进不同教育阶段课程的连贯性，也可在横向上促进不同领域课程发展的统整性，在提升教师课程设计与教学实施的效能的同时激发学生的学习效能。

（三）生长性

核心素养的动态性表现在其是可教可学、动态发展的。学生核心素养的获得是一个循序渐进、不断深化的过程，它可以通过外在刺激，诸如有意的教育进行规划、设计与培养。当学生踏入社会，核心素养是个人通过积极主动与真实情境展开互动而不断延伸、拓展和生长的开放体系，随着社会经验的丰富、个体发展需求的增加，素养的内涵会得到丰富和完善。例如：诸多国家核心素养体系中涉及的沟通交流能力就呈现出明显的生长性，学生在进入学校之前就具有一定的表达能力基础，经过学校课程、活动的系统性训练，学生习得较为标准化、系统化的表达方式与沟通技巧，搭建起一套适用于学校、家庭环境的交流沟通能力体系。当学生进入社会以后，社交网络的扩大，面对形形色色的人，适用于学校、家庭的沟通交流方式显得匮乏，在实践的打磨中，个人的沟通交流方式和技巧越发丰富和完善，逐渐形成更加纯熟、多元、完善的沟通交流能力体系。由此可见，核心素养是可教可学的，具有发展连续性。同时，核心素养是通过外显行为表现出来的，体现为行为意向、行为技能水平等。因此，尽管核心素养是动态发展的，但可以根据相关理论开发相应的工具对其进行测评。例如，学生对社会责任这一核心素养的认识也是随着人生经历的丰富、知识结构的完善而逐渐丰满起来的。低年级的学生或许只能认识到社会责任范畴中自己对家庭的责任，主动承担力所能及的家务，做家庭的小主人。但随着认识角度和认识方式的不断丰富，学生能够形成更加深刻的对社会责任的全面理解，认识到自己与他人（家庭）、集体、社会、自然等方面的关系中应有的职责、任务和使命，意识到自己对社会的责任，即将自己的存在与更大范围内的社会进步联系在一起。

（四）统整性

核心素养的统整性表现在两方面：一方面，核心素养是知识、能力、态度、价值观和情绪的集合体。核心素养并不只指向某一学科知识，它强调个体能够积极主动并且具备一定的方法获得知识和技能，其含义也比"能力"的意义更加宽泛，既包括传统的教育领域的知识、能力，还包括学生的情感、态度、价值观。核心素养超越了知识与能力二元对立的观念，是相关知识、认知技能、态度、价值观和情绪的集合体。它涵盖了稳定的特质、学习结果（如知识和技能）、信念—价值系统、习惯和其他心理特征。在各因素之间凸显了态度因素的重要性，强调了人的反省思考及行动与学习，其目的不仅限于满足基本生活需要，更有助于个人追求生活目标、促进个人发展和有效参与社会活动。例如，"国际理解、创新精神"等，更加侧重学生品性修养、态度养成和情感发展。这超越知识和技能的内涵，可以矫正过去重知识、轻能力、忽略情感态度价值观的教育偏失，更加完善和系统地反映教育目标和素质教育理念。另一方面，核心素养统整了个人和社会的需求。核心素养的价值追求在于促进个人发展和形成良好的社会，使学生能够发展成为更为健全的个体，能够更好地适应未来社会的发展变化，并为终身学习、终身发展打下良好的基础，并且能够达到促进社会良好运行的目的，由此统整个人、社会两方面的目标与追求。例如，就合作参与素养来说，人类面临问题的复杂化程度，社会分工的精细化发展都决定了合作参与的价值愈加凸显。全球变暖、臭氧空洞、水污染等一系列问题成为需要人类共同面对的燃眉之急，需要大家矢志不渝的共同努力。因而，合作已经成为社会发展的重要途径。同时，面对激烈的竞争，个人想取得成功也离不开与他人的合作，因而合作参与素养的养成是个人发展的内在需求。由此可见，合作参与素养统整了社会的需求和个人发展的需求。

三、核心素养的维度

综合国内外既有研究成果，本书将核心素养划分为三个维度，即人与工具、人与自我以及人与社会。其中人与工具包括语言运用、信息收集与处理两个向度；人与自我包括自我理解、反思能力、创新精神与实践能力四个向度；人与社会包括合作参与、社会责任和国际理解三个向度。

（一）人与工具

人与工具维度指的是个人能够运用语言、符号、信息技术等进行有效互动的核心素养。工具的恰当运用是人们改造世界的基础，在科学技术迅猛发展的今天，如何有效地利用我们所掌握的工具与技术，是处理好社会发展过程中矛盾的关键。通过分析发现，语言运用和信息收集与处理是人与工具核心素养里的两个关键点。

1.语言运用

语言运用素养指的是交际者在掌握了一种语音、词汇和语法等基本知识和基本规则的前提下，能在特定的语言环境里按照一定规则准确、得体地使用语言进行交流、理解与创造性地表达。合理有效地运用语言，是个体在社会中存在并发展的前提基础。个体只有掌握了基本的语言知识、技巧与能力，才能够有效地生存于社会之中。语言运用素养主要包括母语语言运用和外语语言运用两个层面。

2.信息素养

信息素养指的是人们在信息社会中运用现代信息技术获取、利用、开发、评价和传播信息的修养与能力。21世纪是信息的世纪，如何能够高效地获取信息，并充分地开发和利用信息，是人们成功立足于社会的很重要的能力。信息素养包括信息意识、信息知识、信息能力、信息道德四个层面。

（二）人与自我

人与自我维度指的是作为具有社会性的个人，应该能够明晰自己的能力与目标、了解自己的权利和义务，以为自身更好地适应现代生活奠定基础。在现代社会发展过程中，人只有认清自己，才能够更好地生存与发展。人与自我维度主要包括自我理解、反思能力、创新精神以及实践能力四个层面的内容。

1.自我理解

自我理解素养指的是个体对有关自己的思想和态度认知的概念系统，是对行为、感觉、思想等相关信念、态度的一定水平意识或知识。人对自我的基本理解，是人作为"人"的理念基础，"人"只有充分了解了自身的社会性存在，才能够更好地生存与发展。自我理解素养包括生理自我理解、心理自我理解与社会自我理解三个层面。

2.反思能力

反思能力素养指的是拥有自我反思的情感和意志力，对个体所见、所闻、所经历的事情具有批判性和探究性思考的能力，是反思活动能够顺利展开的心理素质特征的综合体。在现今社会发展过程中，反思能力扮演着日益重要的角色。人只有能够对自己的知识、行为作出恰当的反省与思考，才能够获得人生的进步。反思能力素养主要包括自我意识、批判性、探究性、意志力、自我评估几个层面。

3.创新精神

所谓创新精神指的是个体在从事创新活动过程中所表现出来的智识和品质，是一种较为稳定的、积极的心理倾向，是一种勇于对旧思想旧事物进行质疑、创造新思想新事物的精神。创新是一个民族进步的灵魂，是一个国家兴旺发达的不竭动力。在科技迅速发展、全球化日益深化的今天，创新精神扮演着越来越重要的角色。创新精神包含创新意识和创新品质两个层面。

4.实践能力

实践能力素养指的是学生运用知识、技能顺利解决实际问题时具备的生理特征和心理特征的综合。从定义可以看出，实践能力包括知识、技能以及必要的心理品质，它是不同品质的综合体。在人的一生发展过程之中，人所习得的各种知识，最终都要付诸实践，正所谓"时间是检验真理的唯一标准"。可见实践能力的培养所占的地位及其发挥的重要作用。实践能力可划分为知识型实践能力和操作型实践能力两个层面。

（三）人与社会

人与社会维度指的是人在社会生活当中为适应现代社会环境所表现出来的基本能力。人是社会性动物，"人"只有存在于社会生活场域之中才能够称其为"人"。人与社会维度包括合作参与、社会责任和国际理解三个层面的内容。

1.合作参与

合作参与素养指的是学生在学习、生活或社会关系中，为追求共同的目标，为了确保任务的顺利完成，以一种协调的方式一起行动而表现出来的个人态度、技能和品质的总和。现今的社会是一个合作型社会，有鉴于此，人们要养成合作参与的意识，培养合作参与的技能，以便能够在合作型社会当中得到更好的发展。合作参与素养包括合作参与意识、合作参与技能、合作参与品质三个层面。

2.社会责任

社会责任素养指的是学生自觉承担与他人（家庭）、集体、社会、自然等方面的关系中应有的职责、任务和使命的情感态度和行为表现。其核心是学生认识到自己对社会的发展，乃至人类发展所应承担的责任。作为现代人，应该有必要的社会责任担当，履行相应的义务，做一个对社会发展有意义的人。社会责任素养包括诚信友善、勇于担当、法制意识、生态意识四个层面。

3.国际理解

国际理解素养指的是理解与欣赏本国及世界各地的历史文化，并深切地体认世界为一整体的地球村、营造多元文化共存、和平安定的人类生活环境的一种世界观，其主要表现是个体对于国际动态、多元文化、人类共同命运等方面的关切和认知。在全球化快速发展的今天，人们对国际社会、环境的理解与认知是立足于当今世界非常重要的因素。

四、核心素养的价值

核心素养的价值定位体现于以下几个方面。

（一）适应社会诉求与技术发展

教育通过培养人才不断推动科技更新、社会发展，同时社会的发展与进步也会促使教育变革。因此，教育决策要符合社会需求，体现时代发展对人才培养的要求。现代社会是文化共荣、科技发达、提倡交流与合作的时代，核心素养体系中涉及的外语交流、符号运用与沟通表达、文化认同与国际化、团队合作与工作能力、科学技术素养、信息素养等素养都反映出知识经济时代的发展动态，体现出科学技术进步对人才素质的新要求。我国核心素养的提出正是在国际趋势下，充分结合时代特色，聚焦人才培养的创新模式，使得我们培养的人在创新精神、实践能力、社会责任感等方面，都能有显著地提升。

（二）关注终身学习和全面发展

全面发展与终身发展是素质教育的根本宗旨，是各国制定核心素养的基本价值取向。联合国教科文组织、经济作与发展组织、欧盟，以及美国、加拿大、澳大利亚、新西兰、德国核心素养体系的提出和建构都离不开一个鲜明的主题，就是培养学生的终身学习能力。现代社会知识的更新速度越来越快，学生只有拥有终身学习的能力，才不会被时代抛弃。终身学习要求学习者要能够依据个人学习需求、能力与具体情况，自定学习进度、选择学习方式、并进行自我导向的学习。强调学习的终身持续性、方式的多样性和学习的自主性，核心素养体系中的信息素养、阅读能力、媒体素养和改进学习的能力、独立学习能力、主动探究、自我反思、规划都有所体现。人的全面发展的当代内涵就指的是提高人的综合素质和创新能力，这和核心素养的理念是一致的。国际组织及世界各国对核心素养的遴选不是局限于某单一学科的知识和技能，而是涉及学生全面发展所需要的知识、技能、态度和价值观等方面，如各国各地区核心素养体系中的指标大多都可按照经济合作与发展组织的架构划分，分为人与工具互动、人与自己互动、人与社会互动，从分类框架上就体现了其综合性，对学生的全面发展大有裨益。

（三）促进自我认同和自主行动

自我认同和自主行动就指的是帮助学生建立明确的自我概念以及促使他们把自身的需要和愿望转化为有目的的行动。一方面，个人首先需要建立自我认同，并赋予生命以意义，合理清晰地认识自己、悦纳自己，明确自身的优劣势，从而发挥优势、规避劣势，明确发展方向。了解自我与发展潜能、反思能力、善良诚实等个人品质素养都体现了这一层面的价值。另一方面，在确认发展方向之后能自主行动也尤为重要。在这一价值层面上，核心素养的功能性指向明显，就是帮助学生实现问题的解决，在知识的增加到了令人目不暇接、耳不暇闻、思所不及的时代，获得"鱼"不如掌握"渔"，领会学习窍门，增强实践能力，发扬创新精神，以不变应万变，主动积极地应对挑战。主动探索和研究、问题解决能力、系统思考与解决问题、规则执行与创新应变等素养充分体现这一点。

（四）重视生活品质与生存质量

核心素养立足适应现在及未来社会发展的需要，如同是高楼大厦的坚实根基，其稳固性决定了楼房的高度与坚韧度，因而核心素养的培育对人的终身发展具有至关重要的导向作用，关乎个体的生活品质和生存质量。核心素养除了满足个体立足社会、生存发展的必备能力需求之外，还涵盖学生的个人品质、文化素养和精神境界，影响着他们与社会、自然的相处和互动方式，也决定着日常生活的品位和品质，为个人追求其生活目标提供支持，真正体现着以人为本的教育思想，例如，文化意识、环境研究、个体职业发展、生活规划、管理与解决冲突等，这些指标内容都充分表现这一点。除此之外，核心素养帮助个人提升公民意识，促进个人与社会环境自主互动，拥有成就感和愉悦感，例如，核心素养体系中包含的语言交往能力、合作能力、表达能力等。因此，核心素养不仅满足个人包括学习、工作、生活在内的各个领域的重要需求，而且使个人与他人建立起亲密的关系，更好理解他人和自身所处的世界，与社会展开良性互动，从而拥有美好的生活。

第二节 大学生核心素养体系构建的理论基础

一、传统修身成德思想

（一）仁民爱物，孝亲爱国

1.仁民爱物

国际空间与格局的变动为时代发展提出了新的要求，不同国家和地区在核心素养的培养方面表现出了适应时代发展的一致性，即框架建造必须植根于本民族的传统文化之中，并与其他地区的文化兼容并蓄，在历史的土壤中生根发芽，迸发出新的活力。中华民族的文化博大精深，源远流长，在长期的历史积淀中形成了独特的文化底蕴和内涵，经过一代又一代人的奋斗，中华文化已经基本成熟，成为中华民族血液中的一部分。在社会主义核心价值观理念的催生下，核心素养浓缩了其中的精华，成为人们的思维导向和精神指南，对于树立正确的价值观、人生观和世界观大有裨益。

中国传统文化以儒家文化为核心，其本质为一种"人学"，聚焦的核心为"人"的问题，旨在解决人的价值是什么、如何与他人相处、如何实现自我等问题。作为儒家文化的代表人物孔子，被称作"万世师表"。孔子将教育带向了民间，为教育的普及做出了巨大贡献。孔子提出了"仁"的理念，认为"仁者爱人"，经过数千年的发展成为中国传统文化的重要组成部分，儒家思想更是独树一帜，走向了海内外。在传统文化中，"仁学"思想理念成为人们对美德的最高要求标准,如"杀身成仁"。"仁"要爱人,包括爱护自己和他人,由爱人逐渐推广到爱护大自然的一切事物,体现了一种博大胸怀和崇高的责任担当意识。"仁民爱物"是儒家思想的精华,体现出我国古人崇高的价值追求和宇宙情怀。时至今日,中国台湾地区和新加坡都还是把提倡仁民爱物精神作为社会道德建设和人才培养的重要方面。在今天,仁民爱物思想是培育社会主义核心价值观、倡导"友爱"精神的重要文化基础。

传统文化中仁民爱物的思想,"自强不息""物我和谐""开放包容""爱人如己""宽恕"的价值取向时刻存在。这些价值追求应成为当今学生道德修养中的重要内容。倡导"仁民爱物"精神,使学生爱人如己、心怀天下和奉献社会。引导学生通过扩充仁爱之心和践行忠恕之道,建立"人我一体""物我一体"的信念,使学生认识到自我在社会及宇宙中的地位和责任,激发"自强不息"的使命感和"仁民爱物"的社会责任感,最终养成"自强不息""爱人如己""奉献社会""开放包容""物我和谐"的道德品质,形成心怀天下的责任心、和而不同的包容心、守望相助的友善心、推己及人的同理心,使学生能正确处理个人与他人、个人与社会、个人与自然的关系。因此,仁民爱物应作为学生核心道德修养体现在学生的核心素养体系构建之中。

2.孝亲爱国

孝亲爱国体现在"孝"和"亲"的理念之上,是"仁"思想后的重要发展成果,在塑造人的精神底蕴和文化精神方面有着重要贡献,成为纵古至今人们所一致认可的道德范畴。

"孝"原意是孝顺父母和长辈。古代人将"孝"的精神理念与宗法制社会相联系,认为孝者能促进家庭和睦与社会和谐。因此,孝是民族情怀的象征,更是家庭和睦传承的保障,在中国乃至整个亚欧大陆均发挥着积极作用。在日本、韩等国家,孝被视为崇高人格和精神品德的代名词,"孝子产业"被作为国家形象而广泛推广,形成了亘古不变的文化传统。韩国以孝子产业熏陶人,将儒家文化植入民族血统中,而且还用以出口获得利润,发展形势日趋增长。这些经验值得我们参参考与重视。弘扬"孝亲爱国"精神,激发学生的乡土情感和家国情怀。围绕"孝敬父母""尊敬长辈""感恩""热爱家乡和祖国"四个方面,通过培养学生爱父母、敬长辈的道德情感,唤起学生的感恩意识,使其不断认识到家乡和祖国对自己的养育之恩,从而培养学生的乡土情感和民族情怀,最终提升学生的国家认同感和民族自豪感。因此,在大学生核心素养的架构中,需要体现孝亲爱国的内容。在当前老龄化日益加深的现代化社会，"孝"更不能被忽视。

（二）乐群贵和，尊礼重义

"乐群贵和"是人之所以为人的重要标志。在古人看来，人之所以能"胜物"而"为天下贵"，就在于人能组成社会，过社会群体生活。人们为了能够使"名分"和"职守"各有所"分"，而"群居和一"，这就需要遵循礼仪道德规范。礼义产生于人类"群居和一"的需要，是维护人类"群居和一"的必要行为准则。这就是说，要"乐群贵和"就必须"尊礼重义"，而"尊礼重义"则是"乐群贵和"的重要表现和评价标准。这种思想在孔子以前的古人那里就有论述，儒家特别是荀子更是对其进行了系统化和多方面的论证，后来便逐渐成为我们中华民族的共识而日益得到发挥和丰富。

"乐群贵和"，首先必须尊老爱幼。群体是代代相传的，群体的和谐就是实现"和为贵"最起码的要求。孔子曾经把"老者安之""少者怀之"作为自己的志向。孟子则强调人应当"老吾老以及人之老，幼吾幼以及人之幼"。确实，尊老爱幼的必要性和重要性是人们不难体验到的，因为任何人都是父母所生，都要生儿育女；任何人也都有一个从幼而长、而老的生命发展过程。尊老爱幼，既是对社会历史经验的珍视和对未来发展责任的自觉，又是个人对自身成长发展的肯定和尊重，它是一个生活于社会群体中的人应当具有的起码的道德情感和所必须践履的行为准则。

"谦恭礼让"是群体和谐所要求的重要道德品行。"谦恭"是以对他人的尊敬为前提和重要内容；"礼让"则来源于热爱他人的道德情感。孔子把恭、宽、信、敏、慧作为行"仁"的重要德目，是有道理的。古人说，"满招损，谦受益"，"谦，德之柄（根本）也"。一个谦恭的人就能看到他人的长处和自己的不足，就能善于以人之长，补己之短。不仅如此，谦恭也是对自己道德人格的尊重。古人讲，"敬人者，人恒敬之"，"不敬人者，是不自敬也"。这些话确实道出了谦恭的道德价值之所在。谦虚的精神表现于外就是"礼让"。这里讲的"礼"，指礼貌、礼节；即谦让、辞让。礼让是人际交往、沟通的必要条件。凡事礼让三分，这是文明人应有的素养，也只有这样才会使群体和谐与发展。

"严己宽人"是处理群己关系的重要准则，是人们成就事业、修养德性的重要条件和要求。在这里，严己和宽人是不可分的，严己是宽人的前提，只有严于律己，才能宽以待人；宽人又是对严己的检验，宽以待人正是严于律己的结果和体现。严己和宽人的统一是以尊礼重义为基础的，其价值目标则是乐群贵和。

"见利思义""扶危济困""见义勇为",这是"乐群贵和,尊礼重义"优良传统道德行为的具体体现,其实质上是一个问题的三个方面,核心是一个"义"字,关键是一个"勇"字。古人强调一个人立身处世,总要有所为和有所不为,其取舍的标准就是一个"义"字。"见利思义"是讲对于不义之利,应当不取。反之,合乎"义"的就要乐于去做,勇于去做;"扶危济困"是如此,"见义勇为"更是如此。之所以说"勇"是这里的关键,就在于即便是对于不义之利不苟得,也需要战胜利欲的诱惑,是一种自律精神的表现。古人把"克己自胜"看做一种大勇。"勇"被列于"三达德"之一。在古人看来,"勇"不是一种血气之勇,而是一种为了维护群体利益而担当道义的敢作敢为的精神。所以,特别强调"率义之谓勇";"见义不为,无勇也";"君子勇于义,小人勇于气"。"勇于义",体现的乃是一种"爱人"、"乐群"的精神。继承和发扬我们中华民族"乐群贵和""尊礼重义"的优良传统,对于维护国家的安定团结,保证社会主义现代化建设有序进行,具有重要的现实意义。

"乐群贵和,尊礼重义",作为一种传统美德代代相传。这种传统美德的主要体现在尊老爱幼、谦恭礼让、严己宽人、见利思义、扶危济困、见义勇为等方面。

1.尊老爱幼

"尊老爱幼"形成和通行于原始社会。进入阶级社会以后,它作为种社会公德被继承下来,并不断得到发展。它作为一种传统美德,为我们中华民族所高度重视。早期儒家所追求的大同社会理想中,就以"使老有所终,壮有所用,幼有所长,矜、寡、孤、独、废疾者皆有所养"(《礼记·礼运》)作为重要的内容。从孟子所说的"老吾老以及人之老,幼吾幼以及人之幼"还可以看出,儒家是把"尊老爱幼"作为道德践履的最基本的出发点来看待的,并且把它提到"仁者爱人"的高度来认识的。这里包含着一个重要的合理思想,就是尊老爱幼这一社会公德的实施,关系到一个社会总的道德状况和个人的总的道德面貌。联系古人尊老爱幼的事例,我们就不难体会到这一点。

2.谦恭礼让

"谦恭",乃是一种待人处世的积极生活态度,是一种相信群体和他人的智慧和力量,诚敬用事,永不满足的精神。古人把"谦恭"分为三类:第一类是有声名而不自满,谓"鸣谦";第二类是有功劳而不骄傲,谓"劳谦";第三类是施惠于人而不自居,谓"捣谦"。"礼让"是谦恭的外部表现,与三种谦恭相联系，它也包含着三种含义：一是让贤，二是让功，三是让利。如"齐桓公礼见小臣稷"、"范宣子重德让贤"、"魏文侯礼轼段干木"等，可算第一类。如"范文子循礼让功"、"张良不受三万户"、"顾炎武谦逊敬贤"等，可算第二类。再如，"吴公子季札让位"、"张说辞任大学士"等，可算第三类。这些具有谦恭礼让美德的人，一般说来都是很有作为的人。他们在贤者和功利面前却虚怀若谷。这正是一种对生活的积极态度和进取精神的表现。谦恭礼让带来了人际关系的和谐、群体的团结和事业的发达。然而古人所讲的谦恭礼让，并不是妄自菲薄，也不是毫无原则的一团和气，而是以"德"为前提，是为了进德。所以孔子说的"当仁，不让于师"，给我们提供了一个重要启示：谦恭礼让和我们今天提倡的竞争意识并不是绝对对立的。竞争不能离开法律的约束，也不能逾越道德的规范。不能认为一讲竞争，就可以置谦恭礼让的美德而不顾，相反，应当把两者在社会主义道德的基础上统一起来。实践生活告诉我们，一个有正确竞争意识和进取精神的人，也应当是一个具有谦恭礼让美德的人。

3. 严己宽人

"严于律己，宽以待人"，这是我国"乐群贵和、尊礼重义"传统美德的一个重要方面。道德是人类精神的自律。自律是相对他律而言的。一个道德高尚的人，就要把外在的道德要求内化为自己内心的需要和信仰。而自律贵在一个"严"字上。人际关系是复杂的，常常会出现一些难以处理的情况。例如：在明知自己做错了事而又可以诿过自免的情况下怎么办？对那些曾反对过自己而又证明是反对错了的人，如何处理与之的关系？等等。在处理这些问题时，如果没有一种严于律己的精神，就很可能越出道德要求的范围，做出不道德的事情。严于律己本质上是一种有力行道义、心怀宽广、情操美好的人格特质。有了这种道德人格，自然能够感人、服众，扶持社会正气，促进群体和谐。宽人，即待人宽厚。古人一直倡导在处理群己关系时，要"宽以接下，恕以待人"。它具体表现为不念旧恶、不计前嫌、不苛求于人。这对于我们处理今天的人际关系，无疑具有启发借鉴意义。

4. 见利思义

"见利思义"，讲的是如何处理道义和功利的关系问题。这是中国伦理思想史上一个重大的理论问题，也是处理群己关系中一个基本的道德实践问题。就理论而言，中国历史上尽管有不同的思想流派，对义和利也有着不同的理解，但一般地说，都强调"义"的地位，体现出"重义"精神。反映在道德实践中，"见利思义"就成为中国传统道德处理群己关系的一条基本行为准则。从古人践履这一准则所表现出来的优良品德来看，很显然，见利思义，不是一般地反对"利"，而指的是在"利"的面前要首先考虑其取舍符不符合"义"。孔子说："义然后取，人不厌其取。"俗语也说："君子爱财，取之有道。"如果不符合道义，那就应当舍"利"而从"义"。这首先表现为利不苟取，拾金不昧的事例，就属于这一类。至于"渔父仗义救伍员""鲁亮侪拒做中牟令"等事例，则更进了一层，它表现的是古人在利益问题上先人后己、舍己为人的高尚品德。很显然，道义和功利的关系问题是任何社会都不能回避的问题。尽管各个时代的"义"有着不同的阶级属性和社会内涵，但是"见利思义"作为一种行为选择的准则，我们同样是必须坚持的。

5.扶危济困

"扶危济困"是我们中华民族"重义"传统精神的一种具体体现，是处理群己关系的一种传统美德。古人在这方面的事例比比皆是。先秦时期，墨子就提出了"兼爱"的主张，认为人们应当"视人之国若视其国，视人之家若视其家，视人之身若视其身"（《墨子·兼爱中》）。扶危济困可以说就是这种精神在一个方面的体现。它与见利思义相比，表现为一种对"义"的更主动、更自觉的态度，即能够率义而行，牺牲己之利，急人之所急。人生在世，不可能一帆风顺，总难免有危难之事，穷厄之时。对之幸灾乐祸，甚而乘机自肥、落井下石，向来为人们所不齿。而解囊相救，雪中送炭，助人为乐，这才是人类所历来称颂的美德。如以为人排忧解难为职志，以治病救人为己任，倾家财而赈济民，穷心思而解人困等等，都从不同方面显示了这种美德之可贵。在社会主义社会，相对而言，人们所遇到的危难会少些，但类似的情况也难于避免。例如，一部分先富起来的人，能不能关心和支援尚处于贫困地区的人们？有人遇到了天灾人祸，能不能问寒送暖？这些都是很现实的问题。这说明，树立"一方有难，八方支援"，"一人有难，众人相助"的社会主义新风，继承和弘扬我们中华民族"济困扶危"的传统美德，十分重要。

6.见义勇为

"见义勇为"是一种敢于担当道义、一往无前、无所畏惧的道德品质。古人以"率义之谓勇"，把"勇"列于"三达德"，对"勇德"做了深入的研究和论述。这里只从社会公德的角度说明"见义勇为"在处理群己关系中的必要性和重要道德价值。"见义勇为"是一种正义感、责任感和使命感的体现。作为一种社会公德，主要表现三个方面：一是在坏人坏事面前敢于挺身而出，同邪恶势力作斗争。如"朱晖挺身救妇女"，就体现了这种精神。二是在事关公众利益、他人安危的情况下，勇于牺牲个人，甘冒风险，仗义而为。如"敬张俭破家相容""查道倾囊救弱女""王某妻代人徙边""郑成仙自矢修桥"等，可谓这方面的典型。三是职责所致，赴汤蹈火，在所不辞。如梁启超所说："忠于职任能尽义务，不畏强御，不枉所掌，是谓大勇。"（《中国之武士道·齐太史及三弟》）"富粥济民不顾身""范纯仁冒罪活民""高某义救军营女"等，可算作这方面的代表。当然见义勇为作为社会公德不止这三个方面，如在大是大非面前敢于坚持真理，不苟且，不随俗等也是其重要内容。我们知道，真善美和假恶丑的斗争可以说是人类社会生活的一个永恒的课题。因此，继承和弘扬我们民族见义勇为的传统美德，在全社会形成见义勇为的社会风气，对于社会主义精神文明建设是必不可少的。

（三）处世待人，诚信为本

诚信和谦虚是中华民族传统的美德，也是我国传统道德中的一个重要规范。中华民族是一个讲诚信，讲谦虚的民族，自古以来十分重视诚信和谦虚的道德品质。因此，"诚信"和"谦虚"这一优良道德传统同其他优良道德传统一样，为我们所继承和发扬。

1.诚信的含义

诚信，顾名思义，就是忠诚和信义。二者的含义在本质上是相通的。许慎《说文》就说："诚，信也。"又说："信，诚也。"不过，"诚"的内涵要更广泛些，而且带有根本的性质。它不但是"信"的思想基础，而且也是一切规范要求和道德行为的思想基础。宋代著名理学家周敦颐说它是"五常之本，百行之源"（《通书·诚下》）。一些儒家学者甚至把它说成是"天之道也"，而且说："唯天下至诚，为能经纶天下之大经，立天下之大本，知天地之化育。"（《礼记·中庸》）常言说"至诚通天"，也是说的这个意思。所以人们用它去规范自己的一切行为。"不诚无物"，什么也干不成，什么也不会有，既不会有忠臣孝子和清官廉吏，也不会有真朋良友。我们常说"说话算话"，"君子一言，驷马难追"。所以古人就把"人"、"言"之"信"列为"五常"（即仁、义、礼、智、信）之一，并且用它来作为调剂"五伦"（即君臣、父子、夫妇、兄弟、朋友）中"朋友"这一伦的道德准则。

不过，社会是复杂的，朋友也有各种各样，而且又受到时代和阶级的制约,因此,虽要求"朋友信之",但实际情况却千差万别。那些酒肉朋友,固与"信"无缘,而势利之交也经常会因利害冲突而尔虞我诈,甚至反目成仇。战国时的孙膑、庞涓,汉初的张耳、陈余,原来他们是好朋友,甚至还是"刎颈之交",但最后却互相残杀,哪里有什么诚信呢?只有道义之交才能称得上真正的诚信。所谓"道义之交",就指的是建立在共同道德理想和志趣的基础上,并自觉坚持信义原则的交情。它排斥势利和一切不正当的贪求,而崇尚道德。它所坚持的"信",不是装腔作势的指天画地、信誓旦旦,甚至"两肋插刀",而是与"义"相结合的"信",是"诚善于心之谓信"的"信",它是真、善、美的统一体,是"诚信"这一道德要求在交友问题上的最高体现。诸如春秋时被称为"千古一朋"的鲍叔牙和挂剑以报亡友的季札,东汉时愿与病友同生死的荀巨伯,三国时结义桃园的刘、关、张,中唐时期代友迁播的柳宗元等,他们的事迹以及尚信义、重承诺、同生死、共患难的道义相砥精神和高尚品格,能够流传至今而为世人所敬仰,就是明证。

2.诚信的道德要求与表现

(1)诚信无欺

处理社会人际关系,要讲诚信无欺。这一道德要求不只限于社会人际关系,在其他领域也需如此。以家庭关系而言,无论父子、夫妇或兄弟,如不以诚信相待,就不能保持家庭和睦。孔子有个贤弟子叫曾参,他不但以孝亲著称,而且还以教子闻名。有一天,他的妻子要去赶集,儿子哭着也要去。妻子对儿子说:"你就在家玩,等妈妈回来,杀猪给你吃。"于是儿子就留了下来。等妻子从市上回来,曾子就把猪捉来,准备宰杀。妻子赶忙阻止说:"别杀,我是跟孩子说着玩的。"曾子便严肃地说:"对孩子,是不能随便开玩笑的。孩子幼小无知,父母怎么教他,他就会怎么学。你要骗他,他就会去骗人。这怎么能教育孩子向善呢?"所以,讲诚信不只限于社会人际关系。可以这么说,处世待人(当然,敌人除外)都要讲诚信,重承诺,说话算数,而不要言不及行,表里不一。儒家的重要经典《周易》上就有"信及豚鱼"的话。孔子把它比喻成大车之輗和小车之軏。輗、軏都是古代车乘的关键部件。车无輗、軏,不能行走;人无诚信,则难以立世。所以孔子说:"人而无信,不知其可也。大车无輗,小车无軏,其何以行之哉?"(《论语·为政》)可见"诚信"是一条具有普遍意义的道德要求,它和其他道德要求是相辅相成的。

（2）以诚信为本

从事一切工作和进行一切活动，凡直接或间接与他人发生关系者，都要"以信成之"。例如，从教为师，不讲"知之为知之，不知为不知"不行；治产经商，虽唯利是图，也会讲"信誉第一，顾客至上"和"言无二价，童叟无欺"；再如从政为官，"信"不但是"立人之道"，也是"立政之本"。《论语》记载了这么一件事：子贡就为政问题向孔子请教，孔子说："足食，足兵，民信之矣。"子贡问："必不得已而去，于斯三者何先？"孔子说："去兵。"子贡又问："必不得已而去，于斯二者何先？"孔子说：宁去"食"，也不能去"信"，因为"自古皆有死，民无信不立"（见《颜渊》）。失去百姓的信赖和拥戴，国就无以立，可见取信于民是多么重要。唐代的著名贤相魏征在上唐太宗的奏章中也特别讲到这个问题。他指出，"君之所保，唯在诚信"，因此，"不信之言，无诚之令"切莫为之，否则，那就会"为上则败德，为下则危身"（见《贞观政要·诚信》）。

二、社会主义核心价值观理论

（一）社会主义核心价值观基本内容的内在逻辑

社会主义核心价值观的基本内容：富强、民主、文明、和谐，自由、平等、公正、法治，爱国、敬业、诚信、友善。在对社会主义核心价值观的基本内容进行阐释的基础上，只有进一步理清社会主义核心价值观的内在逻辑关联，才能更好地把握社会主义核心价值观的内涵。以"三个倡导"为基本内容的社会主义核心价值观，把国家、社会和个体作为社会主义核心价值观的实践主体，规定了国家、社会和公民应坚守的核心价值理念，主体明确、层次分明又相互联系、有机统一。

1. "三个倡导"主体层次分明且各有侧重

"三个倡导"体现了国家、社会、公民三个不同层面的价值诉求，各有侧重地对不同主体提出了不同的要求，展现了我们国家、社会、公民该走向何方的未来图景。"富强、民主、文明、和谐"是对中华民族百年追梦历程中的共同价值理想的凝练表述，也是中国共产党人孜孜以求的价值目标，规定社会主义初级阶段国家发展方向，回答的是我们要"建设什么样的国家"这一重大问题。"富强、民主、文明、和谐"集中体现了中国特色社会主义的价值追求，与包括经济建设、政治建设、文化建设、社会建设、生态文明建设在内的中国特色社会主义事业"五位一体"总体布局相适应，顺应了人民群众的价值期待。"自由、平等、公正、法治"是在马克思主义的指导下，立足于中国特色社会主义社会现实，对西方资本主义价值观的批判和超越，标定了中国特色社会主义社会发展的价值取向和目标追求，回答的是我们要"建设什么样的社会"这一理论和现实问题。"自由、平等、公正、法治"集中体现了现代文明的精神气质，引领社会主流价值走向，是维持社会秩序、调整社会关系、构建和谐社会的基本价值准则。"爱国、敬业、诚信、友善"是公民的基本价值观，根源于中国五千年的优秀传统文化，是中华民族传统美德的精要表述，规定了现代公民安身立命、为人处世、待人接物需遵循的基本道德规范和价值准则，回答的是我们要"培育什么样的公民"这一重大问题。

2."三个倡导"相互联系且内在统一

"三个倡导"虽然分层次进行了价值规定，反映了不同主体的价值诉求，但彼此之间相互联系、内在统一，有效地整合了国家、社会、个人三者的价值目标，反映了现阶段全国人民的最大公约数，实现了国家价值目标、社会价值取向、公民价值准则的基本统一。

从国家层面来看，注重整体利益的同时也关照个体利益。富强即国富民强，是中国特色社会主义经济建设的发展目标，既包括国家物质财富的积累，也包括个人财富的增长。国家富强是人民富裕生活的保证，人民富裕是国家富强的内在要求，两者不可偏废。民主是中国特色社会主义政治建设的价值目标，公民最基本的自由和权利的实现离不开民主的政治氛围。而民主的实现需要公民的积极参与和支持，公民政治素养的提升有利于民主价值的实现。文明是中国特色社会主义文化建设的现实目标，社会主义文化的大发展大繁荣离不开公民文明程度和文化修养的提升，反过来，公民文化修养的提升离不开国家精神文明建设的发展，两者相辅相成。和谐是中国特色社会主义社会建设的价值追求，内在地包含人与自身、人与人、人与社会、人与自然的和谐，兼顾国家、社会和公民自身的利益。

从社会层面来看，社会是联系国家和公民的中间环节。"自由、平等、公正、法治"的实现是建立在一定的经济基础、政治基础、文化基础和社会基础之上的，它能否实现以及其实现的程度如何与国家层面和公民层面的价值实现密切相关。一方面，国家层面的价值实现为社会层面的价值实现提供了强有力的物质保障、政治氛围和文化条件，而"自由、平等、公正、法治"的价值实现对社会秩序的维持又可以为国家层面的价值实现提供良好的社会支撑，两者相得益彰、互相促进。另一方面，社会层面价值的实现能为每一位社会成员的自由发展提供有利的社会氛围和价值保障，进而满足人们的价值期待，而社会层面价值的实现最终要落实到个人，离不开每一个社会成员的努力。

从公民个人层面来看，公民层面价值的实现是国家和社会层面价值实现的基石。"人的本质不是单个人所固有的抽象物，在其现实性上，它是一切社会关系的总和。"人是属于社会的人，是属于国家的人，国家和社会建立在人与人的相互联系之上。"爱国、敬业、诚信、友善"不仅关乎个人的道德修养和道德品质，更关系到整个国家和社会的健康有序发展。公民层面的价值准则本质上体现的是公民处理与他人、社会、国家关系的态度和原则，只有公民层面的价值准则得到认同和遵守，国家和社会层面核心价值才能拥有坚实的基础和力量源泉。

（二）社会主义核心价值观的主要特征

社会主义核心价值观是在社会主义革命、建设和改革过程中逐步形成和发展起来的，反映了中国特色社会主义国家、社会、公民三个层面的价值目标、价值取向和价值准则。社会主义核心价值观"传承着中国优秀传统文化的基因，寄托着近代以来中国人民上下求索、历经千辛万苦确立的理想和信念，也承载着我们每个人的美好愿景"，是对社会主义的本质和社会发展规律的深刻把握。社会主义核心价值观具有科学性、历史性、现实性、民族性、世界性等基本特征。

1.科学性

社会主义核心价值观遵循科学提炼的原则，高举中国特色社会主义伟大旗帜，坚持马克思主义理论指导。它的思想源泉都是被实践证明对社会生活有指导意义的价值观念，是中华优秀传统文化的精华，是人类文明的共同成果。它的培育是以实践为基础，遵循科学的凝练方法，得出了对各种客观规律最深刻的认识。它的践行也是在科学的方法论指导下，在实践的基础上进行的。因此，社会主义核心价值观具有科学性。

2.历史性

习近平总书记指出："一个民族、一个国家，必须知道自己是谁，是从哪里来的，要到哪里去。想明白了、想对了，就要坚定不移朝着目标前进。"弄清楚我们党"从哪里来"，就是要记住昨天、把握今天、明确明天往哪里去。当前，必须继承和发展中华优秀传统文化，大力培育和弘扬社会主义核心价值观，抓好我们党执政兴国的第一要务，加快推进社会主义现代化，实现中华民族伟大复兴的中国梦。中华民族悠久的历史赋予我们应对复杂变局的丰富经验，使我们面对新事物、新环境时更富弹性和韧劲。历史传统是价值建构、价值自觉和价值自信的来源，社会主义核心价值观从中华民族五千年历史中走来，吮吸着中华民族漫长奋斗积累的历史养分，融入历史血脉，具有厚重的历史感。明确我们党"从哪里来"，就是要牢记我国正处于并将长期处于社会主义初级阶段的基本国情，增强忧患意识，慎终追远，始终保持艰苦奋斗的作风，以"政贵有恒"的定力和钉钉子精神，真正做到一张蓝图干到底。不忘本来才能开辟未来，善于继承才能更好创新。牢固的核心价值观，都有其固有的根本。博大精深的中华优秀传统文化就是社会主义核心价值观的根基和精神命脉。

3.现实性

社会主义核心价值观不仅具有历史性，还具有现实性，是对时代问题的回应。当前，我们党面对执政能力、改革开放、市场经济、外部环境等"四大考验"，面对精神懈怠、能力不足、脱离群众、消极腐败等"四种危险"，"面对世界范围思想文化交流交融交锋形势下价值观较量的新态势，面对改革开放和发展社会主义市场经济条件下思想意识多元多样多变的新特点"。在这样的时代形势下，我们党提出了社会主义核心价值观，其使命和责任是解决当下中国的发展难题。我们必须认清形势，坚定中国特色社会主义道路自信、理论自信、制度自信和文化自信，自觉培育和践行社会主义核心价值观，努力实现中华民族伟大复兴的中国梦。因此，社会主义核心价值观具有现实性的特征。

4.民族性

在马克思主义理论的指导下，社会主义核心价值观深深植根于民族文化的深厚土壤中，从中汲取丰富营养，致力于实现传统文化的创造性转化和创新性发展，是对传统文化的传承和升华，更具有生命力和影响力。无论是国家层面的价值目标，还是社会层面的价值导向，还是个人层面的价值准则，都能在中华民族的传统文化中找到理论渊源。社会主义核心价值观延续着民族传统，符合民族心理，反映民族特征，体现民族气质，代表着各族人民的根本利益，表达了广大人民的共同愿望，获得了各族人民广泛认同，具有鲜明的民族特色。

5.世界性

社会主义核心价值观是中华优秀传统文化的精华，同时，也是人类文明的共同成果。是对中华优秀传统文化的传承和升华，也是对世界范围内文明成果的吸收借鉴，自由、平等、公正、民主等价值理念并不是某一个国家的专利，是全世界人民都珍视的文明成果。社会主义核心价值观具有世界性的特征，还表现在它积极参与到世界文化交流互动中，与世界文明展开对话，塑造着国家形象，抵御西方价值观渗透，在世界思想文化交流交融交锋中展现其强大的生命力，发挥自身的影响力。

（三）社会主义核心价值观的重要功能

社会主义核心价值观是文化软实力的灵魂，是社会意识得以有效整合、社会系统得以有效运转、社会秩序得以有效维护的关键点和着力点，关乎国家长治久安，关系社会和谐稳定，情系人民幸福安康。社会主义核心价值观作为中国特色社会主义的主流意识形态，具有弘扬共同理想、推动制度创新、凝聚精神力量、推动文化创新、建设道德规范等功能。

1.弘扬共同理想

以"三个倡导"为基本内容的社会主义核心价值观，在国家层面的价值目标上强调"富强、民主、文明、和谐"，这是从国家发展目标角度概括出来的核心价值观，它体现了我们国家发展中国特色社会主义的宏伟目标和价值追求。中国特色社会主义建设的总体布局包括经济建设、政治建设、文化建设、社会建设和生态文明建设。从价值目标追求的角度来说，五大建设的目标就是要达到经济上越来越富强，政治上越来越民主，文化上越来越文明，社会和生态上越来越和谐，即达到"富强、民主、文明、和谐"这一总的价值目标，这个目标代表了全体中国人民的共同理想，也代表了当代中华民族的共同价值追求。培育和践行社会主义核心价值观，有利于弘扬中国特色社会主义共同理想，有利于建设富强、民主、文明、和谐的社会主义现代化国家。

2.推动制度创新

价值观是制度的灵魂，内在于一种制度的设计和安排过程中。一种制度是否具有价值，具有何种价值，这种价值是否具有正当性和合理性，是这种制度能否得到民众支持和认同并且得以维系的关键。社会主义核心价值观内化于社会主义的历史发展进程中，在对异质性的价值批判与超越的过程中逐渐成形并明确了自身的价值界限，科学论证了中国特色社会主义政治制度、经济制度、社会制度、文化制度的合理性，彰显了中国特色社会主义制度的生命力和活力。随着社会主义物质生产实践和生活实践基础的变化，上层建筑也要做出相应的调整，实现创新性发展。社会主义核心价值观为社会主义制度创新提供了价值支撑和精神动力，为社会主义制度创新提供了基础、方向和目标，引领社会主义制度不断改善和优化自身的结构和功能，引导社会主义制度的创新。

3. 凝聚精神力量

以"三个倡导"为基本内容的社会主义核心价值观，贯穿到国家发展、社会进步和公民日常生活等方方面面，成为推进社会主义的理念支撑，为变动的中国社会提供理想目标和价值准则，规范着国家、社会和公民的行为。社会主义核心价值观深深扎根于中华民族的历史文化传统，积极借鉴世界一切文明成果，与中国特色社会主义事业相适应，是对共产党执政规律、社会主义建设规律、人类社会发展规律的深刻把握，具有深入人心的穿透力和吸引力。社会主义核心价值观是当今社会中人们价值观的"最大公约数"，建构起为广大社会成员认同的共同价值理想、基本价值观念和行为准则，是国家发展、社会运行、公民行为的价值皈依。今天，要加快中国特色社会主义建设步伐、实现中华民族伟大复兴的中国梦，必须通过在全社会培育和弘扬社会主义核心价值观，实现内化于心、外化于行，发挥其凝心聚力的重要功能，巩固全党全国人民团结奋斗的共同思想基础，凝聚全党和全国人民的巨大精神力量。

4. 推动文化创新

价值观是文化的内核，"核心价值观是文化软实力的灵魂、文化软实力建设的重点。"社会主义核心价值观为中国特色社会主义文化发展提供方向和原则，为文化的大发展大繁荣提供保证和支撑。一方面，社会主义核心价值观是对中华优秀传统文化的传承和升华，深入挖掘了传统文化中的精髓，并结合当下实际赋予其全新的内涵和鲜活生命力。另一方面，社会主义核心价值观引领社会主义文化的发展方向，内在于社会主义文化发展过程中，推动社会主义文化创新，是国家文化软实力提升的着力点。

5. 建设道德风尚

社会主义核心价值观是追求真善美的价值观，中华民族是自强不息、厚德载物的民族，每个人心底蕴藏的善良道德意愿、道德情感，是我们培育社会主义核心价值观最深厚的土壤。作为公民个人层面的社会主义核心价值观强调要"爱国、敬业、诚信、友善"，这实际上也体现了中华民族传统美德和社会主义道德的基本要求。为了培育和践行社会主义核心价值观，我们一定要加强对中国优秀传统美德的挖掘和阐发，在去粗取精、去伪存真的基础上，努力实现中华传统美德的创造性转化、创新性发展，使中华传统美德和社会主义道德成为我们营造良好文明新风、建设民族共有精神家园、鼓舞人民不断前进的重要精神力量。

三、素质教育理论

（一）素质教育的概念

素质教育是以提高民族素质为宗旨的教育。它是依据《中华人民共和国教育法》规定的国家教育方针，着眼于受教育者及社会长远发展的要求，以面向全体学生、全面提高学生的基本素质为根本宗旨，以注重培养受教育者的态度、能力，促进他们在德、智、体等方面生动、活泼、主动地发展为基本特征的教育。

（二）素质教育的特征

1.基础性

在素质教育各种特性中，基础性是尤为重要的一个特性，基础性教育不是直接出人才而是为未来人才的成长奠定基础的教育，它有以下两个方面的含义。
①学生的素质是做人的基础
②个人的素质是整个民族素质的基础。

2.主体性

素质教育的主体性指的是在素质教育中要对学生的主体意识和主动精神充分尊重，并注重培养学生的主体意识，完善学生的个性。学生学习的过程是其主动获取和发展的过程，而不是被动灌输的过程。多年来，教师在教学中都忽略了学生主体作用的发挥。素质教育强调充分发挥学生的主体性，尊重学生的主体意识和主动精神，使他们积极学习。

素质教育重视对学生智慧潜能的开发和对学生认知能力、发现能力、生活能力、发展能力、创新能力等的培养，将学生看作是素质的承担者、体现者，强调学生的主体性，尊重学生的主体地位，发挥学生的主体作用，调动学生主体的积极性，让学生主动学习与发展。素质教育重点在于指导学生如何做人，指导学生做自己生命的主宰者。因此，素质教育对学生独立人格的培养非常重视。

正因为素质教育具有主体性，所以在素质教育的实施中，必然遵循个性化原则来培养学生的个性，要求在全面发展的前提下鼓励创新，在合格的基础上鼓励冒尖，在规范要求的前提下发展个性特长。

3.全面性

素质教育要坚持面向全体学生，为学生的全面发展创造良好的环境与优质的条件。面向全体学生和学生全面发展是实施素质教育必须坚持的"两全"方针。素质教育的根本宗旨是提高国民素质，目标是促进每个人的发展，使每名学生都具有作为新一代社会主义建设者和接班人所应具备的基本素质。素质教育的全面性集中表现为以下两点。

①要求所有学生的素质都得到发展。

②要求每个学生各方面的素质都得到发展。

4.创新性

教育服务于经济建设，服务于祖国的现代化建设，因此教育必须超前发展，根据未来社会的发展趋势以及对人才素质的要求，调整教学计划，科学设置课程，采用相应的教学内容和教学方法，培养学生的各方面素质，特别是培养学生的适应能力和创造能力。素质教育不仅注重学生当前的一般发展，以及现在一般发展对于未来的发展价值和迁移价值，而且重视对学生自我发展能力的直接培养。面向未来的人必须有良好的开拓创新意识及创新能力，因此需要开展灵活多样的创新教育活动。

创新性教育活动，要求按规律办事，在课堂教学中将教学任务高质量地完成，在课余活动中充分发挥学生的个性，培养学生的特长。创新性的教育教学活动要坚持理论联系实际的根本教学原则，使教学内容符合社会生活现实及学生的实际情况，引导学生学习研究发明创造的规律和创造方法，对他们的创新能力进行培养。只有这样，才能更好地培养与提高学生各方面的素质，促进学生全面发展。

（三）实施素质教育的意义

1.促进人的全面发展

人的全面发展与社会的发展是辩证统一的。社会的发展包含人的全面发展，且对人的全面发展有制约作用，人的全面发展又为社会的发展提供积极的主体条件，促进社会的发展。长期以来，我国的教育观念、教育内容与教育模式等的发展相对于人的全面发展需要而言是非常滞后的。因此，要转变教育观念和人才观念，满足学生身心发展的需求，必须进行教育创新，全面实施素质教育。

在确立素质教育目标时，必须着眼于人脑潜能的开发，在发掘左脑功能的同时，注重开发人脑的整体功能。素质教育摒弃"一刀切"式的教育方式，主张因材施教，让学生积极发展，让所有学生都达到自己的最佳水平。

从教育内部而言，素质教育的现实意义也是非常重要的，具体表现在以下几方面。

①有助于改革"应试教育"的弊端，消除"应试教育"的危害，使学生生动活泼地发展，发挥学生的主体作用，提高教育质量。

②有助于对全面发展的教育方针进行积极贯彻与执行，有机统一全面发展教育与素质教育。全面发展要落实到个人素质的全面提高上，只有这样，才会达到真正意义上的全面发展。可见，素质教育是贯彻执行全面发展教育方针的必由之路。

③有助于丰富我国教育目的的内涵。

④有助于与世界教育改革潮流的融合。

2.提高民族整体素质和民族创新能力

民族素质指的是一个民族和国家的人民的基本品质，思想道德素质和科学文化素质是民族素质的主要内容。民族创新能力是民族素质的集中体现。实施素质教育不仅是促进专门人才和创新人才健康成长的必然要求，也是对高素质劳动者进行培养的必然要求。

3.建立我国"人才高地"

虽然我国人力资源总量不少，但人力资源结构不平衡，人才资源所占比例小，且人才资源结构也不协调，中高层次人才占的比例非常小。改善这一状况的根本在于培养具有一流创新能力的人才。

培养创新人才的主要途径就是教育。但是，传统教育往往忽视学生的创新思维，甚至把培养学生的创新力看作不务正业。可见，传统教育已难以使现代社会和现代个体发展的需要得到满足了，所以必须实施素质教育，对学生的创新精神和实践能力进行科学培养。

（四）素质教育的实质

1.素质教育和学生核心素养的关系

关于核心素养与素质教育之间的关系，目前主要有两种不同的理解。一种观点认为核心素养培养完全有别于素质教育，对核心素养的认识和实践需要另起炉灶。另一种观点认为核心素养与素质教育之间既存在关联的一面，也存在差异的一面，这样的理解会有助于在核心素养培养中，继承素质教育研究与实践中已经积累的有益经验，同时也要克服素质教育研究与实践的不足，突出核心素养培养对于学生身心发展的新的追求。

随着学校教育的不断发展，"素质教育"的研究与实践也从以知识为本转变为以学生发展为本，并且在教育过程上，开始形成了以学生自身能动活动和自主学习为基础的素质教学的方式。但是，"素质教育"对于学生全面发展的内容结构缺少系统深入的揭示，仅停留在一般性地以德智体美等方面的发展作为全面发展的内容，这种对素质教育的理解的确比较抽象，不能很好地反映时代发展对于学生发展提出的新要求。"中国学生发展核心素养"的研究相比于"素质教育"的研究最大的突破是，研究者运用国际比较、实证调查等科学方法，对我国学生全面发展的素养结构进行了定的研究，并构建了一个具有中国特色的能体现时代发展的相对完整的素养结构体系。

2.素质教育以提高整个民族素质为根本宗旨

素质教育一直是我国教育改革发展的主旋律，它的提出主要是针对应试教育。最初的素质教育实践基本上都是针对中小学的应试教育而言的。所以，很多人狭隘地认为只在中小学教育中实施素质教育即可，基础教育阶段是实施素质教育工作的重点。素质教育就是要将群体（指国民群体）素质转化为个体（指公民个体）素质，并通过个体素质的完善来使整个群体素质提高。素质教育的实施应落实到各级各类教育（幼儿教育、中小学教育、高等教育、成人教育等）。只有如此，才能不断提高学生的基本素质，开发学生的潜能，使学生能确定适合自身特点的发展方式，使学生成为符合新时期社会发展所需求的人才。

3.素质教育面向全体学生，重点在于培养学生的创新精神和创新能力

知识创新、传播和应用的主要基地就是教育，培育创新精神和创新人才的重要摇篮也是教育。面向全体学生，培养学生的创新精神和创新能力是我国全面推进与实施素质教育的重点所在。

传统教育以传授已有知识为目的，强调对知识的记忆、模仿和重复练习，按标准答案背书并实行单一的考试方法。这样极易束缚和压抑学生的创新精神。素质教育就是要转变这种传统的教育观念，重视发展学生的个性、特长和爱好，精简教育内审，因材施教，重视综合实践训练，对考试制度和评分标准进行改革，以促进学生创新精神的升华。

创新能力是一种人格特征，是人们积极改变自己并努力改变环境的应变能

力,其既包括智力因素,又包括非智力因素。素质教育的实质,就是把教育教学从以培养和发展学生的注意力、记忆力、观察力、思维力等智力因素为中心,转到在发展智力因素的同时,注重对学生的非智力因素(动机、兴趣、爱好、性格、情感、意志等)进行培养,并使这些因素全面协调发展,在此基础上培养学生的创新能力。

4.素质教育注重学生德、智、体、美等全面、充分、和谐发展和健康成长

学校教育不仅要抓好智育,更要重视德育,还要加强体育、美育、劳动技术教育和社会实践。也就是说,各级各类教育在实施素质教育的过程中都有自己特定的目标和任务,把德育、智育、体育、美育等有机统一于教育活动的各个环节中,使各方面教育相互渗透、协调发展,成为一个整体,这是所有学校都应承担的一项重要责任。各级各类学校教育之间要相互衔接、整体推进,为学生营造宽松的发展环境,促进学生全面健康发展,这是推进素质教育过程中需要面临的一项长期而艰巨的任务。

5.素质教育强调为学生的终身发展奠定基础

为学生终身学习奠定基础,培养学生终身学习能力是素质教育思想强调的一个重点。素质教育是终身教育的基础。终身教育是人们在一生各阶段所受的各种教育的总和,是人所受不同类型教育的统一综合。包括教育体系的各个阶段和各种方式,既有学校教育,又有社会教育;既有正规教育,也有非正规教育。终身教育的目的是适应社会经济发展的需要,提高未来社会对人的需求。终身教育主要目标是促进全民族素质的提高,促进个人发展与社会进步的和谐统一。为了实现终身教育的目标,需打好素质教育的基础。

四、终身教育理论

(一)终身教育的内涵

1.终身教育的概念及其发展

广义的终身教育思想存在于人类历史长河的各个阶段。根据国内外一些专家的意见,我们可以把散见于历史典籍和流传于民间的有关格言、谚语、传说等体现的终身教育思想或思想因素,称为古典终身教育思想,而把自1965年由朗格朗首先提出的终身教育理论称为现代终身教育思想。两者在发展趋势和发展取向上是一致的,后者是对前者的辩证否定和螺旋上升,是对前者的延伸、扩展、深化

和超越。

（1）古典终身教育思想

广义上来说，教育指的是传递社会生活经验和培养人的各种活动。终身教育思想古已有之。孔子曰："吾十五而有志于学，三十而立，四十而不惑，五十而知天命，六十而耳顺，七十而从心所欲而不逾矩。"（《论语·为政》）"人非生而知之"，学才能有所成。人经过一生的学习才能达到人生的最高境界——"从心所欲而不逾矩"；"发愤忘食，乐以忘忧，不知老之将至云尔。"（《论语·述而》）孔子还主张"有教无类"（《论语·卫灵公》），说的是教育对象不分类别，自然也包括不同年龄的人。日本终身教育理论研究者认为，孔子是东方"发现和论述终身教育必要性的先驱者"。庄子也说："吾生也有涯，而知也无涯"。荀子有言："学不可以已"。北齐的颜之推在其《颜氏家训·勉学篇》中说："幼而好学，如日出之光；老而学者，如秉烛夜行，犹贤乎瞑目而无见者也。"终身教育思想的因子在我国古代教育家的言行中随处可见。

孟子的性善论、荀子的性恶论杨雄的人性善恶混合论等等都试图描绘一个教育所应发挥出来的功能——抑恶扬善。中国古代先哲们都是谈论人性的大家，从人的自然本性出发，借助教育的力量来保存人本身固有的"善"或者去除固有的"恶"而恢复人的"善"本性，使人成为他们所谓的"圣人""君子"。中国人相信德在人性中，只要善于教育，开诱其智，就可以完全其德。无论出于什么人性理论基础，他们都想论证教育应该是以人为本，在不断的学习中修养道德。他们并未明确论述过学习时间的期限，主要是因为一个人的修养是一生的事，是一个不断学习的过程。

古代西方终身教育思想的萌芽，可以追溯到古希腊的荷马、梭伦、苏格拉底、柏拉图、亚里士多德的教育思想。希腊著名的哲学家苏格拉底、柏拉图和亚里士多德都十分关注教育，他们认为人一生接受的教育不是一次性的，而是连续不断的。例如，亚里士多德就主张"儿童和需要教育的各种年龄的人都应受到训练"。以上这些思想反映了古代思想家对教育的重视，是教育领域思想遗产的重要组成部分。其特点是强调个人受教育的权利，强调人的"自我完善"，因此，古典终身教育思想具有朴素性和自发性，是现代终身教育思想的萌芽。然而，中世纪西方宗教势力扩张，人类理性不彰的黑暗时期降临，终身教育的思想并未落实到20世纪以前的教育中。但终身教育思想在古代和近代的生成酝酿和发展为其在现代社会的演进奠定了基础。

（2）现代终身教育思想

现代终身教育思想从20世纪20年代起开始萌芽。1919年，英国成人教育委员会的《最终报告书》提出：可"通过对现有中等教育的民主化、大众化"的改革进程，设想在义务教育年限的延长线上来实现作为继续教育的成人教育机会的扩充"。这一主张强调对教育体制从根本上进行改革，使学校教育与成人教育相结合。这一设想或主张，实际上已经非常接近于现代终身教育论所倡导的基本理论。"二战"期间，法国民主人士戛斯通·芭契拉等人提出了"终身学校"的思想，"二战"结束后被融入法国宪法。1946年法国宪法规定：无论是儿童还是成人，在任何阶段实施无偿的及非宗教的公共教育，都将被视为国家义务而予以保障。

最早提出终身教育思想并全面论述其思想的，是法国的著名成人教育家保罗·朗格朗。1965年，他在联合国教科文组织召开的成人教育会议上首次专门以"终身教育"为题作了报告，主张教育应当"是在人类存在的所有部门进行的，教育应当贯穿于人的一生，成为一生不可缺少的活动。"1970年，他的代表作《终身教育引论》出版，该书从终身教育产生的时代背景、基本主张等方面对终身教育作了系统论述，受到广泛欢迎，并随之被众多国家译成多种文字而广为流传，被视为是现代终身教育思想出现的标志。

（3）终身教育的概念

"终身教育"　若单从字义上看，可以简单地定义为：贯穿于人的一生的教育，或套用人们常用的"从摇篮到坟墓的教育"。但这样一种解释相对于确切的定义方式而言未免过于简单、不科学。许多学者也都对其含义试图进行规范定义和全面阐述，但仁者见仁，智者见智。事实上，随着社会的发展变化，终身教育的含义也在不断发展。笔者拟对几种主流定义进行对比，并提出自己的一些看法。

①终身教育创始人保罗·朗格朗的解释。保罗·朗格朗在其著作《终身教育引论》中是这样定义的："终身教育意指一系列非常具体的思想、实验和成就，换句话说，终身教育即教育这个词所包含的所有意义，包括了教育的各个方面、各项范围，包括从生命运动的一开始到最后结束这段时间的不断发展，也包括了教育发展过程中的各个点与各个阶段之间的紧密而有机的内在联系。"他还强调，他所提出的终身教育术语，仅仅还只是一种构想、观点或理念，尚未形成严格的定义。

朗格朗的终身教育观归结为一点就是：一切教育机会的统一综合。终身教育对个人而言是人生的一贯教育,对社会而言是全体国民、全体人类的教育。一方面是个人问题,另一方面作为社会全体的问题,两者统一起来才是终身教育的现代特征。终身教育的概念是圆周式的,只有当人们在儿童时期受到了良好而合理的教育,这种教育以实际生活的需要为基础,又为社会学、心理学、身心健康的研究成果和数据所阐明,它才可能有名副其实的终身教育。事实上,这个定义,只是模糊地描述了终身教育的外延,对终身教育的实质并没有解释。

②戴维的终身教育概念。戴维是汉堡的联合国教科文组织的教育研究员。他认为终身教育的概念是以"生命""终身""教育三个术语组成的。这就决定了终身教育的范围和含义,即终身教育开始于生命之初,终止于生命之末,包括了人的发展的各个时期和各个方面。一方面指的是每一阶段各个方面的教育。另一方面指各个阶段上都起作用的教育,其含义也十分广泛,包括邻居、同伴、亲族社会文化与政治团体、专业团体、群众团体、工商企业、政府机构、报纸、广播、电视等。换言之,就是如何使教育从纵、横两个方面寻求连续性和相互结合。

③埃德加·富尔的终身教育概念。以埃德加·富尔为主席的国际教育发展委员会提交的著名报告《学会生存——教育世界的今天和明天》,被誉为教育史上的百年经典,是当代教育思想发展的一个里程碑。报告认为,终身教育这个概念包括教育的一切方面,包括其中的每一件事情。整体大于其部分之和。世界上没一个非终身的而又分割开来的"永恒"的教育部分。换言之,终身教育并不是一个教育体系,而是建立一个体系的全面组织所依据的原则,而这个原则又贯穿在这个体系的每个部分的发展过程之中。因此,终身教育就变成了由一切形式、一切表达方式和一切阶段的教学行动构成一个循环往复关系时所使用的工具和表现方法。每一个人必须继续不断地学习。终身教育是为了造就适应社会变化的人的教育体制原理,培养一个完全的人所必需的一环,社会经济发展的需要和人本身发展的需要统一综合起来是必要的。

④泰特缪斯的终身教育概念。泰特缪斯主编的《培格曼图终身教育百科全书》对终身教育是这样论述的:终身教育指的是一个人整个一生中持续进行的教育。它的目的和形式必须适应个人发展不同阶段上的需要,是人们生活中不可缺少的一部分。它以家庭教育作为人生的起点,继而是青少年时期的学校教育、成人后的社会教育,使教育贯穿于人生的各个时期,追求教育的连续性和一贯性。

总的来说,以上概念都是从教育的时间、空间教育的关系、教育的目的、教育的性质等维度来界定的。终身教育这一新理念,有着如此多的相似术语出现,说明其内涵的深邃性及涉及范围的广泛性。笔者认为终身教育的含义至少可以从两个方面来理解：一是从个人角度理解，终身教育的主体是每一个个体，终身教育要求个体主动地、自觉地、持续地、自由地、愉快地学习；二是从社会角度理解，它是社会治理机构提供的均等的教育机会和教育激励机制，即政府和各种正式或非正式的组织为个人的终身学习提供多样化的、便利的、相互沟通的学习组织形式、丰富的学习资源，开发激励人人都热爱学习、分享学习过程与成果的制度。新的终身教育概念体现了个体发展与社会发展协调统一的思想，个体主动、自觉地学习体现了学习态度、学习动机；持续学习反映了学习时间的终身性和连续性；自由学习反映了终身教育的民主性，以及终身教育权利保障的必要性；愉快地学习反映了学习者的"乐学"的情感和超越功利境界的学习操守或学习理想。社会提供教育机会、资源激励机制既是终身教育的条件，又是终身教育的内容。终身教育的这两个方面理解是不可缺少的。因为离开了受教育的主体，终身教育就不能体现以学习者为中心的思想，无法真正体现教育的公平、公正、自由、民主思想；离开了社会，终身教育可能演变为纯粹的个体学习行为。没有教育权的终身保障和教育资源的积极开发与提供，个体的终身学习是非常有限的。传统终身教育的含义仅仅从时间、空间或内容的角度来把握，因而有点儿狭窄和片面。

2.终身教育的基本特征

教育从本质上来说，就是一种维持个体生存、促进个体发展的生命活动，是个体生命活动的重要组成部分。凡是能够促进个体发展的活动，都是教育活动，包括生产劳动或其他社会实践活动中具有教育性的活动。基于此理解，我们认为终身教育具备以下一些特征。

（1）终身性

终身教育以人为本位，把人放在教育的中心位置，一切教育活动围绕人性的解放、个性的张扬、人格的丰富、人的潜能的开发、人的创造性的培养和激发来展开。终身教育以培养完人为目的，在不断探索中展示教育活动的时间性的存在，对每个人施以全面性的教育，使其学会认知、学会做事、学会相处学会生存，使人日臻完善，使其人格丰富多彩，提高生活质量，适应社会发展的变化。

终身发展心理学的多元发展观与传统心理学的"全面发展——全面衰退"的一元发展观不同，它认为：人是不完全的动物，是在连续的探索中不断完善自己的一种时间性的存在，人的素质结构是一个开放系统，人一生都处于不断发展之中；有些发展的起点不在个体出生时，而在生命过程的较晚时期，有些发展则在生命过程的中途就到达终点；人的心理既有量的增减和连续性的变化，更有质的发展和非连续性的变化。

既然人的发展是终身的，以人为本位的教育，就应当是终身的。从纵的方面说终身教育将体现上下的连续性和一贯性，强调学前经验和学校学习的结合，学校和学校后活动的结合强调各级教育在组织和内容上的一体化。从横的方面看，终身教育体现了家庭、学校、社会的一体化，体现了教育与生活的密切结合。

终身教育的"终身性"具体表现为人的学习活动的持续。因此，人在进入成年之后终止教育是没有道理的，它使人们难以适应飞速发展的社会，更难以开发自身的潜能。教育应该是连续的，应与个体生命共始终。人一生的教育是互相衔接的，前一阶段是后一阶段的基础，后一阶段是前一阶段的必然结果；连续性以人感知规律和知识的逻辑体系为前提，终身教育保证人受教育的连续性，所以终身教育又称连续教育。

暂时的成败不应成为划分个人优劣的指标，更不应因此而决定人生的终极目标或理想。个人知识、心理、能力的发展，不受一时选择成败的影响。人的一生是一个不断选择、不断接受考试、考验并在其中不断发展的过程。只要不懈怠、不停顿，勇往直前，都有光明的未来。

（2）全民性

终身教育的全民性是说终身教育是面向全体国民的教育。传统教育体系是"金字塔"式的，只有少数精英分子才能通过层层筛选到达这个体系的终端，至于终身享受教育，那更是极少数人的事。现代终身教育则是社会全体公民都能够终身享受的教育。朗格朗在论述终身教育的现实责任时提出了一个"总体框架"："第一，确定能够帮助一个人在其一生中不断学习和得到训练的结构和方法。第二，通过多种自我教育的形式，向每一个个人提供在最高、最真实程度上完成自我发展的目标和工具。"简言之，终身教育就个人而言是面向其生，就社会而言是面向每个个人，这是构成终身教育"总体框架"的不可或缺的两个维度。

全民性的核心是教育机会平等。教育机会平等包含三层含义：第一，受教育权利和义务的平等。即每个公民包括未成年人受教育的权利和义务，任何人都无权剥夺和替代。第二，受教育机会平等。即每个公民和未成年人不分民族、种族、性别职业、财产状况、宗教信仰等，依法享有平等的受教育机会；在教育活动中拥有平等的学习条件，如教育内容、教育经费、教育设施、师资水平等，在教育过程中受到平等的对待，不得有任何歧视现象；此外，无论任何人因何故离开教育系统之后，都能再次获得重新接受教育的机会，并能按照自己的意愿和条件多次地利用这些机会。均等的教育机会不指的是给每个人同样的教育，而是恰恰相反。因为"再没有比以相同的态度去对待不相同的人更不平等的了"，给每一个人平等的机会，并不指的是名义上的平等，即对每一个人一视同仁，如目前许多人所认为的那样。机会平等是要肯定每一个人都能受到适当的教育，而且这种教育的进度和方法是适合个人的特点的。这才是全民教育的真谛。特别是，我国疆域广阔，经济、政治、文化发展很不平衡，因地制宜办好各种非正规教育，坚持因材施教、因需施教，特别重视女童教育、妇女教育、特殊教育、工读教育和其他弱势群体教育，最大限度提高每个公民的教育程度就显得非常重要。第三，教育结果的相对平等。不求人人升学，但求个个成才。让每一个人都获得尽可能多的发展，尽可能地"接近幸福和成功"。上述教育平等的三层含义紧密联系，逐层递进，其中最重要的也是最高的要求是教育结果的平等。终身教育要求终身保障教育权。全体公民不仅具有平等的接受教育的机会，这是起点的平等；而且这种教育对每个人都是成功的，享受到结果的平等。终身教育要求打破时间、空间、教育类型的界限，真正形成"处处即教育、时时即教育、事事即教育"的局面，受教育者基本上不受时间、空间、内容的限制，教育成为人的一种生活方式和发展方式，人人都成为学习之人。

（3）社会性

教育一方面是为了促进个人的终身全面发展，另一方面又是为了促进社会整体的持续发展和全面进步。终身教育的社会性指的是终身教育真正成为全社会高度重视、全力支持、共同参与、共同享受的事业这样一种状态。这种状态可简称教育的社会化和社会的教育化，或曰学习社会化和社会学习化，这是终身教育体系的最高境界，是终身教育特征的集中体现。

（4）多样性

终身教育不像传统的教育体系那样仅限于学校教育、课堂教育、正规教育或正式教育的范畴，而是包容和囊括了所有的教育类型包括一切正规和非正规的、正式和非正式的，具有突出的多样性。

终身教育体系的多样性，首先指的是办学体制的多元化。市场经济体制的建立，企业经营机制的转换以及人民生活水平的提高和富余时间的增加，都大大刺激了行业、企业和个人对教育多种多样的需求。教育需求的多样化不仅导致办学主体的多元化，而且还促使各类教育办学形式由单一式向多样化、网络化发展。

多种办学形式的出现,将从根本上打破由政府部门独家包揽的集中封闭型管理体制,逐步形成市场引导、政府调控、多方参与、社会共管的多元开放型教育管理体制和格局。"因材施教"和"因需施教"也要求多元化的学校出现。

其次,终身教育的多样性指终身教育职能的多样性。就我国而言,社会主义市场经济体制的确立,集约型经济的形成和发展,现代科技的广泛应用,扩大了从业人员职业素质与岗位要求之间的差距,产业结构的调整带来农村剩余劳动力的流动和城市在岗职工的转岗或下岗,因此,终身教育必须担负起提高全体从业人员的整体素质以及通过再就业培训将剩余劳动力转化为现实生产力的重任,直接有效地为社会主义经济建设服务。与此同时,终身教育还具有促进人的全面发展的职能,应注重培养广大公民的良好的社会公德、职业道德和个人品德,增强公民的法制意识,促进人们文明修养、健康心理和健全人格的建立,提高人们的生活质量,以适应社会主义精神文明建设和现代社会生活的需要。

终身教育职能的多样性还表现为它的多层次性。在最基本的层次上,终身教育包括扫除文盲的任务,不但要扫除不识字的文盲,而且要扫除不会使用电脑、网络等现代化工具进行自学、交往的功能性文盲。在高层次上,成人学历教育将在高等教育逐步大众化的基础上,将重点转向以高学历、复合型为主要形式的本专科、研究生教育和以高新科技知识为主要内容的高等职业教育。继续教育的重点则将转向以受过大学本专科、硕士和博士研究生教育的人为主要对象,以更新、扩充高科技知识和现代管理知识为主要内容。

此外,在终身教育体系中,各级各类教育制度、组织形式和教学方法也应是多样的,如全日制教育、半日制或定时制教育、函授教育。各类学校应加强彼此间的联系和合作,从而在联系和合作中共同得到发展。

(二)终身教育在教育史上的意义

终身教育的价值在现代社会是多方面的,不仅具有重要的理论价值,也具有极大的实践价值;不仅具有广泛的社会价值,也具有深远的个体价值。

1.教育理论的一次飞跃

终身教育是传统教育观念和理论的一次更新。终身教育突破了一次教育定终身的思想,使教育不再是学校教育的同义语,学校教育也不再是教育和学习的终止,而是新的开始。学校教育不是为了升学,而是为终身学习打好基础。普通教育是打基础的教育,不仅要教会学生掌握基础知识,而且要教会学生如何学习,使之具备学习能力。高等教育不能只传授知识,更重要的是要培养学生的能力;

高等学校的职能不仅在于保存、传播、发扬已有的知识，还要创造新知识新思维和新价值观。终身教育也改变了传统教育理论，它是传统教育的目的、内容、层次、领域、模式、体系以及教学形式的一次重大变革。

终身教育的倡导者从当代社会变革对人类生存的挑战以及人类如何迎接挑战的实际出发，在充分吸收现代科学的最新研究成果、系统深入地批判了传统教育的弊端的基础上，提出的教育新观念和新思想，它突破了教育在某种具体教育领域的理论研究的局限性，从而使教育理论产生了质的飞跃。如所倡导的大教育观念，突破了传统教育的本质观、价值观、教学观、管理观、结构观、内容观；将学校教育、家庭教育和社会教育，正规教育与非正规教育有机地整合在一起，打破了原有的教育制度及其实践模式；它认为教育的目的是人的发展和完善，它认为教育的过程是从生到死的不断学习的过程。这就使教育理论真正上升为"人的科学"，从而使教育理论摆脱"科学主义"或"人文主义"的纠缠，发生了颠覆性的变化。

2.有效地实现人力资本增值

社会的生产生活可以划分为：物质生产生活、精神生产生活、人的自身生产生活。从与社会的物质生产生活的关系来看，社会物质生产越来越依靠人力资本投资，人力资源的开发成为经济发展和国民财富提高的基础，而教育正是开发人力资源的重要手段。

舒尔茨的"人力资本理论"中还有这样一个著名的观点：经济发展主要取决于人的质量，而不是自然资源的丰富贫乏或是物质资本存量的多寡。所谓人力资本，指的是凝聚在劳动者身上的知识、技能及其表现出来的能力。这种能力对生产起促进作用，是现代经济发展的主要因素之一，是具有经济价值的一种资本。人力资本是人力资本理论的核心概念。人力资本的形成主要在教育。

教育经济学家认为，资本是由投资产生的，人力资本同样是由投资的方式产生。人力资本的投资形式虽然很多，但起决定作用的重要形式则是教育。纵观人力资本理论和教育经济学的有关理论可以看出，教育与国民收入（或曰经济发展）的关系是建立在两个密切相联的关系上的，这就是教育与劳动生产率的关系和劳动生产率与劳动者收入的关系。从个人角度来说，接受教育提高了个人的认知技能，即增加了个人的人力资本，毕业后就可以在劳动力市场上获得较高的收入；从国家角度来讲，国民的人力资本是一种国家市场要素，国家的教育投资提高了国民的人力资本，就会增加国家经济投资的效益，增加国民生产总值。

终身教育是实现人力资本增值的重要和必要方式。终身教育理论是与人力资本理论几乎同时出现的一种现代教育理论。我们知道，终身教育理论强调，在现代社会中，一个人只有终身接受教育，终身学习，才能迎接挑战，才能生存；同时，终身教育理论还强调，国家与社会应该给公民提供一个随时随地能够接受各种教育的成人教育网络。由此可见，终身教育与人力资本理论在论述国家和个人在适应现代社会，尤其是适应飞速发展的现代经济方面是不谋而合的。人力资本是由教育形成和提高的人们的知识技能作为经济增长的一种资本，终身教育则把提高人的知识能力作为迎接现代社会挑战的一种手段。而在现代社会中，尤其是在已经到来的21世纪中，如何迎接以科技进步和知识创新为主要增长手段的现代经济是国家和个人面临着的最大挑战。要适应现代社会，适应现代经济的严峻挑战，就必须大力发展科学技术和文化教育事业、积累雄厚的人力资本并且要实现人力资本的不断增值与扩张。

教育不仅可以提高劳动者的素质，而且可以开发人的创造力促进科学技术的再生产。从与社会的精神生产生活的关系来看，社会的精神生产需要具有高素质的精神生产者，这种生产者只有通过优质的教育才能提供；另外，要提高人们的精神品味、审美能力、良好的道德品质，必须通过教育来实现。从与人的自身的生产生活的关系来看，教育是实现人类自身再生产的手段，教育能够使人们不断提高自我认识和社会认识的能力，提高驾驭自己和环境的能力，从而科学设计与经营生活，提高生活的质量。

按终身教育的要求逐步完善起来的学习化社会使社会中各种教育资源得到最广泛的开发和最充分的利用，从而建立起最庞大而又最经济的教育体系，使每个社会成员的文化技术水平得到有效的培养与提高，创造性潜能得到最充分的开发和利用，这将会产生难以估量的物质与精神财富；大大缩小有文化技术、能及时获取信息的个体与阶层同那些因缺乏教育而无知无能的个体与阶层在激烈竞争的信息社会中日益拉开的差距和由此导致的两极分化与矛盾冲突，这不仅有助于社会的稳定，而且加速了文明的进程。

终身教育不仅对当代社会的生产生活的各方面都产生了质的影响，而且对未来社会的发展也会产生深远的影响，是社会可持续发展的动力。经济学家舒尔茨、丹尼森、贝克尔等认为，一个国家的经济发展是由自然资源、人力资源、资本、技术革新、安定的政治环境等因素综合作用的结果，其中人力资源最重要。人力资本投资的作用大于物力资本投资的作用，人力资本的积累是经济增长的源泉，人力资本在各生产要素之间的相互替代中，发挥越来越重要的作用。教育实质上就是一种人力资本投资，而教育所开发的人力资源本身具有增值性、长效性。这样，教育投资——人力资源开发——经济的可持续发展——社会的可持续发展，成为教育与社会发展的基本逻辑关系。在未来的社会，知识将成为社会发展的决定性要素，教育作为知识传播、知识交流、知识创新的重要手段，将发挥越来越重要的作用。

3.真正促进人的全面发展，让每一个人找到幸福

以往的教育虽然也强调人的全面发展，但是，由于这种思想是建立在一种抽象的人性假设基础之上的，学校教育是一种"分裂型教育"。同时，由于人生存的各个领域都处于分裂、紧张和不协调的状态，人们过于强调学校的选拔性功能，使大多数学生处于失败的恐惧之中。成人教育作为学校教育的一种延伸，与个体的生活同样处于紧张状态，因此，指望培养完人是不现实的。终身教育将人的发展置于具体的、与个体的需要、潜能和命运协调一致的历史环境中，并把教育扩展到人的一生，根据人生每个发展阶段的需要与可能，提供前后连贯、整体一致的教育。它把一个人在智力、体力、情绪、伦理等各方面的要素综合起来，在个体不停地卷入"生活"的过程中，在个体的创造性活动中，在理性的指引下，利用已有的、现在的和潜在的各种资源，帮助一个人以一切可能的形式去实现自己，使自己成为发展与变化的主体、世界公民、实现自己潜能的主人。从而，实现个人的智力、德行、情感、体格等组成部分的平衡发展，不断走向完美，最终真正占有自己的全部本质。具体表现在：①它可以促使人的先天素质得到发展，使其生理、心理的素质得以呈现出来，也可以使人固有的内在本性外化出来；②使人类在历史进程中所形成的人类的本质转移于新生的个体中，也可以说使人类固有的本质内化于个体中。如语言的掌握、文学工具的运用等；③按一定社会要求造就出一定样式的合格的社会成员，促进个体社会化；④它可以根据自己的发展需要进行学习，从而真正发展自己的个性。终身教育"包含的另一个重要的意义，就是比传统教育更加能够显现每个人的个性"。

由此我们可以得出这样的结论：终身教育的终极目标的实现是和人的价值、社会价值的实现相统一的。终身教育是实现人的价值的有效载体和手段，是社会整体发展和可持续发展的中介。

4.终身教育是一种现实的教育理想和教育哲学

教育总是在理想的指引下运行的。然而，教育的理想并不总是能有效地指导实践。19世纪的空想社会主义者，曾经就设计了教育的理想蓝图，但残酷的现实

击碎了他们的梦想。重要原因是学习并没有成为每个人的内在需求，教育并没有成为全社会的共识，也没有成为政府的行为。现在，终身教育已经具有广泛的社会基础和强烈的内在需求，已经成为一种"存在"，终身教育思想是一种现实的教育理想，是我们时代的教育哲学：人生各个阶段的学习活动是一个整体，社会所有的教育活动是一个统一的和相互衔接的体系，教育是一项面向未来的涉及整个社会的计划，通过这种新的计划，培养出能动的、具有想像力和创造性的，并使自己不断适应新情况的新人。

  终身教育作为一种教育理想既是现实的又是超现实的。终身教育的全面展开与实现，必然以一系列社会的、教育的客观条件的具备以及教育工作者和普通民众的教育观念等主观因素的成熟为依托和基础。尽管教育现实中已有以终身教育为原则改造现时教育体系和制度的不少成功案例，如英美的开放大学、中国的自学考试制度，但这并不足以表明终身教育的理想已不折不扣地成为现实。这些以终身教育为指针的比较成功的教育革新，只是对教育现实的某种超越和向终身教育理想迈出的重要一步而已。终身教育的实现，必然是一个渐进的漫长历程。即为一种教育理想，终身教育必然多少带有一些"乌托邦"色彩。终身教育也是一种新的教育哲学，即真正促进人的全面发展的教育哲学——人的生命的教育。因为终身教育不仅指明了人的完美发展的方向，而且为人的全面发展设计了确实可行的道路，是一种以人的发展为中心的教育理论。终身教育提出了一种新的人的价值判断体系，它设想培养一种新型的人——现代人，从整体上深刻地改变了人们对教育的理解和认识，动摇了传统教育学的根基及其对教育的基本诠释，为人们提供了一种理解和探讨现代教育及其与社会发展、与个体成长的新型关系的崭新的认识论和方法论。

第三节 大学生核心素养体系的基本内容

一、大学生的身心发展特点

（一）大学生的生理发育特点

1.体态发育基本稳定

经过青春期的快速生长，大学生的体态发育已基本完成。根据有关调查，我国大学生的身高、体重在17岁以后增长已经非常缓慢。以17—21岁年龄组的平均增长率来看，5年之间男女身高的年均增长值仅为0.44厘米，年增率为0.21%；体重的发育已基本完成，呈现出逐步稳定的趋势。

2.体内机能趋于完善

与高中生相比，大学生的心率减慢，脉搏输出量增加，血压升高，这标志着血液循环系统进一步成熟。20岁左右的男女大学生，肺活量已接近成人的水平。大学新生的肌肉已接近体重的一半，而且肌纤维增粗，肌肉力量加大。

3.神经系统发育达到成人水平

大学生的大脑及整个神经系统已基本发育成熟。其主要表现在：大学生的脑重量已达到成人水平，脑电波已全部完成向a波的转化，皮层细胞活动的数量迅速增加，联络纤维大量发挥作用，大脑皮层的兴奋与抑制已具有较好的平衡性，第二信号系统的主导作用进一步加强。所有这些，为大学生担负繁重的脑力劳动，适应复杂的环境变化奠定了基础。

4.性器官和性功能已发育成熟

性生理成熟以女子初潮和男子第一次遗精为标志。女性的性发育和性成熟年龄，一般比男性早1—2年。我国当代女性性发育的平均年龄为13—16岁，男性性发育的平均年龄为14—17岁。而女性性成熟包括性器官发育完善的平均年龄为17—19岁，男性性成熟的平均年龄为18—21岁。

性器官的完全发育与性成熟，对大学生的心理发展具有重大影响。一方面，它很自然地唤起大学生的性意识，产生对异性的情感需求；另一方面，伴随性成熟而产生的性欲，需要通过合理合法的方式来满足。而从性成熟到合法婚姻的建立，有一个比较长的时间过程。这一点为大学生的校园生活和身心健康带来许多新的挑战。但是，对于性欲的延缓满足，不论是从我国社会发展的要求，还是从大学生成才的需要来看，大学生都必须适应。

（二）大学生的心理成熟

1.智能成熟

心理学家对10—60岁的人的研究结果表明，个人智力发展的高峰年龄即智力发育的顶点大约在19岁，之后开始下降。韦克斯勒对7—68岁的人进行的智力测验结果显示，22岁为智力发育的顶点，然后出现衰退。智力发育的高峰是与身体形态、机能发育的高峰密切相关的。我国大学生正处于智力发育的最高点，当然智力发育主要还是环境影响和教育的结果。

2.情绪成熟

情绪稳定、能够自我控制是情绪成熟的标志。根据赫洛克和科尔等人的研究，人的情绪成熟大约完成在青年期结束时，即23岁左右。情绪成熟的表现如下：①能保持健康；②能适应环境；③使紧张情绪缓解到无害的方面，将情绪转变和升华到社会情感；④能洞察、理解社会，谋求自我的稳定和发展。情绪成熟与身体发育特别是神经系统的发育成熟有关，但起主导作用的仍然是社会影响与教育。

3.人格成熟

青年期身体发育成熟以及环境教育的作用，会给人格的形成带来重大的影响。

"我"的发现是青年期大学生心理发展的重要成果。从青春期开始，人们注意自己的内部世界，同时发生心理性"断乳"现象，即要求摆脱对父母的依赖而独立。当"我"开始观察、评价以至于监督和调节自己的时候，也就是自觉地改造自己、教育自己的时候，是人格的第二次重建时期。这个时期恰恰是大学时期。

在人格形成的过程中，离不开神经生理基础的作用。同时，逐步成熟的生理因素也在不断地与心理发生交互影响，参与人格的形成。比如，气质是人格的心理特征之一，它和人的高级神经活动类型密切相关。气候在一定程度上决定了人际关系中对方的行为和态度，这也影响着人格的形成。

（三）大学生心理发展的一般特点

大学生在校期间的学习生活，可以划分为三个阶段：入学适应阶段、稳定发展阶段和准备就业阶段。在这三个阶段中，所面临的发展任务不一样，内部与外部的心理环境不一样，因此，心理状况与需要面对的心理问题是不同的。

1. 入学适应阶段

新生入学后马上面对大学生活的适应。与中学相比，大学的生活环境变了，人际关系变了，学习的方式、方法变了。这些变化有时使一部分大学生适应不过来，因为原有的习惯和心理活动方式被打乱了。大学新生只有努力去适应新的环境，尽快建立起新的心理结构，才能实现新的心理平衡。入学适应阶段是整个大学生活最困难的时期。适应不好，会影响到整个大学时期的学习生活。适应期的长短因人而异，适应能力强的人所需的时间少一些。一般来讲，大约要一个学期左右。

2. 分化与相对稳定发展阶段

分化与相对稳定发展阶段指从基本适应了大学生活到大学毕业前夕。在这一阶段中，大学生会遇到许多新问题、新情况，要求大学生做出抉择和回答。大学生极强的可塑性在这一阶段得到了充分的体现，每个人都按自身独特的方式塑造着自己。他们可能会遇到许多锻炼提高的机会，可能会有克服困难获得成功的喜悦，也可能会遇到困惑和苦恼。然而，多数大学生正是经过了种种磨炼而成长起来的。

3. 准备就业阶段

准备就业阶段指从学生生活向职业生活过渡的阶段。大学生在此阶段必须开始作走向社会的心理准备。进一步深入地了解社会，把握好自己在生活中的位置是所有大学生面临的任务。面对毕业后的去向、毕业设计以及需要处理的各种人际关系等，每个大学生的心理冲突是不可避免的。这个阶段对大学生来讲是各方面素质的综合考验，同时，又进一步促进了大学生心理的成熟与发展。

（四）大学生心理的基本特征

1. 过渡性

大学生处于青年期，而青年期是个体从不成熟的儿童期向成熟的成年期过渡的阶段，其生理、心理和社会性几方面都表现出过渡性的特点。由于青年期的跨度较大、变化迅速，因而难以将整个青年期作为单一发展阶段来理解。这个时期的首尾两端与儿童期和成年期有或多或少的重叠，即青年早期在某些方面带有儿童期的特点，而青年晚期又在某些方面具备了成年期的特点。这种过渡性常会使青年处于幼稚性与成熟性、依赖性与独立性、情绪性与理智性、盲目性与自觉性、理想性与现实性的矛盾之中。

2.闭锁性

闭锁性指的是个体进入青年期以后，内心世界逐渐复杂，开始不轻易将内心活动表露出来。这个特征在青年期最为明显。大学生智力活动的"内化"程度和抽象水平日益提高，成为闭锁性在认识能力方面的基础。大学生心理上的变化会引起情感上的变化，这些变化一般不会流露；即使情感出现波动，由于意志力的发展，往往也能控制而不表现出来，这是闭锁性的情感与意志方面的基础。此外，如果其他人不能正确地对待他们，就更易造成大学生在某一段时期心理上的闭锁性。闭锁性常导致大学生与父母、教师及有关的其他成人之间在心理上产生距离，因而产生孤独感。当然，这种闭锁性不是绝对的。大学生常常处于闭锁性与强烈交往需要的矛盾之中，他们对同龄、同性别的伙伴，特别是"知己"朋友，就比较愿意袒露真挚的思想与感情。

3.独立性

青年期以后，由于生理的急剧变化，诸如身高体重的增长，第二性征的显现以及性成熟，成人感和独立意识急剧增强，大学生极力要求成人和社会把他们当成大人看待，强烈要求独立自主。卢梭和斯普兰格都曾将青年期这种现象称为"第二次诞生"，意即青年通过发现自我，产生对生活的设想，扩大自己的生活领域，从而进入一个崭新的时期。霍林沃斯则将这现象称为"心理性断乳"，亦称"第二次断乳"，意即青年开始要求从儿童时代那种被父母保护、监督，向父母依赖的关系中摆脱出来，自己决定自己的行动，并要求在家庭中获得平等和独立的地位。

4.发展性

进入青春发育期后，大学生的身体和生理机能都发生了急剧的变化。由于身高、体重的迅速增长，直接促进了他们成人感的产生。大脑皮质结构和机能的发育完成，使大学生的抽象逻辑思维开始形成和完善。性生理的成熟，第一性征和第二性征的相继出现，使大学生性意识开始萌发，性的知识和兴趣明显增强，社会也要求他们学会面临和处理建立异性恋爱关系和成立家庭的人生课题。

大学生心理发展的一个重要特征是自我意识的发展。自我意识指的是一个人认识、评价自己的能力，包括对自己生理特点、心理过程、社会成熟及其内容的认识。在青年期，自我意识出现新的发展特点并逐步成熟。在此过程中，大学生将询问和回答"我是谁"这一问题。他们的自我意识的显著特点是产生分化，即分为理想自我与现实自我。处于观察者地位的理想自我，不断观察、分析现实的自我。他们逐步能独立地评价自己，能对自己的心理特点和思想品质作出评价。但当理想自我与现实自我产生矛盾而又不能解决时，往往给大学生带来苦闷和不安。

5. 动荡性

大学生的情绪不稳定，易于激动、烦躁、不安，带有动荡性。他们常因一点小事被感动，或者振奋、激动，或者动怒、怄气、争吵，或者泄气、消沉。大学生可以表现出为真理和正义献身的热忱，做出惊人的、壮烈的举动，也可以由于盲目的狂热而做出一些蠢事或坏事。大学生的情绪来得快，平息得也快，常是暴风雨式的。所以，霍尔及许多心理学家将青年期比喻为"疾风怒涛"的时期。

6. 探索性

大学期间是世界观、人生观和价值观初步形成的时期。随着自身知识经验的积累、理论思想的形成，他们开始考虑个人、国家和世界的前途，对未来充满着憧憬；他们渴望从理论上对人生的一系列重大问题进行论证，希望尽快打开科学的大门，更广泛地寻求真理；他们逐步形成了对世界、人生比较稳定的看法。但是，他们尚未完全成熟，容易偏激，常有片面性和认识模糊的情况；当在求知欲与敏感性方面缺乏正确思想指导时，容易迷信错误的、自以为是的"新知识"或"新思潮"。

7. 创造性

进入青年期后，个体的智力发展开始达到成人水平，一般在20岁左右达到高峰。个体的抽象逻辑思维高度发展，辩证性日益提高，发散性思维有了新的发展，加上想象力丰富，使得大学生的创造性有了充分的智力基础。同时，大学生的勤学好问、意志力增强、兴趣日益广泛、有了一定的处理问题的能力，又为他们的创造性奠定了个性心理方面的基础。他们不盲从，不轻信，思想活跃，敢于创新，厌恶因循守旧，但也容易脱离实际进行不切实际的假设和论证，以致得出错误结论。

（五）大学生的心理发展任务

大学生学习期间，除了智力在发展外，他们对肯定角色、身份的需要，包括自我认识、了解及发展成熟的人际关系等方面都是十分重要的。

西方学者戚加宁经过了几十年对大学生发展的潜心研究，于1993年提出了当代大学生心理发展的七个范畴。

1. 发展能力

在高校时期，大学生通过大学教育，可以增进和发展多方面的能力，令他们更有信心将这些能力表现出来。这些能力包括智力、体力、社交及人际关系。智能方面包括理解、分析、解释、抽象思维、解决问题、反思。大学生的体能也会得到增强，而其人际关系技巧会在与人沟通及相处上表现出来。

2. 管理情绪

大学生每天都要面对不少挣扎及挑战，有些来自学习，如选修科目、考试、写论文，也有些来自人际关系、家庭、生活等等，从而产生种种不同的情绪，有正面的也有负面的。负面的情绪如焦虑、担心、愤怒、挫折、抑郁、怀疑、内疚等。在这个期间，学生们需要了解、认识自己的情绪，学会管理以适当的方式表达、处理自己的情绪。这对个体的生理、心理健康都有很大的裨益。

3. 独立自主、友爱互助

作为大学生，学会独立、承担更多责任是十分重要的。有些学生离开家人，入住校园宿舍，需要独立做出选择，不再依赖别人的指点、肯定及批评。由于智力上的发展，他们更有能力去分析，对事物做出评估及判断。在学习独立的同时，大学生也应学习如何相互依赖。人的每一个行动都会影响自己及别人，因此，大学生需要学会友爱互助，必要时还应做出牺牲、折衷达成共识。

4. 发展成熟的人际关系

与别人建立关系对学生的生活有很大影响，建立成熟的人际关系有两个重点：容忍及欣赏别人与自己的不同；有能力与别人发展亲密的感受。前者包括愿意放下自己主观的感受、看法，甚至是成见，尝试客观了解别人的文化、社会背景及价值观，并接纳、尊重每一个人的独特及差异。后者包括与要好的朋友建立一种真挚诚恳、信任、互相了解和支持的关系。维持这样一个甜蜜亲切的关系是需要自我认识、自发性、自信心、支持及沟通的。

5.建立自我身份

确立身份对大学生来说十分重要。它影响着自尊心、自信心的建立，影响他们对自己满意及接纳的程度，还会影响对自己的评价、存在的意义等。因此，一个稳固、健康的自我意识会影响其他发展范畴，如情绪、自主、成熟关系等。确立身份包括接纳自己的身体及外貌、性别及性倾向、背景，了解自己的优点、弱点，有一个正面的自我形象，懂得尊重自己及别人。

6.明确人生目标

人生目标包括不断增强能力，做出计划，制定方向、目标，并根据目标在以下三个方面定出优次：①职业上的计划及期望；②个人兴趣；③对人际关系及家庭责任的承担。人生目标的拟定往往与同学们自己的价值观及信念有关。

7.建立完整人格

大学生个人的价值观与信念是引导他们行为的方向，也是他们行事为人原则的指引。完整人格的意思包括行为与价值的一致、顾及别人的利益、尊重别人的意见，同时也能够肯定自己的价值观及信念。

戚加宁认为，在以上七个领域里，大多数大学生可能遭遇一些内容、程度各不相同的"成长困扰或危机"，需要不同程度的心理辅导。对绝大部分同学而言，需要的是"成长性、潜能开发性"心理辅导。因此，大学校园中的心理咨询与心理辅导更应该是大学生成长的"心理支持系统"，"排除心理障碍、治疗心理疾患"只是其中的较小部分。

二、大学生核心素养体系的基本内容

（一）专业素养

1.合理的知识结构

知识结构指的是一个人经过专门学习培训后所拥有的知识体系的构成情况与结合方式。所谓合理的知识结构，就是既有精深的专门知识，又有广博的知识面，具有事业发展实际需要的最合理、最优化的知识体系。

合理的知识结构是担任现代社会职业岗位的必要条件，是成长成才的基础。一个人的科学文化水平的高低，知识结构是否合理，决定其在求职择业时的成功率和相应的职位层次。现代社会的职业岗位，所需要的是知识结构合理、能根据当今社会发展和职业的具体要求，将自己所学到的各类知识科学地组合起来的，适应社会要求的人才。因此，大学生要想今后在社会上有所作为，就应该充分认识知识结构在求职择业中的重要作用，自觉地把大学学习同今后的就业紧密地联系起来，根据现代社会的发展需要，塑造自己，发展自己，建立起合理的知识结构，使之适应现代社会就业的要求。

（1）合理知识结构的特点

大学生应具备的知识包括基础知识、专业知识、复合知识。

基础知识在大学生知识结构中发挥着举足轻重的作用，在现代高等教育改革中越来越受到重视，基础知识主要包括数学、物理学、化学、历史学、地理学、哲学、文学、艺术、文化、伦理道德、外语、计算机及专业基础知识。

专业知识是大学生知识结构中的主要内容，是大学生各自所学专业的知识，是大学生赖以生存发展的资本和发挥一技之长的具体表现。

复合知识是增强大学生社会适应性的知识，是为了弥补高等教育"专才"缺陷的知识，是大学生健康持续发展的助推剂。

合理的知识结构是根据社会需要将自己的基础知识、专业知识、复合知识有机整合而成的知识结构。大学生合理的知识结构虽然没有绝对统一的模式，但具有三个普遍而共同的特征：有序性、整体性、可调性。

（2）知识结构模型

①金字塔型知识结构。金字塔型知识结构的横向结构是宽广型，纵向结构为阶梯型。包括了宽厚的综合性基础理论知识、专业理论知识和适量的非专业理论知识及跨学科知识，强调的是基本理论、基本知识、基本技术技能的学习、训练和运用。"厚基础"为人的成才和创造奠定了基础，"宽基础"为人的综合能力、适应能力、应变能力的培养创造了条件。目前我国大部分本科专业教学计划实际上是按这种金字塔型的知识结构设计的。

②网络型知识结构。网络型知识结构是以自己的专业知识为"中心点"的，以其他相近的、作用较大的知识作为网络的"纽带"，相互联结，形成一个适应性较强的，能够在较大范围内左右驰骋的知识网。网络型知识结构的主要特点是知识面的宽广性。

③"T""型知识结构。T型知识结构是专博型知识结构的另一种表述。有的人专业知识精深，但知识面狭窄，其知识结构很像一个竖杆"｜"；有的人专业知识浅薄，而知识面较广，其知识结构像个横杆"—"。将二者之长集于一身，这就是"T"型知识结构的人。就目前来看，具有"T"型知识结构特点的人才，符合就业市场（专业化时代）的需要。因为精深的专业知识可以较好地满

足对口行业的就业要求，宽博的基础知识则有助于支撑今后的发展。

（3）建立合理知识结构的原则

要建立一个适合自己发展的最佳的知识结构并不是一件容易的事。因此，在建立自己的知识结构和学习新知识之前，应该掌握一些建立合理的知识结构的原则。

①整体性原则。整体性原则体现的是知识内在的逻辑联系和必然性。在建立自己合理的知识结构时，必须从总体上来考虑知识的功能和效应，片面零散的知识、支离破碎的知识不可能提高一个人的认识能力和解决问题的能力。知识的内在结构和体系，由浅入深，由表及里，由个别到一般，这些原理都符合学习知识的过程；而好高骛远、脱离实际地追求博大精深只能是一种幻想。用整体性原则指导自己建立合理的知识结构，就是从实际出发，结合自己的整体目标，先从宏观上把握对自己发展起决定作用的知识，然后再从知识的内部融会贯通，完整掌握，而不能满足于浅尝辄止或一知半解。一种职业、一个岗位总是对从事它的人提出特定的知识要求，这些知识的本身就是一个个有机的整体，有其自身的规律和价值，越能从整体上把握，它的价值就越大。

②相关性原则。相关性原则体现的是知识的相互依赖、相互牵连的内在本质特征。所有的知识都不是孤立和分散的，一个学科、一门知识总是和它相邻的学科和知识有着或多或少、或深或浅的联系，从而构成了知识相互影响、相互促进的互动态势。比如语言学和文学之间，物理学和数学之间，气象学和生物学之间等。建立自己合理的知识结构，必须按照知识互相影响、互相依赖、互相促进的特征去组合、去建设，按照自己的人生目标、工作性质的相关要求学习、掌握知识，而不是按照个人的喜好片面单纯地追求某一方面的知识。

③迁移渗透性原则。迁移渗透性原则体现的是知识的相互交叉、相互派生的特征。知识不是孤立分散的，相近相关的知识不仅可以互相促进，而且在一定情况下也可以相互转化和派生。尤其是随着新的科学方法和思维观念的出现，知识之间的相互渗透、相互迁移日益增多，交叉学科、边缘学科大量涌现，马克思预言的自然科学奔向社会科学的洪流已经成为现实，比如数学已经越来越多地渗透到多个学科领域。我们在掌握现有的相关知识的同时，还要善于将已有知识相互渗透，将知识学活，用知识创新知识，使自己的知识结构变为一个不断向外扩张的体系。

④动态性原则。动态性原则体现的是知识的发展规律，不能期望建立一个一劳永逸的知识结构。所谓"活到老，学到老"，就是对知识动态性原则最通俗的

注释。在信息时代，知识的更新更加频繁，一个人昨天建立的知识结构，如果今天不充实更新，它的价值就会降低。只有用动态性原则要求自己，不断在旧有的知识结构中叠加新的内容，才能更好地把握稍纵即逝的机会。

建立合理知识结构的四个原则，在具体的运用过程中并不是孤立的，而是相互联系、相互作用的，是揭示一个合理知识结构必不可少的四个方面。因此，只有将四个原则结合起来，才能真正起到指导作用。

（4）不断调整和完善知识结构

一个人的知识结构并不是一成不变的，随着形势的发展，知识也需要不断地补充和更新。为保持知识结构的最佳状态，将依据某种信息自动地进行调整和控制，即紧紧围绕着选定的目标不断积累并更新自己的知识，以调整和完善自己的知识结构。大量事实证明，一个人在大学阶段所获取的知识仅仅是一生中所需知识的一小部分，而大部分知识都要在日后的工作中根据需要自学而获得。书到用时方恨少，只有到了实际工作中，才会感到自己知识的匮乏。爱因斯坦上大学时，数学成绩并不理想，后来当发现自己因数学基础差而影响到研究工作后，便下苦功学了7年数学，调整了自己的知识结构。这就是科技人才本身所具有的一种内在的调节能力。这种能力就是根据客观形势和实际需要的变化，从一个目标转向另一个目标，从而自动地补充、更新知识，以建立最佳的知识结构。

2.重视科学精神与人文精神的培养

科学精神与人文精神是相互渗透密不可分的。科学的求真精神在科学实践中产生与弘扬，并与人文精神中的"善"与"美"要素珠联璧合，进一步充实了人文精神中的理性特质，丰富了人们精神世界的气质、情操、人格等情感内涵，提升了人文世界的精神气韵，构成了人类精神文明中最优秀的成分，成为推动社会进步的强大理性力量和人格力量。正如爱因斯坦在评价居里夫人时所讲，她"对于时代和历史进程的意义，在其道德品质方面，也许比单纯的才智成就还要大。"人文精神的特点在于从一定人的立场出发，一切为了现实的、具体的人，它反对"价值中立"，要求始终体现和维护人的价值权利、价值选择，要有自己的主观倾向性，不停留于冷冰冰的事实描述，更不能容忍所谓依据"事实和理性"而得出不利于人的结果。

科学精神与艺术精神、道德精神等崇高的人文精神具有一致性，它们不仅在追求"真"、"善"、"美"的最高境界上是相通的，而且在这个境界上也是不可分割地融合在一起的。科学与艺术、文学的发展路径和规律的确不同：一个是理性的、逻辑的，个是情感的、形象的；一个求真，一个求美。但从发展和人类创造力的角度看，从至真、至美的层次看，二者相互补充，孪生难分，相得益彰。李政道在研究科学与文化问题时指出："科学与艺术是一个硬币的两面。"所有真正的科学理论，都以简洁和谐的形式，闪透着科学美，表达着自然界的内在规律性。用物理学家海森伯格的话说就是："当大自然把我们引向一个前所未见的、异常美的数学形式时，我们不得不相信它是真的，它们揭示了大自然的奥秘。"许多大科学家都酷爱文学和艺术。爱因斯坦非常热爱莫扎特、贝多芬的音乐，推崇俄罗斯作家陀思妥耶夫斯基的作品，他曾说"我从陀氏那里得到的东西，比从高斯那里得到的还要多。"杜威强调，不管自然科学对专家来说是一种什么东西，就教育目的来说，自然科学只是关于人类行动的环境的知识，而知识之所以具有人文性质，不是因为它是关于过去人类的产物，而是因为它在解放人类智力和同情心方面做出了贡献，"任何能达到该种结果的教材都是人文主义的，任何不能达到这种结果的教材就连教育意义也没有"。科学精神所要追求的是对自然界客观规律的认识，并将其与人类生存联系起来，以提高人类的生活质量，为人类的幸福提供基础和条件。所以，人文精神和科学精神虽然所走的路径不一样，但是它们的最终目的却是一致的——使人类能够自由地、幸福地生存下去。

科学精神和人文精神的结合，就是要使每个人既要有科学精神，又要有人文精神，以便正确地认识自然，追求人类的精神关怀。科学精神和人文精神的融合，并非科学知识和人文知识的简单相加。持有这样思想的人，无非是把科学知识等同于科学精神，人文知识等同于人文精神。果真这样，为什么还有那么多学习自然科学的科学家、知名专家和学者做出许多不科学、不合理和令人费解的事来？只有同时具有科学精神和人文精神的人才能算是完全人。这可以从两个层次来理解：精神层次和知识层次。精神层次是知识层次的目标，知识层次是精神层次的基础和必要条件，只有通过个体的内心体验、感悟，知识层次才能转化成精神层次。

3.制定职业生涯规划

当今，许多大学开设了相关的课程或是专题报告与讲座，一时间职业生涯规划成了大学毕业生最为关注的热点之一。但仍有不少大学毕业生还没有真正理解职业生涯规划的确切含义，对职业生涯规划的重要意义认识不足，不了解职业生涯规划的程序，缺乏进行规划的具体技巧，对职业生涯规划或冷眼相对，或茫然无以适从，或使规划流于形式，或不顾主客观条件任意随自己的兴致来"规划"。我们认为，大学生职业生涯规划对于大学生具有重要意义。

（1）生涯规划可以提升应对竞争的能力

当今社会处在变革的时代，到处充满着激烈的竞争。物竞天择，适者生存。要想在激烈的竞争中脱颖而出并保持立于不败之地，必须设计好自己的职业生涯规划。这样才能做到心中有数，不打无准备之仗。而不少应届大学毕业生不是首先坐下来做好自己的职业生涯规划，而是拿着简历和求职书到处乱跑，总想会撞到好运气，找到好工作，结果是浪费了大量的时间、精力与资金，到头来感叹招聘单位是有眼无珠，不能"慧眼识英雄"，叹息自己英雄无用武之地。这部分大学毕业生没有充分认识到职业生涯规划的意义与重要性，认为找到理想工作的是学识、业绩、耐心、关系、口才等条件，认为职业生涯规划纯属纸上谈兵，简直是耽误时间，有时间还不如多跑两家招聘单位。这是一种错误的理念，实际上未雨绸缪，先做好职业生涯规划，磨刀不误砍柴工，有了清晰的认识与明确的目标之后再把求职活动付诸实践，这样的效果要好得多，也更经济、更科学。

（2）生涯规划有突破障碍、开发潜能和自我实现三个积极目的

一个人最大的幸福，是能以自己选择的方式生活。择其所爱、爱其所择的结果，会使一个人以己为荣，并呈现出圆融、丰足、喜悦、智慧和充满创业力的气质。人的一生中有四大领域需要规划：工作、学习、休闲、家庭。各个环节相互关联，每个环节都需要花费心思、科学规划。当一个人拥有明确的规划时，面对重要选择才不会受他人左右。什么是自己想要的，哪个方向才离目标更近，做到心中有数，才不会走入弯路。清楚地认识到自己的人生目标和每个阶段的重心，才能成为一个真正掌握自己命运的人。借助职业生涯规划，把握每一个可能成功的机遇，认识自我，发展自我，完善自我，培养个人的素质和修养，设计一生职业发展的最优路径。

（3）生涯规划有利于自我觉醒

职业生涯规划是一个意识问题，唤醒大学生主动的自我探索意识，让大学生掌握和搜索更多的信息。家长和大学生在高中阶段将"上大学"视为人生的最大目标，因此，我们进入大学之后就失去了未来生活的目标，也失去了学习的动力，而上大学是一个为今后从事某一职业的积累和准备阶段，促使大学生去考虑将来成为一名职业人所需的能力和素质，有目的地汲取知识、加大学习动力。

（4）生涯规划有利于自我定位

你今天站在哪里并不重要，但是你下一步迈向哪里却很重要。职业生涯规划

的重要前提是认识自我。只有认识自我、了解自我，才能有针对性地明确职业方向，而不盲目化。认识自我是对自我深层次的解剖，了解自己能力的大小，明确自己的优势和劣势，根据过去的经验、经历，选择未来可能的工作方向，从而彻底解决"我想干什么"和"我能干什么"的问题。在此基础上，通过了解行业的特性、所需的能力、就业渠道、工作内容、工作发展前景、行业的薪资待遇等外部环境，理性地确定自己所具备的资本。这是人生所有规划和行动得以成功的基本依据，正所谓"知己知彼，百战不殆"。

（5）生涯规划能帮助大学生找到实现理想的通道

职业生涯规划让我们拥有明确的目标，并围绕目标去学习和提升，即使目标不够明确，也会沿着既定的方向前行，这就是实现理想的通道。实现目标的强烈意愿对于个人而言是非常重要的，意愿越大，成功的机会也就越大，通过意愿变成超强的行动力，行动力的根源来自于意愿，意愿强烈才可以实现目标。只有在发现和确定了人生奋斗的大目标之后，围绕这个中心，我们平常的行为才会更有效率和价值，进而职业生涯规划成为实现理想的通道。职业生涯规划为我们的人生之旅设定了导航仪，指引我们走向成功。

（6）生涯规划能够实现人与职业的和谐发展

职业生涯规划实现人职和谐，以促进自身的持续、健康、协调的全面发展进步为根本目标，在人职匹配的基础之上，将人的发展与职业的发展有机结合，使职业成为实现自我人生价值、自我人生幸福的工具和内容，让个人的发展成为推动促进职业发展和进步的主力，达到自我与职业的双赢，实现人与职业的和谐发展。

（二）人文底蕴

1.传统文化基础

我国的传统文化是在几千年的文明历史发展中传承下来的，传统是历史也是现实，教育必然会受到传统文化的影响，我们的高等教育也不例外。优秀传统文化是我们应该珍惜和重视的宝贵文化资源，也是大学生理应继承和发展的文化财富。

中国传统文化博大精深，源远流长。在它长期发展过程中，由于人民群众社会实践的推动和思想家们的概括提炼，逐渐形成了一系列优秀的文化传统。这些优秀的文化传统固然有文明和文化的一般共性，但由于是在中国特定的社会历史条件下孕育的，因而又具有鲜明的特点。其特点概括起来主要有以下几个方面。

（1）以人为本

以人为本的人文主义或人本主义，向来被认为是中国传文化的一大特色。所谓以人为本，就是将人作为考虑一切问题的出发点和归宿。肯定天地之间人为贵，人为万物之灵，在人与鬼神之间，以人为中心，这是中国传统文化的基调。也就是说，神本主义在中国传统文化中不占主导地位，而人本主义才是中国传统文化的核心。但中国传统文化中的人本主义与西欧文艺复兴时期兴起的人文主义在文化精神上存在着本质区别。中国人本主义以家庭为本位，以伦理为中心，西方人文主义则以个人为本位，以法治为中心。中国文化重人，并非尊重个人价值和个体的自由发展，而是将个体融入群体，强调五伦，强调人对于民族和国家的义务，是一种以道德修养为旨趣的道德人本主义。西方文化中的人文主义重个体的价值，强调个人的权利与自由，强调人与人之间的平等契约关系，实质上是一种个性主义，它是西方民主制度和法律体系的重要思想基础。中国传统文化中的人本主义，重视道德伦理、角色扮演，履行一定义务，对维系社会正常运转、人际和人生修养等方面都具有积极意义，但也存在着重人伦轻自然、重群体（家族）轻个体的倾向。这与专制主义有一定的联系，是它的消极因素。

（2）强大的延续力

英国历史学家汤因比曾说，在人类历史上，出现过二十六种文化形态，但在这些文化形态中，只有一种文化体系是长期延续发展而从未中断过的文化，这就是中国传统文化。延续不断，经久不衰，具有顽强的生命力，这正是中国传统文化的一个重要特征。在四大文明古国中，印度文化因雅利安人入侵而雅利安化；埃及文化先后因亚历山大大帝占领而希腊化、恺撒占领而罗马化、阿拉伯人移入而伊斯兰化；希腊、罗马文化则因日耳曼族入侵而中断并沉睡千年。但中国传统文化却大不相同，十六国时期的"五胡乱华"、宋元时期契丹、女真、蒙古的相继南下，乃至清朝建立，都未能中断中国传统文化。相反，却是征服者最后被征服、被同化、被融合。中国传统文化吸收了各个少数民族新鲜的血液，反而增添了新的生命活力。外域文化进入中国后，大都逐步中国化，与中国文化融为一体，成为中国文化不可分割的一部分，如佛教文化、西方文化等。所以说，中国传统文化犹如万里长江，是由无数高山上的涓涓细流，汇合成奔腾的大河，一直向前发展，从不中断，直到汇入大海。

（3）以和为贵

中国传统文化历来重视"和"、"和谐"，崇尚"人和"，主张"和为贵"。"和谐"一直是中国传统文化所追求的最高境界，"和谐"的思想体现在人与自然的关系上，表现为中国传统文化重视人与自然的和谐相处，不把自然界看成是一种敌对力量，而把它看作是与人类相辅相成，即所谓天人合一，人是大自然的一部分，大自然是人类赖以生存的基础；"和谐"思想体现在人与人的关系上，就是注重和睦相处，认为人们之间应当相互尊重，相互理解，相互关心，形成平等、友爱、团结、互助的人际关系；"和谐"思想体现在民族或国家关系上，就是主张天下一家，热爱和平，反对侵略。以和为贵的思想对保持社会稳定和发展，对于统一的多民族国家的维护，无疑有着积极作用。但是，由于它的影响，中国传统文化中缺乏如西方文化中的竞争、进取精神，这对社会的发展也有不利的影响。

（4）重道德

中国传统社会与西方的差异之一，是没有彻底斩断血缘的纽带，儒家则把血缘亲情、家庭伦理纳入自己的思想体系，最终形成了集哲学、宗教、政治、法律、道德、文艺于一体的宗法礼教，而道德在其中居支配地位，最终形成了中国传统文化道德中心的倾向。这种道德中心的传统，使得中国成为礼仪之邦，也使中华民族成为有强烈道德意识的民族，减弱了人欲横流造成的社会动荡。但这种道德中心的倾向又为封建专制主义统治戴上了温柔的面纱，使封建的宗法礼教成了统治者维护残暴统治的合理的思想工具。

（5）实践理性

所谓"实践理性"，主要体现为一种重现实、重实践、重事实、重功效的思想方法和价值取向。它作为中国传统文化心理结构的主要特征，由来久远，而以理论形态呈现在先秦儒、道、法、墨诸主要学派中，尤其是深受儒家人本主义精神以及明末清初启蒙思想家经世思潮的影响。作为一种思想方法，它注重客观事实，注重历史经验，重视直觉顿悟和整体思维，满足于解决问题的经验论的思维方式。作为一种价值取向，实践理性注重身体力行、经世致用的行动哲学，尤重道德功利主义。它与美国的实验主义精神有相似的地方，也有不同之处，两者不能混同。深得人心的"实事求是"思想路线是实践理性学术传统在实行中的积极交流。它所奉行的学以致用、身体力行的信条对中国历代仁人志士的人生价值也有着深刻的影响。

2.审美意识

审美意识在某种意义上也是对我们的心理结构的反映，我们可以理解为它是一种客观存在的一种意识，可以在我们的脑海中迅速地反映出来。到了青年时期，我们的个体意识才开始逐渐形成，且发展的过程也是相对稳定的。大学生大都正处于青年时期，这一时期是他们提高个人审美能力的最重要的时期。培养大学生的审美意识不仅会增加他们的整体素养，也能让他们更好地融入校园、融入这个社会。

审美意识是一种动态性的复杂结构，主要由感知、想象、情感、理解四种心理要素构成，这四种要素也是四种心理功能，他们交融组合形成一个网络结构。其中每一种心理要素都有不可取代的功能，他们彼此依赖，又相互渗透，最终构成一种奇妙的审美体验。

（1）审美感知

感知，包含感觉与知觉，它是通过感官接收对象感性特征的刺激并将其综合为整体形象的心理过程。

审美感知主要靠视觉和听觉来进行，触觉、嗅觉、味觉、运动觉也起作用，但不像视觉和听觉的作用那么突出。因为视觉所接受的色彩和形体及其变化，听觉所接受的声音运动，都是最富有鲜明的力度和节奏的，不仅能最鲜明地呈现事物的感性特征和生命形式，也最容易引发主体的感应活动。同时，视听器官也是最富社会性的感官，它们在实践中同大脑和语言密切联系，使视听信息最富于生活经验所提供的意识内涵，并具有社会的普遍传达性。

（2）审美想象

审美想象是一种高级的、复杂的审美心理活动，可以分为知觉想象和创造性想象两种。知觉想象是由一事物想到另一事物的心理过程。如由菊梅之迎霜雪而怒放，联想到君子不畏谗言，独立不迁的傲骨；由竹之挺拔中空联想到君子谦虚而不媚俗的情操；由兰处荒野幽谷仍秀洁清香，联想到君子贫贱不能移的洁行。又如见乌云而知雨之将至，见断壁残垣而思昔日浩劫等。创造性想象指的是审美主体在审美过程中，不依据现成的客体对象去再造形像，而是主体对头脑中原有的记忆表象进行加工、改造，创造出具有新颖性和独创性的形象。创造性想象要比知觉想象复杂得多，它把各种知觉心像和记忆心像重新化合，孕育成一个全新的心像，并激发起更深一层的情感反应。因此，创造性想象是非常富有创造性的心理活动。工程师设计新产品，艺术家构思新的艺术形象，都需要创造性想象。

（3）审美情感

审美情感是人类审美活动中出现的一种独特类型的情感，它和日常生活的情感有本质的不同。正如同我们看一部悲伤的电影流下的眼泪，与我们平常受委屈时流下的眼泪是不相同的一样。由于唤起情感的对象的差异，经受情感时的情境的差异，使得审美情感有别于日常生活的情感。

审美情感的独特之处，就在于它不是由审美主体个人的利害关系所引发的情感，因此带有某种幻觉性质。正是这种虚幻性，把审美情感与日常生活的情感区别开来。也正是这种虚幻性，使得全人类的各种各样的复杂情感，都能融入审美主体的心中。这些情感进入主体心中之后，主体又对这些情感进行个人认同，也就是把自身的情感及经历投射到这些幻觉情感之中，从而使自己真实而强烈地被这些幻觉情感所打动。

（4）审美理解

审美理解指的是审美活动中，主体对客体意蕴和审美活动意蕴的整体把握和领会。它是审美活动中的理性因素。审美不等于认识，但一定包含某种认识或理解。事物的意义总是在复杂的联系中显现出来的，只有把握了这些联系，才能理解事物的意义。而把握这些联系，就需要发挥理性的作用。比如，我们可以通过感知去捕捉乐曲中的旋律、绘画中的色彩和线条，但要领悟旋律之中，色彩、线条之间所蕴含的情感，就需要理解的因素。尤其在欣赏一些哲理性很强的艺术作品时，更需要审美理解的参与。

审美理解是溶解在感知、想象和情感之中的。我们可以从三方面来说明。第一，审美理解渗透在审美知觉中。此时的理解是比较表层的，一般是对对象形态、结构、风格和直接显露的意蕴进行把握。比如，欣赏莫奈画的《干草垛》，在知觉的瞬间，不仅可以把握画面的光照阴影，色彩跃动，而且会领悟到一种自然的宁静和恬淡的情调。第二，审美理解渗入想象之中，这时的理解就是对对象深层意蕴的把握。有了理性对想象的规范，表象逐渐走向明晰和确定。第三，审美理解溶解于情感，给予情感以理性的调节，使情感从盲目欲望冲动走向一定意向的情感。

（三）自主学习能力

长期以来，传统的教育研究侧重对教育者、教育方法、教育内容以及教育目标的研究，而忽视对受教育者本身的研究。然而，随着教学改革的深入开展，受教育者的学习问题成为教育研究领域新的增长点。自从教育家、心理学家提出了自主学习的思想以来，自主学习越来越引起学科教育研究领域的重视，众多研究不仅证明自主学习是非常有效的，还对其内部机制进行了深入的探讨。

1.培养大学生自主学习能力的意义

（1）是社会发展对大学生的客观要求

时至今日知识激增，知识门类日益增加，新的学科不断涌现。20世纪50年代以后人类创造的科学知识成果比以往数千年的知识成果还要多。面对知识更新的周期越来越短，大学生再也不可能把四年大学所学的知识作为受用一生的资本甚至有人认为大学阶段只能获得所需知识的10%左右，其余90%的知识要在工作中不断学习才能获得。

可见，随着时代的发展，社会对大学生的学习能力和创新能力提出了前所未有的新要求，自主学习能力成为新时代学习观的最强音。自主学习的培养，使学生认识到了学习是自我发展的需要，是自我实现的需要，认识到了自己在发展中所具有的重要作用，培养了自我发展的责任感，这不仅是学习层面的发展，更是整个人格完善的发展。

（2）是高等学校素质教育的核心内容

自主学习作为一种新的教育思想和素质具体化的理论框架，就一定意义上来说，把握住了素质教育的实质和核心。这是因为素质教育以培养学生的创新精神和实践能力为重点，其本身承担着为21世纪培养高素质人才的重要使命。而现代高等教育的目的指的是向大学生身心各方面的和谐发展，着眼于健全人格的塑造。不能仅仅以大学生掌握的知识量来衡量教学的成败，而应当注重大学生在掌握知识的基础上获得了怎样的发展，在学习过程中取得了怎样的进步。这些效果的达成有赖于学生积极自主地学习。

同时，自主学习给个性的发展，尤其是独立的人格、自由的思想和批判的态度等重要人格特征的发展提供了最大的空间，使人的潜力与创造力得到充分的发挥。自主学习符合大学生的学习特点，自主学习能力的培养是素质教育的中心任务和核心内容。

2.大学生自主学习能力的培养方法

（1）确立自主学习在大学教育中的重要地位

高校要把大学生自主学习能力的培养看成是现代高等教育的目标而不只是一种过程或手段，就必须打破"应试教育"所形成的传统的教育理念：转变以课堂教学为中心的教学思想为注重学生的自主学习和独立研究能力的培养；改变单一的人才培养模式，改变呆板的教学方式，使学生在主动地交互地探索研讨中成为学习的主人；改变以专业知识的传授、专业技能的培养为唯一任务，把自主学习能力的培养提升到大学教育的重要目标；改变以应试教育为主导的考核和评价方式，使学生明确大学阶段不是为分数、为文凭而学，而是为生存、为发展、为完善而学，从而确立"学会学习"，学会自主学习的现代教育理念。

（2）培养学生的自主学习观

当前很多学生对于学习的目的还主要定位为找好工作、谋好出路，因此学习动机难以得到维持，在物质条件变好的情况下，很多人会放弃学习，而仅仅把学习当做完成任务，为了交差，不仅没有学到知识，也使学习的责任感下降，这种物化学习目的的状况极度削弱了学习的有效性。

因此，进行自主学习的前提之一是要使学生树立自主学习的观念。使他们认识到学习的目的不仅仅在于应付考试，不仅仅在于找一个好工作，而是把学习定位在自我发展的水平上，把培养自己的素质放在首位。这不仅符合学生发展的利益，也是国家发展对人才培养的要求。

（3）加强教学管理，促进自主学习能力的发展

要培养大学生的自主学习能力，高校应根据社会对人才的需求情况，调整和设置学科专业，不断优化学科专业结构，把拓宽专业口径与灵活设置专业方向有机结合，淡化专业界限；在制定人才培养计划时要把加强基础与强调适应性有机结合，并强调学生的主体性；积极推进弹性学习制度建设，构建新的课程结构，加大选修课程开设比例，使大学生能够充分发挥学习的主动性，根据自己的个性和特色选择学习内容和学习进度；加强实践教学，使学生通过实践，从机制上形成学生必须进行自主学习的氛围；改变课堂讲授所占学时过多的状况，为学生提供更多的自主学习的时间和空间；积极推行导师制，努力为学生提供个性化的学习指导，使大学生真正成为学习的主体。

（4）创设良好环境，创造有利于自主学习的条件

首先，要培植优良的教风和学风，优化教学环境，这就必须转变教师的角色地位，教师成为学生学习的指导者，引导学生了解多种学术观点，积极开展讨论式教学、案例教学等多种教学方法和合作式学习方式，转"教堂"为"学堂"，把大学课堂管理转变为交互式的、互动式的、自主的模式。

其次，要开放学习资源和学习场所。高校的实验室、图书馆、机房等等都应该为学生开放，建立大学生进入实验室研究的基本制度和运行机制，提供丰富的教学参考资料，借助当前大学生课外科研热潮，鼓励大学生参与教师的科学研究项目或自主确定选题等多种形式开展研究，给学生课外科技活动和社会实践活动提供优质的场地和设施，充分调动大学生学习的自主性和能动性。

（5）有针对性地进行学习指导

一方面，针对当前大学生学习动机多元性的特点，应加强对学生的学习动机培养，突出培养学生的深层性学习动机和内部学习动机，通过名家讲座给学生提供可资借鉴的榜样，激发他们的学习动机。加强对学生元认知的培养，在必要时可以考虑进行较大规模如学校一级的元认知训练。

另一方面，我们必须针对不同的学生进行相应的学习指导。对于刚入学的大学新生应该进行专业思想教育和专业学习方法的指导。可以请本专业较权威的专家介绍专业学科基础、发展动态并列出各阶段的必读书目，使其对所学专业有正确的了解、对专业的发展前景有信心，了解专业学习的基本要求；也可以请学术名家作治学方法的专题讲座或让高年级的优秀学生与低年级学生座谈交流学习方法和学习策略。对于高年级学生可以请毕业于本专业的业有所成的校友谈专业成就感或专业在社会中的地位和作用以及社会对人才素质的要求，以增强学习动力，培养成就动机。对于学习有困难的学生，可设立有教师参与的心理咨询窗口，针对个体的性格特点和存在问题进行个别指导，例如：有些学生将学业不佳归因于自己的能力低下或其他不可控因素，导致学生容易产生失败感或无助感，从而对学习丧失信心和兴趣，对这部分学生进行合理归因训练，帮助他们重建自信；对于缺乏学习动机的学生，应引导他们进行大学生涯规划，并设置合理的近期目标；对于因消极情绪影响学习的学生，为他们提供情绪调节的方法和适当的心理辅导等。

（6）客观评价学生学习质量

长期以来，对学生学习的好坏评价是一考定终身的办法。这种办法虽然也有公平的地方，但未必合理。因为，在这种评价方式的背后，学生过分追求分数，教师只关注传授知识的现象已很普遍。而事实上，在校考试分数不高的人到了社会上很有建树的情况也不少见。考虑到这种现实，作为学校，应理性育人；而作为学生，应明确上大学的三个目的：即学习知识，训练能力，提高素质。

（四）实践能力

古往今来，实践能力一直都被认为是个人生存应具备的关键能力之一。就学生而言，所谓实践能力，指的是其运用知识、技能顺利解决实际问题时所具备的生理特征和心理特征的综合，具有一定的结构性和系统性。由于其生理特征、心理特征和学习内容差异，学生在不同的发展阶段所表现出的实践能力又呈现出阶段性的特征。对学生实践能力的培育是全面推进素质教育、深化课程改革的重要诉求。同时，实践能力的培育有利于提升学生的智力水平、增进学习兴趣、培育创新精神、发展社会化水平乃至提高其自立能力。因而，学校和家庭都应重视学生实践能力的培育，以保证其更好适应未来社会生活。

1. 实践能力的价值

（1）有利于提升学生的智力水平

智力不仅包括个体认识、理解客观事物的能力，还包括运用已有的知识、经验解决问题的能力。相关研究表明，个体的智力是个体在认识和改造客观世界的实践过程中逐渐发展起来的。换言之，社会实践不仅是学习知识的重要途径，也是智力发展的重要基础。在中小学阶段，加强对学生实践能力的教育不仅有利于培育学生的实践智力，而且有助于发展学生的逻辑思维，进而提升学生的综合智力水平。

（2）有利于增进学生的学习兴趣

孔子曾说"知之者不如好之者，好之者不如乐之者"可见，兴趣是学生好学的催化剂和促进剂。所谓兴趣指的是个体对于某种事或物产生的一种比较稳定、持久的心理倾向。兴趣的功能或意义就在于其能够使人在实践活动中集中注意力，克服各种艰难困苦。因而，学习兴趣的作用就在于其能够引导、激发、维持、调节学生启动并且致力于学习活动。可以说，如果一名学生具有浓厚的学习兴趣，那么他在学习过程中必然会持续地、专心致志地学习，从而能够提高自己的学习效果。从这一角度出发，成功的教学是要激发学生的学习兴趣，让学生在实践活动中用所学得的知识和技能解决实际情境中遇到的问题。让学生在实践中学习不仅能够巩固和修正其所学的知识，建构完善已有的知识体系。还能学习和发展新技能，并且还能够让学生享受解决问题后的愉悦，体会到强烈的成就感。

（3）有利于培育学生的创新精神

今天科学技术发展日新月异，国际间的竞争愈演愈激烈。国家与国家之间的竞争归根到底是人才的竞争和民族创新能力的竞争。没有创新，则意味着国家没有发展的动力，社会发展没有助推力。也就是说，对于国家、民族以及个人来说，创新是必不可少、至关重要的。

实际上，创新并不是脱离实际的创新，更不是根据自己的主观想象去随意地瞎编乱造，而是扎根于实践中的。可见创新和实践是相辅相成，相互促进的。如果创新过程中缺少了实践，那么创新就成了无源之水、无本之木。基于此，实践活动是培养学生创新能力不可缺少的必要途径。具体而言就是要做到以下几个方面：一是要设置宽松、民主的氛围。二指的是导教师尊重学生，包容学生，采用小组合作探究的方式进行。在实践活动过程中，如果学生遇到难题，那么教师就要鼓励学生试着开动脑筋自己去解决或者通过小组探讨一起商量方案把难题解决。三是教师可以引导学生开展小制作、小创造、小发明活动，让学生通过动手把设想变成现实。

（4）有利于促进学生的社会化

人类的生存和发展都离不开社会。自呱呱坠地起，个人的发展便是一个社会化的过程。通过这一过程，个人接受社会的文化规范使他们成为自己所处的那个社会里一个有特色的和积极主动的社会成员。而接受教育是个体由自然人向社会人转变最有效便捷的方式。事实上，培育实践能力的实践活动十分有利于学生的社会化。学生的实践活动不仅仅被局限于教室内，还可以根据内容和要求设定在社区中或者敬老院等场所。学生只有在真实的环境中才会有真实的体验与收获。例如，只有在社区中活动，学生才能懂得邻里之间互帮互助；只有在敬老院关爱老人，学生才能知道中华民族的传统美德；只有在田间地头劳动，学生才能体会"谁知盘中餐，粒粒皆辛苦"。可以说，培育实践能力的过程就是学生社会化的过程。

（5）有利于提高学生自立的能力

在现代社会中生存环境日益激烈，因而教会学生学会生存是今天教育所要达到的最基本的目标。而学会生存的前提则是自立。自立就是自我独立，自己的事情自己做，做任何事不能依靠别人。自立可以培养学生吃苦耐劳、注重亲情、尊重他人的优秀品质，进而增强自信心、责任心，最终提高学生动手和解决问题的能力。目前，我国很多的学生在家过度依赖父母，过着衣来伸手、饭来张口的生活。在学校则依赖着老师，过着完全靠老师督促着学习的生活。因而，培育学生的实践能力，让学生学会自己的事情自己做。在遇到危险情况时，他们能够自己去判断、处理、解决难题，进而养成最基本的自理能力和独立的生活能力。

2.实践能力的培育

（1）学校营造实践氛围，建设实践教育基地

校园文化是学校教育的重要组成部分，对学生成长发展有着重要的影响。营造有利于培育学生实践能力的校园文化氛围，可主要从以下几个方面入手：首先，开展多样化的实践活动。学校应积极为学生开展有针对性培育其实践能力的活动，如手工作品展示大赛、运动会等。通过参加这些活动，学生的参与兴趣会

大大提高，进而愿意参加更多的实践活动。其次，抓好实践能力重要性的宣传。实际上，并不是所有的教师和学生，甚至学校管理层人员都能认识到实践能力对学生成长的重要性。因而这就需要相关部门或学校对实践能力的重要性进行大力宣传。例如可通过校园广播、黑板报、宣传橱窗、警示牌等宣传实践能力对每一个人、对社会的发展具有重要意义。只有让教师、学生、家长等置身于这样的环境之中耳濡目染、潜移默化，才能让他们更容易认识到实践能力对学生发展的重要性。

实践性课程是学校课程体系的重要组成部分，是培育学生实践能力最直接的途径。因而提高学生的实践能力，关键是要以课程和教学改革为突破点，紧紧围绕有利于学生掌握知识、提高实践能力来设置课程和改革教学内容方法。首先，开设系统化的理论联系实际的综合核心课程。以问题为中心的课堂教学可以有效提高学生的学习效率。在选择教学方法的时候，教师要把现实的事例分析和实践活动贯彻在整个教学过程中，采用以问题为中心的教学方式促使学生们积极思考；其次，加强理论课程的实践性教学环节，构建以综合性、设计性、应用性为主的实验教学内容体系。虽然理论课程的实践性教学环节是学校教学体系中的重要部分，但是目前由于受观念的影响实践教学在教学体系中被当作附属品。因而，突出实践教学在培养方案中的地位，把实践教学与理论教学放在同等重要的地位是学校建构以综合性、设计性、应用性为主的实验教学内容体系的可行之策。再次，注重教学模式多样化。教学过程一般包括教师教和学生学两个重要过程，二者互为影响，相互促进。也就是说，有效的教学模式有利于学生实践能力的培育。例如，可通过改变"灌输式"教学为"启发式"教学来培养学生获取信息的能力、分析问题的能力和解决问题的能力。此外，学校也可以为学生实践能力的培育创建良好的教学环境。

（2）转变教师教育观念，提升教学素养

教师教学水平的高低是决定课堂教学质量的关键因素。在学校教学过程中，教师与学生共处的时间最长，学生所受教师的影响也是最大的。鉴于此，教师树立恰当的教育教学理念、提升自身的教学素养、充分发挥自身的示范与指导作用是培育学生实践能力的可行之策。教师只有认清理论知识和实践能力的关系，明确实践能力对学生的重要性，才能在教授学生理论知识的同时有意识地去培养学生的实践能力。

综合实践活动课程密切联系学生自身生活和社会生活，注重对知识技能的综合运用，体现经验和生活对学生发展价值的实践性课程。和其他课程相比，综合实践活动课程更加强调实践性和综合性，其直接作用在培育学生的实践能力。在综合实践活动课程实施过程中，要求教师可以指导学生根据自身的兴趣、爱好和需要选择活动主题，也可以根据学生生活中提出的问题来确定具体的活动主题。此外，对学生实践能力的评价可采取自我评价和他人评价、形成性评价和总结性评价等多种形式相结合的形式，如可采用成果展示、总结报告、观察访谈、档案袋等方式对学生的实践能力进行评价。

第四章 "互联网+"视域下大学生核心素养培养面临的挑战与机遇

第一节 "互联网+"视域下大学生核心素养培养面临的挑战

一、网络对大学生的消极影响

互联网是一把双刃剑,它不是虚拟的伊甸园,也不是潘多拉的盒子,进入网络,文明和污染会随着鼠标移动,因为互联网也存在黑暗的角落。所以网络对大学生的影响既有积极方面,也有消极的方面。

(一)网络对学生行为的消极影响

1.部分大学生过度沉迷于网络

网络为大学生提供丰富的信息资源和开展交际交流的平台,但是对于一些自制力较差的大学生而言,则可能让他们沉溺于网络难以自拔,对学习以及正常的生活产生负面影响。在校大学生有着很多自由时间去支配,这使大学生群体成为网络游戏等网络娱乐文化的主要受众,而对于网络的依赖心理的增强则会导致大学生出现生物钟紊乱、情绪低落、自我评价降低等问题,并对大学生的学业发展和身心健康发展产生严重伤害。对网络的过度沉迷对于大学生的身体发育、人格成长、社交行为以及心理健康都会产生负面的影响。

许多心理学家认为大学生过度沉迷网络的原因在于大学生缺乏人际交流与社会沟通,或者混淆了现实世界与网络世界。医学中不仅对网络过度沉迷给出了

"互联网成瘾综合症"这一专业术语,同时还总结了过度沉迷网络的临床表现:自闭、焦虑、抑郁、易愤怒、视力障碍、失眠、头晕、食欲不振以及脊柱弯曲等。心理医专家指出,一些沉迷于网络的青少年对虚拟世界所造成的真实感产生混淆,如果任由其发展可能会产生体验对立,对现实世界反应迟钝或者拒绝承认现实世界所具有的真实性,容易导致青少年产生情感异化等一系列心理疾病。同时过度沉迷网络会导致人的免疫功能降低、激素失衡以及神经紊乱,引发抑郁、焦虑和头痛,甚至有可能会导致死亡。关于这一点,媒体对沉迷于网络导致猝死的报道也屡见不鲜。

在大学生群体中为了减轻自身心理压力或者为了娱乐等原因而导致的沉迷网络现象也逐渐增多,此人类群普遍出现视力下降、头疼、失眠、神经衰弱等身体反应,情感上也存在冷漠、孤僻、交往障碍等现象,这在很大程度上干扰了大学生的正常学习和生活,为大学生的健康成长带来十分严重的影响。有些大学生通宵不间断上网,不仅占用了大量的时间,使大学生户外活动、体育锻炼急剧减少,而且饥一顿饱一顿,打乱了正常的生活、学习秩序,造成生物钟紊乱,对身体造成伤害。长时间端坐,注视显示屏过久,也会使大学生视力下降,影响身体素质。

网络上的信用危机,助长了大学生的游戏心态。由于网络社会没有共同的可遵守的行为规范和价值观念,在网民"各自为政"、"自己管理自己"的状态中,由于大学生网民自身具有的鉴别力不高、约束力不强,好奇心、逆反心理强的特点,致使他们陷入(或者自己本身也在制造)各种陷阱里,如身份被盗、网上诈骗、网络报复等。网络游戏的非道德性原则,能使大学生在不自觉中患上"精神麻木症",产生极强的游戏心理。在游戏世界,大规模的杀戮被视为一种获得奖励的途径。大学生也在彷徨,网络世界到底有没有可以信赖的人或者事儿?我们在网络世界里所体验的一切与现实中存在的为什么格格不入?虚假、梦幻和信用危机,致使许多大学生的价值观念发生了变化,玩世不恭的游戏心态正在煎熬着百般无奈的大学生。

2.网络引发大学生性格异化

人格社会即人格形成的过程。也就是人们经由社会熏陶与学习训练而从自然人转变为社会人的过程。社会、文化和个人总是处在一个相互影响、相互制约的过程中,社会和文化对个体人格的形成产生重大影响,网络环境及由它所体现出的社会形态、文化特征,对大学生人格形成有积极和消极的影响。从消极方面看，网络恶化了大学生人格形成环境，会导致大学生人格的不完全社会化。网络的虚拟性能够对大学生的人格健全产生直接的影响，人际交往的异化也容易产生网络的孤独，在一定程度上影响着大学生在现实社会中的价值判断。

人格异常一般指一些人虽没有精神病或心理病态，但其行为经常呈现异常反应，影响个人对外界环境与条件的适应。这种障碍是长时间形成的一种性格，通常表现在人际关系、工作态度与社会行为上。网络环境中的负面因素，如信任下降、虚假欺骗，会使大学生出现人格异化。科技以及文明的进步是为了促使人们摆脱对外界的依赖，让人的自主性和自由性更加突出，但是当人们摆脱对一种事物的依赖时，往往又会陷入对另一种事物的依赖。比如说，网络产生以来，大学生在接受教育的过程中主要依赖于教师和教材，而网络产生以后，虽然大学生对教师和教材的依赖性降低，但是对网络的依赖性却得到强化。这种依赖是在大学生享受网络益处过程中产生的。

如果离开网络，当代许多大学生甚至不知道怎样搜集所需要的资料，甚至不知道干什么、怎样与人交往，书写以及语言的能力也会下降，这样的学生变成了"瞎子""聋子"和"哑巴"。虽然很多大学生对这种依赖都保持着警惕，对网络保持着正确的认知，但是不得不承认的是有一部分大学生对网络已经产生了过分的依赖，这种过分的依赖已经导致了这些学生的人格产生异化。

现实社会中的社会个体可以根据社会需求与自身需求来扮演不同角色，但是在大学生接触网络的过程中，良莠不齐的文化会导致大学生迷失自我。网络环境中的大学生追求刺激、快乐和自由，他们在发表观点的过程中可以不用顾忌社会的道德要求和规范要求。但是现实社会中的个体都需要接受社会舆论的监督，并需要按照道德标准来选择行为方式。

现实社会与网络社会两种道德标准的不同容易导致大学生产生模糊的思想意识，对无限以及过于低级的刺激的追求，容易使大学生产生人格缺陷甚至出现人格发展错位的现象。部分大学生希望自己在网络社会中扮演与社会角色不同的角色，而这也是人格出现缺陷的反映。这类大学生混淆了现实社会的角色和网络环境下的角色，将自身的社会地位以及社会责任置之不理，而在两种社会中出现的具有差异的性格特征，也让学生人格欠缺，这会导致大学生产生自恋型人格、偏执型人格、多重人格、边缘人格等，在这种人格欠缺影响下，大学生的行为则会表现为耽于幻想、孤僻伸缩、脱离现实。在大学生的生活中，必须待在课堂中的时间相比较大学生可以自由支配的时间要少得多，而在大学生可以进行自由支配的时间中，许多大学生选择了互联网当作自身娱乐身心的主要工具。这在一定

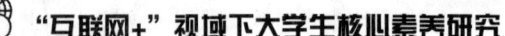

程度上让大学生失去了与社会接触的机会。大学生对网络世界的沉迷会淡化他们与同学、朋友之间的感情联络，使大学生与这些本来具有亲密关系的人在现实生活中产生距离感。而由于大学生要面临就业，当他们从能够令自己身心愉悦的网络世界走向现实社会时，会发现现实社会很不理想，从而产生失望情绪和悲观情绪，并且导致网络孤独的产生。网络孤独指的是大学生在人际交往中对网络具有过度的依赖性，这使他们与朋友保持着较远的距离并且日益孤僻。过度疲劳、缺乏睡眠会使他们产生愤怒、紧张、冷漠的性情，在网络中能够找到许多与自己爱好、性情相似的朋友，所以他们选择刻意地逃避现实，久而久之，这种行为也会发展为习惯性行为。由此可见，网络双刃剑的性质十分明显，学生可以利用网络对自身的知识进行充实，同时网络中的消极思想、边缘文化也会对学生造成消极的影响。这主要是由于网络的开放性以及自由性能够让这些消极文化、边缘文化对大学生本身直接形成腐蚀，并使大学生群体的人格产生异化。

3.在学习方面，部分大学生忽视了基础知识的学习

网络对大学生的学习态度提出严峻挑战，互联网信息量大和互动性强等特点为大学生偷懒和走捷径创造了条件。互联网上储存着大量信息，大学生借助它可以进行资料查寻、论文写作、交流讨论等经济活动。但是部分大学生缺乏自律，从网络上直接下载文章作为作业交给教师，甚至有的大学生借助网络互动性靠帮别人写论文、做作业赚钱。如何杜绝这种现象已成为教育界头疼不已的问题，这不仅仅意味着某一个学生的堕落，而且意味着学术伦理的沦丧。

互联网的诸多独特优势能够激发大学生的学习热情，他们在网络生活中的学习大多集中在一些操作技能和一些实用学科上面，对于一些基础性的知识却往往会受到大学生的漠视，成为大学生在线学习的薄弱部分。社会上许多大学生计算机操作得非常熟练，然而却写不出漂亮的汉字、流畅的文章，在文章当中错字、病句也随处可见，这一现象不能不让我们担忧。同时，在网络生活中，一些自制力较差的大学生，终日废寝忘食，沉迷其中，他们把上网看得比上课还重要，甚至有的同学对网络游戏痴迷到夜不归宿的程度，这严重影响了他们正常的学习和其他活动。在享受到网络的种种好处时，一些大学生却由于自己自制力不强，处理不好学习与生活、休息的关系，导致最后不能很好地完成各科课程的学习，这对正处于学习基础知识和基本技能的黄金时期的大学生来说是极大的损失。

另一方面，随着社会工业化的不断发展，尤其是以互联网通讯为主要标志的信息产业的极大发展，我国社会对高级管理人才和技术人才的需求量呈逐年上升

趋势。以高级管理人才和技术人才为主的白领阶层，特别是信息技术（IT）人才受到社会上各用人单位的普遍欢迎，他们也以其薪水高、工作环境好等特点而被人们所向往。相反，那些搞基础知识、基本理论研究的人才，由于其研究成果很难在短期内转化为社会生产力，在一定程度上受到了社会的漠视。当代大学生在这一社会现象误导之下，往往大多只重视那些实用性、技术性较强的知识，而忽视对基础知识的学习。目前我国高中毕业生在上大学前选择专业时候，将来就业情况看好的那些专业受到了他们的普遍青睐，如外语、计算机、金融、光电子等专业，而那些将来就业形势不看好的、以基础知识为主的专业却受到一定程度上的冷遇，如哲学、教育学、心理学、理论数学等专业。在当今社会中，即便是学习基础知识相关专业的大学生也往往不热衷于对本专业知识的学习，而大多热衷于各种考证，比如各类外语考试、注会考试、计算机等级考试等。

再者，大学生网络生活是在网络空间内进行的，网络空间是利用现代数字和通讯技术模拟而成的虚拟空间，这种虚拟的网络环境具有智能化、快捷化、多媒体化等特征，网络生活过程所具有的这些特征使学习者能够对客观真实世界中无法观察到的自然现象和事物变化过程感同身受。这些是用传统教育手段无法实现的，大学生在学习过程中会过度依赖外在的科技因素而忽视学习内容本身，这极不利于学生对基础知识的学习，影响学校基础理论教学的有效性，同时也不利于学生抽象思维的培养和形成。

4.在人际交往方面，部分大学生网民产生了新的人际交往障碍

良好的人际关系是大学生心理健康的重要前提和主要标志，和谐的学习和生活氛围有利于推动大学生的健康成长。网络为大学生的人际交往带来便利的同时也给大学生的人际交往埋下了许多隐患。当前网络成为大学生在学习和生活中获取信息的重要工具，随着网络信息的蓬勃发展，大学生的人际交往观也在发生着巨大的变化。大学生之间人际交往单纯度和信任度降低越来越突出，他们在虚拟网络空间中的交往与现实生活中交往的心理落差，使其有可能选择逃离现实社会，而长期沉溺于网络交往之中。所以，网络在改变着大学生交往模式的同时，也对他们的人际交往产生了一些消极影响，主要表现在以下几个方面。

（1）沉溺于网络交往

网络生活空间是一个虚拟世界，参与者完全成为了"隐形人"，相互之间都不知道对方的真实身份，他们都不必担心因泄露个人私密而失面子或者使自身利益受损。正是由于网络生活具有的这种独特优势，大学生能够在网络交往中充分

获得为人处事的满足感，体验到自身价值与终极关怀。这样长此下去，大学生在虚拟世界获得的满足会比现实生活中的更多，于是就会把更多的时间和精力投入到网络交往当中，当他们在现实生活中遇到挫折时便会更加倾向于在网络生活中寻找理想人生，网络的这种特有吸引力使得大学生沉溺于其中不能自拔。目前，在我国青少年当中"网络成瘾"的报道已是屡见不鲜，成为青少年教育当中令人头痛的一种社会现象。这种症状称之为网络心理障碍，患者由于长时间沉溺于网络生活，而出现思维迟钝、情绪低落、自我评价降低等症状，症状严重者有时候甚至会有自杀意念或行为。

（2）现实生活中人际交往受阻

虽然说网络在一定程度上拓展了大学生的交往范围，扩大了他们的精神交往世界，但同时也在一定程度上限制和阻碍了他们在现实世界里的人际交往。由于他们过分依赖在网络世界里交往，许多爱好通过网络来"人—机—人"交流的大学生大都会有这样一种体验：当自己的真实身份不被对方知道时，他们可以和网上的任何一个陌生人侃侃而谈、交往自如，能够充分发挥出自己的人际交际潜力，更能够把自己最真实的思想表达出来。但是在现实生活中，一旦要真正面对在网络中交往的对象时却往往不知所措，有的甚至还会影响双方以后在网上的继续交往。久而久之，他们便会不约而同地回避现实生活中直接的面对面接触。

（3）网络虚拟交往造成大学生情感冷漠

网络世界的虚拟性，可以使人们根据自己的需要任意创造自己喜欢的角色，随意选择自己的交往对象。这种网络交流的任意选择性特点正好与大学生释放感情的心理特征相符。网络交友、聊天、在网络论坛上高谈阔论成了他们宣泄不满、缓解压力的重要方式，而真正在情感上的交流却越来越少，同学之间的感情逐渐疏远。一些大学生还患上了网络依赖症、网络孤独症等。互联网是利用高科技构筑而成的虚拟空间，这个虚拟的空间毕竟不同于真实存在。在网络虚拟空间里，大学生尽管可以体验到许多在现实生活环境中无法体验的感受，但长此以往大学生便会失去许多真情实感。此外，网络生活当中交友的轻而易举也会让许多大学生觉得朋友和友谊似乎是无足轻重的东西，于是他们即使是失去了现有的网友，也不会感到丝毫难过，大学生对于朋友之间的感情明显地冷漠了许多。

总之，大学生群体的人际交往观念受到新时期网络的影响越来越大，阻碍着大学生在现实世界中的交往和联系。

（二）网络对大学生价值观的负面影响

1.在思想道德方面，导致了部分大学生网络道德失范

道德作为调整人们相互关系的行为准则的总和，它以善恶、正义与非正义、诚实与虚伪等道德概念评价人们的行为、调节人们的相互关系，通过舆论和教育影响着人们的心理，初步形成人们的内心信念，并且利用传统习惯和规章制度约束人们的行为。从大学生网络实践来看，在虚拟的网络空间里，传统道德规范失效，伦理道德冲突，网民道德情感冷漠，道德行为失范，网络环境淡化了大学生的道德意识。

需要肯定的是，网络对大学生的新思想、新观念方面发挥着不可替代的作用，这对于提高大学生的自身素质具有重要意义。但是大学生处于价值观、人生观以及世界观的形成时期，并且选择能力和辨别能力较弱，这使大学生在选择伦理观和道德观的过程中容易走入误区，而网络所带来的多元化价值取向也在很大程度上增大了大学生需要面临的难度。另外，网络具有较差的过滤性，不同的思想以及观点都可以在网络中产生碰撞，甚至一些低俗的信息也能够在网络中得到流通，而这些信息在造成信息污染的同时对大学生的思想也产生着误导作用和毒害。存在于网络的诈骗、病毒、虚假信息等网络不道德行为和犯罪行为也会让大学生的安全感降低，并引发防范、恐怖和多疑的心理，使大学生怀疑人际关系的可信度和真实性。

大学生的文化层次以及他们所具有的计算机和网络技术水平都相对较高，这决定了他们在网络社会中享有的主力军地位，他们主导着互联网发展的潮流。但由于互联网具有"虚拟"特征，现实生活中的法律和道德规范在这个全新的社会空间里几乎起不到任何作用，而与网络生活空间相适应的新规则还尚未全面有效建立，导致网络生活中的大学生在思想上会形成错觉，认为网络只不过是个无规则、无道德的空间，他们的网络道德行为规范意识相当淡薄，网络是非观念比较模糊，在现实生活中能够循规蹈矩的人，一旦上了网便处于肆无忌惮的无规则状态，导致大量网络道德失范行为的出现。

网络既为大学生提供丰富且有价值的信息，也产生了与主流的价值观背道而驰的错误思想。因此这种错误信息的影响是不可忽视的重大问题，尤其应重视"西化"思想的消极影响。首先，当前网络中的西方资本主义的一些消极的价值观，如享乐主义、个人主义对大学生的道德意识产生严重影响。大学生正处于身心发展不成熟时期，面对错综复杂的网络文化，容易成为信息的奴隶和受到"西

化"思想的影响，阻碍大学生形成正确的社会道德规范。其次，大学生长期沉溺于网络文化中，容易造成道德情感冷漠。网络文化存在虚拟社区中，如果大学生长期沉溺于网络游戏、网络聊天等网络活动中，将会导致大学生成绩急剧下降和精神萎靡不振等现象，更为严重的是引起精神分裂等心理问题。网络文化使部分大学生陷入孤独、焦虑的困境中，从而使这些大学生渐渐疏远与家人、朋友、同学的关系，引发道德情感的冷漠化趋势。此外网络文化中还充斥着大量的虚假信息，这与现实生活中大学生追求的真诚相矛盾，许多大学生因为网络文化的隐蔽性而多次上当受骗，这容易使大学生产生多疑与恐惧的心理，严重地将引起道德人格障碍。

网络的虚拟性也容易引发部分大学生道德失范的行为。传统社会主要依靠社会舆论、道德规范和法律制度来维护，而"开放的网络文化改变了大学生的生存环境和道德环境，呈现的是少有人干预过问与管理控制的道德监督机制。"新时期大学生作为网络文化的参与者，其身份被数字化，部分大学生由于自身控制力不强和好奇心过盛，逐渐出现道德失范行为，如在网上散布虚假谣言、传播不良信息、骗取他人钱财，甚至危害他人生命等，网络在一定程度上毒害了青年大学生的思想和行为。

失范理论最早由法国社会学家杜尔凯姆提出。所谓网络道德失范，指在网络生活中由于基本道德规范的缺失和不健全等而导致的社会道德调节作用的弱化和失灵，并由此而产生整个网络社会行为层面的混乱无序。大学生网络道德失范行为指的是大学生在网络生活中表现出的一些违法犯罪和违反道德的行为，其性质和程度从网络失德到网络违法乃至犯罪。从综合考查看来，目前大学生网络道德问题主要表现在以下几个方面。

（1）不良的网络文化腐蚀着大学生的思想

网络本身的开放性、多元化特征容易造成大学生的世界观、人生观和价值观发生偏移。网络的开放性带来了网络信息的多元化，不同国家之间的文化、思想道德观念激烈碰撞，特别是西方一些不良文化利用互联网的优势竭力宣扬传播资产阶级的自由、民主、人权等价值观，试图通过网络媒体来影响人们的思想观念。网络文化的这种西方倾向化对长期沉迷于网络生活中的大学生会产生潜移默化的影响。所以，西方社会的一些价值观念和一些消极文化对大学生的思想造成了巨大的冲击。

（2）误把网络生活当作现实

大学生有着较强的好奇心，他们喜欢结交朋友，往往通过网络生活来结交各个地方的朋友。尤其在异性之间，经过长期的交流后，网络的虚幻性就会蒙蔽他们的双眼，在网络中许下山盟海誓，认为这样就能够长相厮守，但人毕竟都是生活在现实里的，不可能在网络中生活一辈子，他们最终还得脱离出网络虚拟的世界。于是他们便会在现实生活中想方设法约见对方，而在真的见面之后往往会觉得对方并不如网络中所表现的那么令自己痴迷，由此造成挫败感，产生心理上的负担。

（3）发表非道德或者非法的网络言论

随着科技发展和社会进步，网络已经成为民意表达的公共平台，网络言论的兴起使网络世界中充满了自由的空气。由于网络本身的开放性、自由性特征，包括大学生在内所有网民都可以通过网络平台来自由地向社会传播信息，可以平等自由地表达自己对社会、对政府以及对具体某一事件的看法，从一定意义上来讲，网络促进了社会民主与法治的进步。但由于网络的开放性和自由性，使得网络言论往往表现出自由散漫、是非难分、真伪难辨等特征。大学生由于社会阅历尚浅，是非分辨能力较差，常常会发表一些非道德的乃至非法的言论，这些言论或者低俗下流、或者恶意中伤，有的侵犯了他人的隐私、有的诋毁他人损害了他人的名誉。这些非道德和非法言论的出现，导致网络环境的混乱和恶化，更使得一部分大学生人格错位、情感冷漠、社会责任意识淡薄，直接影响了大学生的身心健康发展。

另外，大学生网络道德失范还表现在网络偷盗行为、网络欺诈行为、道德责任感薄弱等一些方面。因此，大学生网络道德缺失，已经成为一个不争的事实。如何满足大学生正常的上网需求、提倡积极健康的网络文化、提高大学生的网络生活素质，已经成为加强大学生网络道德的迫切需求和重要任务。

2.网络在一定程度上造成大学生的非理性消费价值观

网络变革大学生的消费方式，同时也滋生了大学生非理性的消费观念。网络促使部分大学生形成将满足物欲作为人生最大的意义，表现在消费过程中的就是盲目性、攀比性和从众性等消费观念。首先，部分大学生在网络的诱导下盲目消费现象突出。盲目型消费又称感性消费；由于网络文化的复杂性，大学生在面对海量网络信息时，常单凭个人的喜好决定是否购买，往往出现冲动型消费。网店利用网络文化的虚拟性大肆宣传产品的功效、价格便宜等，容易使大学生被虚假的外表所迷惑而购买商品，却不考虑商品的质量和实用性，最终导致盲目消费。其次，部分大学生受到西方文化的影响，攀比消费现象严重。攀比消费指的是消费者追求一种"你无我有""你有我优"的消费方式，往往超出消费者的预支能力。传统社会中大学生了解商品途径较单一，仅局限于有限的人际圈中获取关于商品的信息。然而网络却汇聚了来自不同国家商品的信息，这使大学生在浏览的过程中潜移默化地认识并了解不同品牌，从而导致在现实生活中不少同学只买品牌的服装、在购买饮料时向广告看齐等不健康的攀比消费行为。这种消费的欲望与大学生实际的个人支付能力产生冲突，导致大学生常感到沮丧和失落。这样消费的结果是大学生浪费了太多金钱在物质享受上，却忽视了自身精神需求的满足。

最后，部分大学生受到网络文化的影响而表现的从众消费现象较明显。过去，大学生消费主要受父母影响，而如今大学生在网络文化中可认识到许多同龄的朋友，大学生的消费观念更多地受同辈群体的影响，而呈现从众消费的趋势。同辈群体选择什么样的消费，大学生也就作为个人消费行为的重要参照系。如有的同学看到同班同学在网上购买的衣服，自己也跟着效仿。总之，网络在一定程度上容易造成大学生的盲目、攀比、从众等不理性的消费观念，这与我国所倡导的理性消费观相矛盾。从长远看，影响社会和个人的可持续发展。

二、网络文化对大学生管理提出的挑战

（一）网络文化对大学生思想政治教育提出的挑战

网络的发展对现代大学生的思维意识产生影响，也对传统的教育模式产生冲击。传统模式下，教育的主体是教师，教师讲学生听的模式一直沿用至今。但网络时代，教育对象、教育方法、教育环境均发生了新的改变，教育内容也要与时俱进地不断调整，这种情况给抓思想政治教育工作的教师们提出了严峻的挑战。传统意义上的教育模式显然已经无法适应新时代的新要求了。

1.网络文化对高校思想教育工作者提出的挑战

首先，当前我国正处于社会转型时期，在社会大发展和大变革中，经济的多元化和互联网文化多元化对人们的政治思想产生了冲击。从教师来讲，部分教师缺乏实践精神，思想保守，对新的历史条件下，坚持发展马列主义毛泽东思想没有充分的准备思想，不能从建设有中国特色社会主义实际出发，解放思想、实事求是、科学地对待新生事物，也不能正确认识互联网对于社会和高校大学生发展的积极意义。教师是教育的主体，教师的思想首先要正确，才能对学生产生一个好的示范和指导作用。目前相对互联网的崛起，教师队伍的塑造和提升却没有与

时代发展节奏相适应的培训机制，无法将教师的思想意识进行转变。另外，从教师的特殊地位来看，高校思想教育管理者必须树立高尚的共产主义道德，教师只有具备了高尚的道德情操才能为人师表，才能正确地引领学生前进。但是在目前的教育工作中，部分教育工作者为了提高课堂教学成效，刻意迎合学生口味，对于学生的一些非道德行为未能严厉地进行制止。对于一些学生似是而非的道德问题，尤其是学生在网络上的一些行为，教师未能引导和理直气壮地进行批评。

网络时代，教师所面临的挑战和困惑还包括学生个性化的发展。在我国传统教育中，教师一直是一个非常受人尊重且威严的角色，社会赋予了教师崇高的地位和尊严。但是在互联网时代学生的个性得到了释放，个性张扬、性格突出，其实这是一种解放天性的表现，是一种好的现象，但是若不加以引导，教师的传统教学思维若不改变，那么教师的权威和学生的个性就会产生冲突和矛盾，教师的威信将面临挑战。这种挑战表现在，学生对传统教师的讲课模式发生质疑，更愿意接受平等的对话，寻求自我的主体性。

2.网络文化对大学生提出的挑战

网络文化对大学生也提出了相应的挑战。因为大学生是教育的对象，认清教育对象的特点，探索教育对象方方面面的规律一直以来是教育工作者需要做的工作。新时期，大学生品行的异化问题和心理健康问题均呈现出了上升趋势。互联网的快速发展，网络文化的迅速盛行，给人们尤其是大学生带来了强烈的心理冲击，这种心理冲击导致了大学生的思想出现变化，具体来说变化体现在以下几个方面。

①大学生作为互联网的积极参与者，对互联网一般持肯定的态度。当身处互联网世界中，他们对于互联网的各种新鲜事物都是身先士卒，拥有最直接、最快的体验。在日常生活中，他们基本已经形成了每日浏览大量网页，观看大量网络信息的习惯，这些信息包括方方面面，可能既有娱乐八卦也有国际要闻，既有经济教育也有生活美食，从国家大事到家长里短，互联网上的信息应有尽有，每天都充斥在大学生们的视线中。海量的信息资源有一定的益处，在某种程度上拓宽了学生的视野，也有不容忽视的弊端，比如海量的信息造成阅读信息的速度无形中加快，很多信息甚至只是看下标题或者浏览一下摘要就蜻蜓点水地过去了，这种情况造成信息阅读量虽然增大，却无法留下深刻的印象。也没有足够的时间去认真琢磨每条信息背后的内容，对于是非丑恶也缺乏足够的耐心去体会、去琢磨。时间久了，大学生的感触或者认知系统就会变得麻木起来，对于某些一开始

义愤填膺的事件，看得多了也就造成了思维的麻木，难以唤起感情的共鸣。这种现象影响了大学生正确价值观的形成，也造成了大学生思维发展的迟滞。

②虽然大学生是互联网的积极参与人群，但大学生的情感往往处于一种表现过于直接、明显的状态，这是由大学生特定的年龄段的生理特征所决定的。在自我情感的不断调节中，人才会慢慢走向成熟。而这种情感的自我完善与成熟，是建立在真实的人与人之间的关系上的，互联网虽然拓宽了大学生的交流空间，拓宽了人际交往范围，但是这种交流方式却让大学生脱离了实际，让大学生缺乏实践交流的机会。许多现实中不可能实现的情感表达，在网络中可以肆意宣泄，久而久之一些在现实中遭遇挫折的学生，就会选择靠网络来维持自己的情感所需。这种对网络的情感依赖越久，越不利于现实中的人际交往和完善。

③大学生的信仰和信念的建立是高校思想政治教育的一项重要工作。信念是人们的一种信仰，是人们思想品德形成的关键，是道德行为的巨大精神支柱。互联网为人们营造了一个丰富多彩的世界，同时也是光怪陆离的世界，可以说互联网席卷了人们的感官、影响了人们的心灵，同时也冲击着人们的信念。

在互联网中，人人可以扮演自己想要的角色，在网上吐槽心目中想要得到的但现实又无法满足的东西。人们容易抛弃现实中传统的道德约束和规矩，往往认为这是一种真实的表现。比如互联网上曝出的某清纯女星却有着放荡不羁的在公共场合喝酒、抽烟、骂人的行为，在现实中这种行为是为人们所批评的，但是在网上却有一个奇怪的群体反而认为这种道德失范的行为是真性情的表现。这种近乎病态的心理就是长期在网络上浸淫，而忽略了现实中的道德评判标准的一种表现。这种表现会对大学生的信仰产生冲击，会对其道德理念的构建产生影响，甚至对其现实生活的道德生存造成不良影响。信念的动摇，必然会造成行为的失控。行为的失控体现在人们履行思想道德品质原则规范的过程中所表现的意志力和约束力薄弱，大学生所出现的网络症状越多，自我控制力也就变得越差。

3.网络文化对当前思想政治教育内容提出的挑战

大学生思想方向的引领和正确价值取向的把握，与高校所开展的思想教育内容和体系是分不开的。一般而言，高校思想教育内容，包括道德教育、政治教育、健康的人格和心理素质的培养以及正确思想的把握。思想教育的内容一般是根据当前社会形势，和国家的国情而确定的，它是实现我国伟大教育事业和建设事业的基础内容，也是培养我国合格人才的重要保证。

我国传统的大学思想教育主要以"三观"教育，即正确的人生观、道德观、价值观的培养和树立，以及"三德"教育，即塑造良好的社会公德、职业道德、家庭美德作为道德建设的基础内容。相对而言，我国传统的思想政治教育具有静态化的特点，也就是说教育内容相对狭窄，教育形式相对单一。教材以课本为主，内容多为静态内容，以文字和图片为主。教育者一般根据教材设定教育方案，以授课形式进行思想政治教育。网络时代，互联网上面的内容更加立体，许多动态的信息充斥着人们的眼球，多向表达的方式不断刺激着大学生的视野，这就使得许多大学生在还没有完全树立正确的人生观、价值观之前就接收到了许多来自西方资本主义的信息。这种信息对大学生潜移默化的影响非常严重，我国传统的道德观、价值观的教育在琳琅满目的各种腐朽的西方资本主义价值观的冲击下，面临严峻挑战。

传统的思想教育方法，一般采用言传身教的单向教育模式对学生进行教育。最常见的方法就是教师在课堂上教，和学生在课堂上学。网络社会与现实社会不同，网络社会虽然是虚拟的，但却也是客观存在的，可以说是人类生存的第二个社会，它的作用不容忽视。网络中各种信息传播的开放性、自由性和广泛性，决定了教育对象，不再局限于仅从课本上，或是教育者那里获得教育信息。相对于网络，传统的教育具有明显的局限性，教育工作者的教育方法在新时代背景下面临考验。网络社会在呼唤思想政治教育方法的现代化，提高思想教育的科技含量，大胆借鉴和吸收现代科技成果和最新的管理方法，使思想政治教育方法信息化和现代化是网络社会发展的必然要求，也是高校思想政治教育的必然发展趋势。

4.网络文化对思想政治教育的载体提出的挑战

大学生的思想政治教育是教育工作者通过某种形式或手段向教育对象传输符合我国社会发展要求的教育内容的过程。在这个传输知识的过程中，承载教育内容的手段和载体有很多，如学校宣传栏、校刊、校报、板报、学习班、班会、上课等。教育者和教育对象正是借助这些载体完成教育内容，达到教育目的。

大众载体最常见的就是书、报纸、广播、电视节目等，这种传播载体在过去存在影响力高、传播范围广的特点，在长期以来的工作中，高校将大众传播载体已经成功运用到学生教育工作中来，从而产生了校报、校广播、校电视台、校刊等，这是过去教育工作中非常值得肯定的一点。未来工作中，开辟网络载体为教育所用，利用网络的特点、利用网络文化的传播特点，帮助学生树立正确的人生观、价值观和世界观是非常有必要的。

除了大众载体之外，还有一些学校的软文化载体，比如各种活动和兴趣小组、社团等。这种载体由于内容贴近学生，符合学生的兴趣爱好，故而一直受到学生的欢迎。而这些软文化活动的载体在新时代背景下也是需要不断更新和与时俱进的，在活动形式和组织方法上，可以让这些活动与互联网有效结合起来。

（二）网络文化对校园文化建设提出的挑战

1.校园文化的内涵及校园文化建设的意义

（1）校园文化的内涵

校园文化是以学生为主体，以课外文化活动为主要内容，以校园为主要空间，涵盖院校领导、教职工在内，以校园精神为主要特征的一种群体文化。文化代表着一种征服人心的亲和力，文化的繁荣与衰败不仅是一个国家综合国力的重要体现，同时它还代表着一种"软实力"，即征服人心的号召力、亲和力和影响力。教育者有意识地让受教育者顺利地接受教育的途径，除了传统的授课形式外，打造他们生活的环境，让他们在这个环境中行动、思考和感受也是一种方法。而这种针对环境的打造，针对文化氛围的营造就是校园文化建设，最能体现校园文化本质内容的是校园风气或校园精神。而体现这种精神环境和文化气氛的具体内容有校园建筑设计、校园景观、绿化美化这种物化形态的内容，也包括学校的传统、校风、学风、人际关系、集体舆论、心理氛围以及学校的各种规章制度和学校成员在共同活动交往中形成的非明文规定的行为准则。

校园文化系统是整个社会文化系统中的一个子系统，校园文化是社会文化的重要组成部分，二者之间的关系是非常密切的。首先，校园文化与社会文化的范围不同，校园文化主要存在发展于学校之中，是社会文化中的一个分支，而社会文化是普遍存在于社会各领域中的一般文化状况。因此，社会文化的范围要比校园文化宽广得多，二者是整体与部分的关系。其次，校园文化与社会文化是相互影响和制约的。第一，社会是校园文化生存和发展的广阔空间，因此社会文化对校园文化有一定的促进和影响。通过对社会经济、政治条件的改善，社会文化间接地为校园文化的发展提供有利的经济、政治环境，促进校园文化的发展；社会文化中各种各样的富有生命力的思想感情等，也往往直接地为大学生所接受，从而逐渐地丰富了校园的精神风貌。同时，由于社会文化中也夹杂着一些不良倾向，使得良莠不分、真伪难辨，而校园文化又是一个开放的系统，在相互作用的过程中难免不受到冲击。第二，校园文化并不仅仅是社会文化简单的承受体，它对于社会文化同样具有重要的影响。校园文化可以间接地促进社会文化的发展，而且具有多种多样的具体内容和形式；校园文化也可以直接作用于社会文化，为社会文化增添新内容；同时，校园文化又反作用于社会文化，不仅可以在技术、知识等方面影响社会，而且在树立标准、展望理想、坚定信念等方面可以成为社会文化的先导。从这个角度讲，校园文化又成为社会文化发展的一个制约因素。

（2）校园文化的构成

从构成上看，高校校园文化大致可以分为三个层次，即物质层、制度层和精神层。第一是校园物质文化。这是浅层面的校园文化，它指的是人们所创造或使用的、能体现出创造者的自身某种价值或信仰、为人们感官所直接触及的客观存在物。比如校园中的标志性建筑、雕塑，以及校园基础设施等。第二是校园制度文化。这是中层面的校园文化，一个学校如果没有严格的规章制度来约束和规范师生员工的行为，就可能引发学生滋长无政府主义、享乐主义与自由主义的错误思想。第三是校园精神文化。这是深层面的校园文化。精神文化是高校长期创造形成的一种特定的精神环境和文化氛围，它是校园文化的核心和灵魂，从形态上可分为三类：其一是观念型文化，包括思想观念、道德观念、价值观念和审美观念等；其二是智能型文化，它以课程文化为代表，同时包括课外文化；其三是素质型文化，包括学术风气、治学风格、学校的传统和作风等。

（3）校园文化建设的意义

健康的校园文化，可以陶冶学生的情操、启迪学生心智，促进学生的全面发展。良好的校园文化建设要有大视野，校园文化不是存在于学校围墙内的封闭环境，而是一个与时代的文化变迁有着千丝万缕的功能性联系的文化。有效推动校园文化建设，必须用联系的观点、整体的观点和历史的观点来看问题、想工作、做决策。

校园文化是学校本身形成和发展的物质文化和精神文化的总和。由于学校是教育人、培养人的社区，因而校园文化一般取其精神文化之含义。即学校共同成员在学校发展过程中，逐步形成的包括学校最高目标、价值观、校风、传统习惯、行为规范和规章制度在内的精神总和。校园文化对于提高师生员工的凝聚力、培养良好的校风、培育"四有"新人都具有重要的意义。学校没有了千万个朝气蓬勃的学生，无论多么英明的领导团体、多么扎实的硬件设施、多么雄厚的师资队伍都不可能使得一个学校的校园拥有强大的生命力。而特定到校园文化特别是大学校园文化，同样的思路，大学生特有的思想观念、心理素质、价值取向和思维方式等是校园文化的核心，其本质是一种人文环境和文化氛围。在这种由大学生自己为主体营造的人文环境和文化氛围中，有校园特色的人际关系、生活方式以及由大学生参与的报刊、讲座、社团及其他科学文化体育活动,使得大学校园更富有生机和活力。

校园文化活动是自发的,也是自觉的,是受社会生活影响也受自我心灵主宰的,是无处不在的、是充满现代意识的、也是反映大学生复杂心态的;是心灵的自然流露,也是充满创造力的;是受着时代文化潮流影响的,也是苦乐兼备的。

2.校园文化的功能

功能就是系统与外部环境相互联系、相互作用所表现出来的特性和能力。功能是由系统结构和与其相互作用的外部环境所决定的。积极健康的校园文化是一种指导人们行为的潜在动力,它会成为一种组织力量和协调力量,成为领导者和管理者的隐性助力。高校校园文化具有多方面的功能,具体表现在以下几个方面:一是导向与凝聚功能。高校校园文化的导向功能,指的是高校校园文化可以通过自身各种文化要素集中、一致的作用,引导大学生主动接受一定的价值观和行为准则。主要体现在对学校师生整体和个体的价值观及行为取向起引导作用,使之符合学校所确定的目标。高校校园文化的凝聚功能主要体现在巩固现有成员的团结、融合新成员。当校园文化中的一种价值观为学校成员认同后,就会把全体师生员工的思想和力量凝聚在一起,激发他们为共同的发展目标奋发进取的情感,进而内化为一种积极进取、开拓创新的巨大合力,使学校的每一个成员都能感受和认识到自己在校园文化建设中的主体地位。二是激励与规范功能。高校校园文化能够使成员从内心产生一种高昂情绪和发奋进取的精神,形成强烈的使命感。同时,高校校园文化对学生行为具有重要的约束、规范作用,它借助各种文化因素的影响力,根据一定的社会行为方式,将大学生的行为表现规范到学校和社会所期望的轨道上来。三是娱乐调节功能。娱乐是校园生活的重要组成部分,它可以活跃师生生活,调节紧张、单调的工作学习节奏,增添生活的情趣。娱乐的同时也提高了人们的艺术欣赏能力、文化修养和道德情操,寓教于乐是校园文化教育功能的延伸。四是辐射功能。学校作为一个开放的系统,必然要与社会的方方面面产生诸多联系而相互影响和渗透。校园文化一旦形成,不仅对校内产生影响,同时也会以多种形式、多种渠道对社会形成辐射,影响周围地区的文化取向。众所周知,高校的校园文化居于相应地区文化的最高层次,其所形成的思维方式、行为方式、文化模式等在该地区人群中具有一定的引导示范效力。

3.校园文化的特征及现状

高校校园文化属于社会文化的亚文化,有其自身特点。一是多元性与主导性相结合。由于当前经济成分和经济利益多元化导致的社会文化多元化，同时还由于各院校校园文化主体的价值取向、文化修养、知识结构、志趣追求的差异，使得高校校园文化呈现出多元性。但是，不管校园文化在形式和内容上如何具有多元性，我国高校的性质以及根本任务决定了校园文化必须具有主导性，即要培养社会主义事业的建设者和接班人，要树立集体主义价值观，要培育爱国主义高尚情操。二是科学性与思想性相结合。高校科学和学术氛围浓厚，校园文化本身就极富知识与智慧，有较强的科学性。同时，校园文化精神境界较高、具有较强的思想性。三是稳定性与可塑性相结合。校园文化作为学校精神、传统、作风的综合体现，必然带有这所学校特定条件下的历史积淀，使其具有一定的稳定性。同时，它要受高校培养目标和教育职能的支配，因此具有一定的可塑性。四是独立性与开放性相结合。校园文化以其特定的创造环境、创造主体、创造途径以及创造成果，形成了区别于社会文化和其他亚文化的独立的体系。同时，校园文化不是"经院文化"，它不可能脱离社会和社会文化孤立地生存与发展。

新的时期，我国高等教育事业正蓬勃兴起，随着高等教育各项改革的深入，高校校园文化也呈现出了四大转型趋势。一是由精英文化向大众文化转变，这是高等教育发展规模扩大所引起的结果。二是由教育娱乐向传播、审美与创造三位一体发展。21世纪，政治、经济和科学的发展对人才的基本素质，特别是文化素质提出了更高的要求，人才需要是综合素质高、动手能力强、文化内涵深的创新群体。而有着熏陶作用的校园文化，在素质教育方面更有着天然的优势。校园文化不仅可以营造一种文明、健康、高品位的文化精神氛围，而且可以通过一系列知识性的文化活动，向学生传播更广泛的文化信息。高品质的文化娱乐活动将提高大学生的审美情趣和高尚情操，对大学生的科学感受力、文化领悟力产生不可替代的作用，从而提高大学生的创造力。因此新时期的高校校园文化将进一步充实和完善其内核，形成"传播、审美、创造"三位一体的崭新模式。三是由封闭型的"塔内文化"向开放型的"市场文化"转变。我国高校在长期计划经济体制下形成的办学模式、教育体制已远远适应不了社会主义市场经济的发展，封闭的校园文化务必要快速与开放的社会文化衔接。四是校园文化的传播方式集中表现为网络文化。

网络文化通常指网络中以文字、声音、图像等形态表现出来的精神性的文化成果，主要包括各种网络新闻、动漫、网络视频、网络音乐、网络文学以及网络论坛等等。高校师生皆为"网上一族"，网络普遍进入办公室、家庭、宿舍、教室、实验室，他们通过网络进行工作、学习、娱乐、消费、求职、交友，为更新校园生活方式提供了物质基础和精神动力,形成其独特的校园网络文化。

4.网络文化对高校校园文化建设的挑战

网络文化是对传统文化形式的虚拟和延伸,网络文化的传播突破了传统文化传播在时间和空间上的限制,传播的速度、深度和广度都大大扩展。毋庸置疑,任何一种文化形式都是根植于特定的经济、社会、政治、文化、生态等大背景之下的,是对特定社会形态的微观投影,具有其特定的时代特征、民族风格和地域特色。高校校园文化是以优秀传统文化为内核、以青年学生为主体、以高校校园为依托,在长期发展中积淀下来的价值观念、行为模式、规范准则和物质基础的总和。从文化学角度来看,文化接触是影响固有文化模式的重要元素,其具体表现为三种形式,即人员的接触、物质的接触和信息的接触。在新时期的网络环境下,这三种接触形式都变得更加深刻也更为具体,人与人之间、人与物之间的接触更为容易,信息的交流日益频繁,因此,网络化的趋势必然也会对校园文化建设的各个方面产生重大影响,对高校文化建设部门提出巨大挑战。

(1) 大学精神受到了挑战

"大学精神"是校园文化的精髓,是校园文化发展的根本动力。"大学精神"是大学自身存在和发展中形成的具有独特气质的精神形式和文明成果,它是科学精神的时代标志和具体凝聚,是整个人类社会文明的高级形式。建设"大学精神"不仅是高等教育自身发展的需要,同时也是社会进步的需要。永恒的道德精神"是"大学精神"的本质,是校园文化不同于其他文化形式的关键因素。这种道德精神建立在社会道德的基础之上,与高校的理性精神相互渗透,如春雨一般"润物细无声"地培育着校园文化、影响着社会发展。正是因为高校一直处在道德"永恒"的文化氛围之中,才创造出至高无上的"大学精神"。

然而,在数字技术与网络技术飞速发展的环境下,网络为人们开辟出一个崭新的道德空间。网络空间"无中心"的设计及其虚拟性、匿名性、平等性的运作方式为后现代主义的道德相对论提供了最适宜的土壤。高校道德精神的永恒性对学生群体行为选择的监督作用、规范效力及其所起到的精神支撑等作用正在日趋弱化。互联网建立的公开平台和互联网用户个人行为的隐秘性共同构成了一个复杂而矛盾的场景。在这个没有"熟人"的虚拟交流的网络社会中,学生可以不受其他人的约束,"想怎么样就怎么样",回归到弗洛伊德人格理论中的"本我"状态,最终使得高校中"永恒的道德精神"弱化乃至消解。在网络社会中,学生以虚拟的不固定的身份,通过多种间接手段如QQ、微信、网络论坛、电子邮件等，与假定对象进行虚拟互动，不需要承担任何责任和义务。聊天内容的真实性，信息传递的可靠性等都逐步被人们忽视，这使得高校的道德约束越来越单薄，网络信用危机一波未平、一波又起。同时，网络空间的虚拟性、网络用户身份的不确定性等都为人们构建起一个所谓的"言论自由、行为自主"的"完全自由自在"的世界，聊天话语和言论发表中充斥着很多肮脏的内容，形形色色的垃圾信息及邮件泛滥成灾，网络犯罪行为更是屡禁不止。

（2）高校的校园行为文化发生异化

行为文化反映了特定环境中人们的精神状态。丰富多彩、充满魅力的校园文化活动以动态的形式展现了校园文化的精神风貌，也扩展并丰富了校园文化的内涵。校园行为文化就像一只"无形的手"，拉近了师生之间以及学生之间在精神上和空间上的距离，加强了个体对于集体的依赖感和归属感，有利于集体主义价值取向的确立。学生在参与校园文化活动的过程中，可以培养起对生活、对学习积极主动的态度，可以进一步加强专业素养和人文修养。与现实世界相比，网络世界可谓包罗万象，很多在现实世界无可触及的信息在网络上都唾手可得，网络小组、网络论坛、电子邮局、娱乐频道、个人主页等共同为大学生构建起一个崭新的行为空间。网络的超时间性、超空间性以及受众群体百分之百的主体选择性，必然会引起人们行为方式的重大变革。在网络浪潮中，高校的行为模式发生了深刻变化，"三点一线"的生活规律受到了触动，参与校园文化活动的休闲娱乐方式也发生了变化。一方面，一种无内涵的、无深度的表面化、虚拟化和平面化特征冲击着校园文化交流的主流方式。网络的跨地域性、即时性特征在为学生提供了有效交流方式的同时，也在无形之中形成了一道隔离人与人之间最基本情感交流的屏障，出现了人情淡薄、人际疏离的迹象；另一方面，由于长期沉溺于网络世界，学生热衷于对个人心理的休戚与宣泄，淡化了对群体利益和生命意义的关怀，身心都游离于校园文化活动之外，减少了对校园文化的关注。长此以往，有些学生就会出现心理自锁、自我至上、群体意识薄弱的情况。学校教育的本质是进行文化传播，使学生通过文化价值的摄入，获得对人生意蕴的全面理解，继而养成良好的品格和个性。良好的校园行为文化是和谐的人际关系和高层次的文化活动的融合，对校园文化的传播具有推动和调适的作用，能够促进学生在人际交往和参与校园文化活动的过程中自然而然地接受校园文化的熏陶。网络对高校学生的负面作用，直接关系着大学生的心理健康水平，影响着大学生的群体归属和对校园文化建设的趋同程度，深刻影响着校园文化建设的内容和质量。

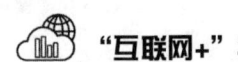

（3）校园文化的物质和制度层次变得模糊

与行为文化一样，携带着校园变迁、蕴含着校园文化价值的物质文化，和在长期教学实践中形成的制度文化，都是校园文化不可或缺的重要载体。物质文化是校园文化存在的物质基础和前提，而制度文化的规定性则为学生提供了规范的行为模式，为校园中的正常生活、学习、研究等诸多方面提供了有力保障。网络技术的发展对校园文化产生了深刻影响，也逐渐侵蚀着校园文化物质基础和制度规范。在物质层面上，随着3D技术和多媒体技术的进一步发展和利用，网络不断描绘出引人入胜的虚拟现实，对这种技术的过度迷恋必将在一定程度上削弱学生对校园的感知和关怀。另外，由专家模块、教师模块、学生模块、界面模块共同构建出的"虚拟高校"也促进了知识共享，同时也模糊了虚拟与现实之间的界限。正是在这两个因素的影响下，校园在一些学生眼中变成了冷冰冰的存在，弱化了校园的物质现实性及其所体现的文化价值，淹没了校园的人文氛围。在制度层面上，网络的信息架构和创新对现有制度规范进行了全面渗透，现有的制度必然要有所改变以适应网络化和信息化的时代要求。制度的规定性只是制度文化的表层体现，其深层意义是人与制度的结合情况，即制度的运作情况。虽然网络也有其内在规定性和所谓的"游戏规则"，但是在开放共享、超越时空的网络空间内，以及虚拟交互的操作模式下，网络制度又具有明显的无秩序性和不确定性，对高校学生的规范效果微不足道。习惯了无拘无束的网络生活的高校学生，自然会对校园规章制度心生抵触，模糊了校园制度的规定性，导致各种违规行为（如在上课时间上网、通宵上网）屡见不鲜，在一定程度上冲击了校园制度文化建设。虽然网络趋势对校园的物质层面和制度层面的影响还不甚明显，但从校园文化和高校发展的角度来看，我们必须防微杜渐、防患于未然。

总体而言，网络文化的发展越来越多元化，这使得高校在发展过程中积淀下来的固有校园文化受到了强烈冲击。网络文化与系统的校园文化不同，在产生和发展过程存在许多不确定因素，人们处于更加开放的网络环境中时，就不再有权威引导其关注和选择，任何人、任何机构都可以发表自己的想法，自由地表达自己对某个观点的认同或反对，校园文化自身的文化价值就会在这种无序的状态下遭到极大挑战。在校园文化树立道德观念的层面上，网络文化也产生了一定的负面影响，开放性是网络文化的最大特点，它把未经筛选的信息传递到校园内，学生在选择信息时掌握了绝对主动权，满足了追求个性与自由的心理。高校长期处于网络文化环境中，难免会把虚拟网络世界中的极端想法向实际生活转化，把自我定义为人际交往的中心，可能会出现个人主义与利己主义思想，并对传统文化的道德思想进行消解。网络对于促进大学生养成良好的心理素质方面也是一种阻碍。校园文化的一个重要组成部分是社会心理，它对学生与他人沟通的精神状态有一定的影响。如果精神健康、和谐，营造的校园文化气氛就是积极向上的，有利于塑造高尚的学生人格。但是，如果缺乏有效的网络监管，一些学生就会沉迷于虚拟的网络世界并产生网瘾，逐步衍生出诸多心理问题，在现实生活中正常工作、学习的能力遭到削弱，与他人合作的能力降低，从根本上违背了所谓"人"的群居性本质，不利于学生的健康发展。

当然，网络文化对高校校园文化建设的积极影响也是不容忽视的。校园文化在网络的影响下内容更加丰富。作为一种开放的文化，网络文化可以传播各种形态的文化，信息资源畅通无阻，并为人们提供了自由表达思想的空间。目前，校园文化的一个崭新理念就在于追求人的个性化和多样化发展，实现人文精神和科学精神的统一。校园文化在各种思想交流的过程中迸发出绚丽的火花，使学生的视野更加广阔，能够运用多种思维模式和开放观念去认知与理解社会，不断扩大高校的校园文化。校园文化由于网络的介入而具备了更大的影响力，文化的传播路径在很大程度上决定了这种文化形式可以产生的影响力，过去的校园文化在沟通方式上比较封闭，而网络技术则从根本上打破了这一特性。目前，以往的经验交流会已被网络社区所取代，各种海报被BBS所取代，校园中的"有形"文化逐渐减少，网络中生动活跃的"隐形"文化发展迅速，把大学生的观点传播到广泛的社会群体中。此外，网络文化也可以帮助大学生形成主体意识。构成高校特色的群体之一就是校园文化的创造主体，在校学生是最主要的因素，他们的思维方式、价值观念等都对高校校园文化在未来能否和谐发展具有直接影响。因此，在校园文化的建设过程中必须加强对学生的指导，利用网络文化培养学生的思路，鼓励他们勇于表达思想、加强主体意识。

第二节 "互联网+"视域下大学生核心素养培养面临的机遇

一、"互联网+"信息素养教育的深入发展

（一）信息素养的内涵与信息素养系统

1. 信息素养的内涵

信息素养包含了技术和人文两个层面的意义：从技术层面来讲，信息素养反映的是人们利用信息的意识和能力；从人文层面来讲，信息素养反映了人们面对信息的心理状态，或者说面对信息的修养。

信息技术的发展已使经济非物质化，世界经济正转向信息化非物质化时代，正加速向信息化迈进，人类已进入信息时代。21世纪是高科技时代、航天时代、基因生物工程时代、纳米时代、经济全球化时代，等等，但不管怎么称呼，21世纪的一切事业、工程都离不开信息，从这个意义来说，称21世纪是信息时代更为确切。

在信息社会中，物质世界正隐退到信息世界的背后，各类信息组成人类的基本生存环境，影响着芸芸众生的日常生活方式，因而构成了人们日常经验的重要组成部分。虽然信息素养在不同层次的人身上体现的侧重面不一样，但概括起来，它主要具有五大特征：

①捕捉信息的敏锐性。
②筛选信息的果断性。
③评估信息的准确性。
④交流信息的自如性。
⑤应用信息的独创性。

（1）信息素养与终身学习

信息素养作为21世纪个人重要的能力素质，为个人终身学习、在信息社会更好地生存和发展提供了重要的基础。

2003年9月，联合国召开信息素养专家会议，会上发表了著名的《布拉格宣

言》。宣言指出,信息素养是人们有效参与信息社会的一个先决条件是终身学习的一种基本人权。具备信息素养的人,才能适应信息社会的需要,也只有接受过良好信息素质教育的人,才能在信息社会中表现出极大的潜力和创造力,在社会竞争中处于优势。

信息素养是一种信息能力,信息技术是它的一种工具。面向21世纪的大学生,应当学会如何识别所需要的信息,利用检索工具,获取有用的知识信息。信息素养已然成为大学生应当具备的一种基本素养。

信息素养是自我学习、终身学习的必备能力,也是创建学习型社会的重要条件。据不完全统计,一个人在学校接受的教育,学到的知识只占其一生所需知识的10%左右,而其余90%多的知识是在今后的工作和生活中通过不断学习而获得的。现如今,在知识爆炸的信息社会中,不断的更新知识已经成为人们终身学习的必然过程。

一个人只有不断地学习和更新知识,才能在未来的工作和生活中立于不败之地。当然,学习除了在学校接受教育外,更重要的是学会自我学习。通常情况下,具有信息素养的人能够按照自己的特定需求,寻找事实真相,寻求知识真谛,不断找寻解决问题的方法,善于钻研,勤于思考,经过评价和分析,得出自己的见解和观点,在这个过程中,一方面为自己积累了终身学习的经验和能力,同时也激发了灵感,创造了激情,在社会群体中找到自己的定位,实现人生的价值。

为培养具有信息素养的合格公民,需要改进和完善现行的教育体制,以适应信息素养能力的培养,为终身学习打下良好的基础,而学校教育正是实现终身教育的基础。我国现行的应试教育模式,带有比较明显的知识预包装的特点,极具功利色彩,唯"分数论",特别是基础教育阶段,学校不太注重培养学生的批判性思维和解决问题的能力。学生往往从教师那里和课本上被动地接受知识,而不会用学到的知识去解决实际的困难和问题。学生往往是在预先设定好的有限的信息环境中去练习解决问题,这样的练习和现实世界的解决方式存在很大差异。现实世界的困难和问题会基于多种信息和资源解决,可以用不同的解决方案和多种解决途径。

"授人以鱼不如授人以渔",方法比知识要重要。学习本身不应该是被动的、被分割的,而应该是积极、主动的、整合的过程。学校的行政管理者和教师也已经开始认识到预设好的知识、课本资料和测验并不能让学生建立起积极主动的、有质量的学习行为。国外高等教育中有研究显示:学生在几个月内已经忘记了50%左右的课堂学习内容，无法记忆和保留教师教授的大部分知识和信息。由于信息更新周期的迅速缩短，即使是学生记住了50%的信息，在今后的工作中有多少可以利用上，也是很难保证的。因此说，学校教育要教给学生知识，更要教会学生终身学习的能力，终身学习的能力才是受益终身的法宝，才能让学生应对任何学习过程、任何实际需求的信息查找、信息评价和使用。学习过程可以重新组织，可以基于生活中学习和解决问题可获得的信息资源来设计，帮助学生建立终身利用信息资源学习的习惯。这样的学习过程注重的是信息素养能力的培养，应该积极地纳入教育体系当中来。

21世纪是知识经济时代，是全球信息化时代，科技进步和经济发展必将越来越依赖信息技术、信息资源和信息产业的发展。如何快速有效地获取信息是当代公民必备的信息素养能力。美国学者彼得·圣吉在其《第五项修炼》一书中就曾断言："在未来，信息素质是你所拥有的唯一持久的竞争优势，或许是具备比你的竞争对手学习得更快的能力。"

（2）信息素养与科技创新

科技创新是一个国家和民族在国际竞争中凸显优势的重要途径，也是一个国家可持续发展的基石。当前高科技产业的国际竞争战线已进一步前移，创新频率大大加快。从最终的产品竞争转为研究方向的选择与速度之争，谁能快速、全面、准确地掌握科研领域最前沿的发展动态，迅速寻找到研究空白点和开发新的领域，谁就有可能占领经济格局中的"制高点"。因此，进一步提高学术机构的科研人员、高等院校师生、管理部门人员的信息素养能力，成为当前重中之重的任务。

"科技创新""科教兴国"战略不应该只成为一句口号，而应该成为推动社会前进的重要动力和重要因素。科技创新离不开信息，科研人员必须全面、系统、准确地掌握本领域的相关信息。但是在信息资源激增的情况下，科研人员面临庞大的信息选择难题，信息质量的不确定性和数量的膨胀对科研人员认识和评价信息，快速找到有用的信息提出了挑战。如果不具备良好的信息素养能力，即使拥有大量丰富的信息，也不一定能产生思辨能力和创新意识。

信息意识是科技人员创新必备的信息素养能力，没有信息意识，就没有科技创新。信息意识就是对信息的敏感度，在遇到问题时会想到利用信息进行判断、分析和决策。科技发展具有连续性、继承性的特点，科技创新是在总结前人研究的基础上，借鉴别人的成功经验，吸取前人研究成功的精华，通过学习、继承、判断、分析、总结等创新思维活动，经过反复研究实验，才得出真知灼见的创新成果。

科学研究是一项积累性、探索性、创造性的工作，从科研的选题、准备，到研究、总结，都离不开科研信息的采集、分析和利用。科研信息不仅构成了科学研究的基本要素，而且是保证科研工作有效性的必要前提。据美国科研基金委员会的统计，一位科研人员花费在查找资料和消化吸收科技资料上的时间需占全部科研时间的50.9%，计划思考占7.7%，实验研究占32.1%，科研总结占9.3%。由此可见，查阅文献资料在科学研究中占很大比重。

为了避免科研工作的重复浪费，科研人员必须及时掌握科技发展的前沿动态和科技新成果，这样才能保证科研工作的前瞻性和创新性。

科技创新的关键是能从大量纷繁复杂的信息中提取有价值的东西，经过深入挖掘分析，能在司空见惯的表面现象中发现深刻的思想内涵，预见创新成果。这种超前预见能力是由敏锐的信息意识引发的，是知识创新的内在动力，更是信息素养能力。

为了培养更多的科技创新人才，信息素养能力的教育不容忽视，要着重培养他们的选择与分析能力，掌握信息分析研究的方法，能从众多修改的信息中提取有用的信息，去粗取精，去伪存真，提炼出有科学价值的创新信息。

在科技创新的同时要尊重知识产权，遵循国家的法律法规，合理使用知识、信息和技术，在创新研究的过程中明示对他人成果的引用、借鉴与参考，避免将他人成果据为己有的行为；对已有的创新成果也要有保护意识，可以通过法律手段对创新成果进行知识产权保护，这对于个人和国家的创新能力具有直接的影响。

（3）信息素养与阅读文化

①阅读是人类对信息需求的表现，阅读文化是一种信息审美文化。信息社会对阅读文化的巨大挑战是阅读端口的变化。传统的阅读端口以纸质为主，虽然信息技术行业兴起后，电子化已悄然引起了阅读方式的革命，但是随着云端模式的出现与普及，阅读端口将变得更加多元化。一方面，云计算保证了海量信息的获取、保存与有效处理；另一方面，阅读应用端口的多样化与普及，使读者的阅读已不受时空的限制。更深一层的挑战来自学习方式的改变，这就使碎片化的学习将由一种时尚变为普遍接受的学习方式。"屏代"终将成为时代的主流，海量信息下的碎片化学习会影响接受者的心智，从而最终使碎片化学习成为获取知识的另一种方式。这也形成了信息社会对阅读文化的巨大冲击。

面对网络阅读文化的变革和教育信息资源的繁杂，阅读与学习、阅读文化与终身教育面临极大挑战，那就是要寻求一种面向全体公民的教育目标或能力修养来重构阅读文化，这就是信息素养。

②信息素养可以重建阅读文化。阅读文化是一种文化视阈，它对个体、民族、国家乃至全球都是一种视域，这种视域是以信息为基础的。当今时代，青少年正沉浸于网络的阅读世界和阅读海洋中，重提阅读文化的重要性，可以引起人们对信息素养的极大关注，信息素养是提升公民阅读境界的最佳选择。因为阅读文化的困境源于信息素养的不足，较高的信息素养必然打造较好的阅读氛围，因而可以扭转整个社会阅读文化的尴尬境遇。

③阅读是阅读文化的基础。没有阅读，谈不上阅读文化。阅读是读者通过一定的媒介对特定的信息进行识别、理解、记忆以及审美的过程。现代的阅读"不只是文字的阅读，而是一种多介质（图片、声音、图像、网络等）的阅读"。但阅读归根结底是对依存于介质上的信息的解读，这就涉及阅读方式和阅读能力，不论是阅读能力还是阅读方式，都是与个人的信息素养息息相关的。信息素养及其各要素的养成都不能脱离阅读文化，阅读文化是信息素养教育的必经途径。图书馆是提供阅读的文化殿堂。对图书馆而言，"每一次技术的变革都将服务推向更人性化、更方便的快捷之路，给全民阅读带来了阅读方式的诸多革新，使得图书馆不断革新服务方式，图书馆多元化服务的顺利开展终将依赖馆读双方信息素养的同步提高，馆读双方将建立起更为平等的和谐关系"，阅读文化与信息素养之间具有很强的互动性。

④阅读是信息需求的过程，阅读文化是信息素养的基础。一定的阅读文化制约和产生相应的信息素养：阅读文化直接作用于信息素养的各个要素，各个要素的形成和发展离不开阅读文化。就信息文化而言，阅读文化与信息素养有一个重要的沟通桥梁，那就是信息美学。阅读文化就是发现信息美学、体验信息美学的过程。因此，开展全民阅读活动是提升信息素养的重要途径。

⑤信息素养与阅读文化相辅相成、相互促进。信息素养的提升又是从改善阅读开始的，信息素养不但提高阅读的效率，而且能够提高阅读的层次与品位，并达到对阅读文化的深层次理解与应用。信息素养的诸要素之间的关系都对阅读文化产生直接的影响，因为信息素养是"一种理解、发现、评估和利用信息的认知能力"。所以说，信息素养是提升阅读文化、推进终身教育的必备能力。一个没有信息素养或者信息素养不足的人是难以适应信息化社会的需要的，信息素养是改善阅读文化、提升阅读文化、推动阅读文化科学发展的最佳选择。

⑥阅读文化是提升信息素养的先决条件。也可以说，阅读是提升信息素养的

必经之路。改善阅读习惯、阅读方式与阅读内容等阅读文化,就从提升信息素养开始,当代大学生的信息素养,不仅影响着他们在校期间的阅读行为,更影响着他们的终身继续教育以及今后工作的能力和业绩。

2.信息素养系统

在信息社会中,信息获取、信息判断、信息利用、信息伦理与道德、信息开发与创造已经成为人们共同判定的一种信息素养能力。信息素养不是一个单纯的概念,而是具有多层次、多维度的综合概念。它包含信息能力、信息意识、信息创造、信息伦理、信息评价等诸多方面。从层次上可分为技术层面、知识层面、意识层面。从结构上分为信息能力、信息知识、信息情感态度和价值观。

(1)信息能力

所谓信息能力,即获取信息、处理信息、利用信息和创造信息的能力,是一种了解和获取信息的过程。信息能力是当今社会人类生存的最基本能力,深刻地影响着人们的生活、工作和学习的方方面面,是个人寻找职业、融入社会的一个决定性因素。信息能力包括信息获取能力、信息加工和处理能力、信息技术的利用能力。

高等院校的大学生要学会在海量无序的信息中提炼出对自己有价值的信息,并能够依据自己掌握的信息技术和信息工具来获取、处理和使用信息的能力。信息能力是大学生从事研究工作或终身学习的基础,也是未来社会生活必备的基本能力。

大学生的信息素养能力包括信息技术的使用能力、信息获取能力、信息处理能力及信息表达能力等。

①信息技术的使用能力。信息技术的使用能力是信息素养能力的基础。能否使用信息系统是最基本的要求,具体包括以下几项能力:

会不会安装与启动信息系统工作;

能否准确无误地操作信息系统;

能否进行信息系统的日常维护和保养;

当出现故障和问题时,能否判断与估计故障的原因,能不能进行必要的处理;

能否根据工作需要选择合适的软件系统,并准确熟练地使用;

能否使用一些软件开发工作等。

②信息获取能力。使用信息技术的目的是从海量的信息中获取对自己有用的

信息，因此信息获取能力是信息素养能力中最重要的因素，它主要包括以下几个方面的能力：

信息资源的查找能力

信息资源的收集能力；

信息资源的理解能力

信息资源的评价能力

信息资源的选择能力。

③信息处理能力。人们要把获取来的信息进行加工处理才能为我所用。因此必须具备一定的信息处理能力，才能把得到的碎片化信息和未经加工的数据真正利用起来。信息处理能力跟统计分析以及程序设计能力有着千丝万缕的关系，它涉及的范围非常广泛，具体包括以下几个方面的能力：

信息分类能力；

信息统计分析能力；

信息重组能力；

信息编辑加工能力；

信息存取能力。

④信息表达能力。人的一个十分重要的作用就是作为信息的生产者和传播者，因此信息表达能力才凸显出来。具体体现为以下几项：

信息生成能力；

信息表达能力；

信息报告能力。

（2）信息意识

所谓信息意识，是人们利用信息系统获取所需信息的内在动因，具体表现为对信息的敏感性、选择能力和消化吸收能力，从而判断该信息是否能为自己或某一团体所利用，是否能解决现实生活实践中某一特定问题等一系列的思维过程。信息意识含有信息认知、信息情感和信息行为倾向三个层面。同时，信息价值的判断力、持久的注意力和敏锐的洞察力在某个时刻也是事业成功的关键。一个具有强烈信息意识的人，对信息的敏感性，除了对信息的持久注意心理倾向外，更重要的是对信息价值的判断力和洞察力，面对浩繁、无序的信息，要能够去粗取精，去伪存真，进行识别，并作出正确的判断和选择。信息素养的核心内容包括信息意识和信息能力。

①敏锐的观察力。对信息的敏锐观察力指的是人们面对所需要的信息表现出

来的敏锐程度，主要表现为反应力（或应变能力）和行为倾向性。

信息反应力指的是在获取信息、利用信息时人们的心理反应。当需要信息的愿望越强烈，信息意识就越明确，能动性、自觉性也就越大，就会主动去观察相关信息源，从而获取自己所需要的信息；信息行为倾向是人们在处理信息、利用信息时的实际效果；也可以是人们在整合信息、创造信息时的知识水平和创新能力；它需要平时的积累和慢慢养成、自主的学习和提高，特别是要进行各种预案的思考和策划，因为应变能力是反映信息敏锐的观察力的重要体现。应变能力既有先天的因素，也有后天的培养。信息的应变能力是有差别的。如不同气质类型的人，每个人化解危机的反应不尽相同；多血质气质类型的人就比黏液质的人化解危机的能力要高些，这是与生俱来的、先天的因素造成的。当然也可以通过后天的培养来获得。比如，通过学习掌握了必要的知识，武装了头脑，在生活实践中积累了丰富的经验，在化解危机时就会从容许多。应变能力是具有可塑性的，可以通过相关训练来提高和加强。

②价值的判断力。判断力是人们对人、对事物、对概念、对信息、对知识、对现象、对本质、对问题等，在感知、判断、记忆、想象、警觉、预判、推断的基础上做出判别、决断、选择并给出结论的能力。判断力是一个综合能力，是诸多能力的结合，它体现出一个人长期积累形成的习惯性的常识判断、应急判断、超常判断等。

判断力这种结构能力，要求人类面对问题作出判断时既要有理性，又要有灵活性；既要积累，又要不断培养。判断力的要素包括以下几个方面：

第一，知识积累、信息综合；

第二，感知能力、专注能力；

第三，推理能力、估测能力；

第四，冷静思考、自我约束。

信息的判断力指人们对信息的真、善、美作出适当、科学、合理的判断能力：信息的真包括真实、正确、科学的判断；信息的善包括价值、意义、善恶的判断；信息的美包括适当、有意蕴、和谐的判断；在日常工作和学习中，积极培养出这些特质，人就能够获得高度敏锐的悟性和实用的判断力，就能够洞悉事物的本质，并以恰当的方式处理问题。

③持久的关注力。信息的关注力指的是人们对信息深层次的观察能力以及关注程度，包括信息背后隐藏的信息内涵，主要涉及对信息的判断力、对信息解读的准确性、对信息判断的前瞻性。透过现象看本质，通过对信息的持久关注，能

够深入看穿信息表面而进入其深层或底层的穿透能力，是信息意识的高级阶段，是信息素养能力的体现。

信息的关注力与人们对信息对象的认知、情感和行为的动机关系十分密切。一般来说，人们对信息对象认知得越清楚，关注力就越强，对信息对象的本质看得越透彻；人们对信息对象的情感越深，对其内涵关注的结果就越丰富；人们对信息对象的行为动机越明确，信息关注的过程就越简捷。

信息关注力是一种包含了认知、分析、判断、评估、预测等的综合能力；这种以判断力为特质的信息能力是人类面对事物、问题、现象等所做出的合理判断。对信息价值的判断力和关注力，对解决问题、消除难题、完成工作、推动事业的发展至关重要；一个具有强烈信息意识的人，必然对信息有着敏感的、持久的关注力，有着对信息的心理倾向性，更有着对信息价值的判断力和关注力。在信息社会，面对繁杂的信息，人们必须学会去粗取精，去伪存真，善于识别，并正确做出选择和判断；做大事、做成事，会做事、做好事，其中蕴含着丰富的、科学的信息关注力，事业的成功时常伴随着人类精湛的关注力和准确的判断力，信息关注力符合省力美学的价值判断，可以减少不必要的无用功，把各种有效资源和力量发挥到极致，富有艺术效果。

（3）信息创造

信息创造是信息素养的能动要素。信息创造是人们获取信息、整合信息、吸收和利用信息、创造新知识的过程。信息创造和一个人的知识积累、创新意识、创造才能密不可分，同时也是信息素养高低的重要体现。

创新是创造的动力，创新是人类对已有事物、观念和方法的开拓和改进而进行的能动的反映。是人类对于陈旧事物的打破和再造；创新在于发现和发现后的思考及行动。

方法创新是信息创造的基础，思维创新是信息创造的前提。创新需要发现、需要思考、需要培养，也需要条件。有学者归纳影响哲学社会科学方法创新的因素可分为主体因素、保障因素、动力因素三类。这三种因素同样可以作为方法创新举措的三个维度，即提升创新主体的创新意识和主观能动性，加强创新环境优化及创新团队建设，加大创新基金投入和激励机制创新。

（4）信息伦理

信息伦理是"涉及信息开发、信息创造、信息传播、信息免疫、信息管理以及信息利用等方面的伦理要求、伦理准则、伦理规约，以及在此基础上形成的新型的伦理关系"；"信息伦理又称信息道德，它是调整人们之间以及个人与社会之间信息关系的行为规范的总和"。这两个定义分别强调了信息伦理是信息活动中的新型伦理关系和等同于信息道德的信息行为规范。

信息伦理是信息素养中不可或缺的要素之一。特别是随着网络的普及，信息伦理越来越受到重视，它约束着人们在获取、利用和传播信息的过程中的行为规范。信息伦理包括信息道德，它左右着信息素养的发展方向。主要内容包括信息交流与社会整体目标的协调一致；遵循信息法律法规，抵制违法发布、利用信息的行为，尊重他人的知识产权，正确处理信息开发、传播、使用三者之间的关系等。例如，人们在日常的学习和工作中遇到的信息引用、咨询、复制等知识产权问题以及出版发行教学出版物所应承担的权利与义务问题，网络信息规范化管理与应用问题等，这些都需要人们具有规范化管理的信息道德意识。

信息伦理还包括信息免疫力，尤其是在网络环境下，不同类型的读者对信息要有免疫和抵制的能力，能够积极慎独，不能沉迷于消极的垃圾信息陷阱中，要用积极的心态、理智的头脑、长远的目光来驾驭自我，健康向上地利用互联网信息，高效科学地消费信息，开拓创新地创造信息，理智地传播信息。

（二）信息素养教育

1.信息素养教育的必要性

在21世纪，人类以令人难以置信的速度跨入信息社会，在这个全新的信息化社会中，应重视对信息主体进行信息素养教育。当代大学生是民族的希望、国家的栋梁，担负着科学研究、科技发展的重任，大力培养他们的信息素养应被视为一项战略性举措。

（1）培养大学生的信息素养是信息化社会的迫切需要

①培养大学生的信息素养有利于提高国家的竞争力。全球信息化的浪潮正在引发当今世界格局的变化，信息化最终靠的是人才，一个国家国民信息素养的水平是评价该国信息化水平的最重要指标，也是影响该国国际竞争力的重要因素。大学生是国家未来发展的中坚力量，他们的信息素养水平在很大程度上决定着国家能否在全球信息化过程中占有席之地。因此，培养大学生的信息素养对增强我国的国际竞争力意义非凡。

②培养大学生的信息素养有利于建设创新型社会

高等院校是培养创新人才的重要基地，是国家高素质人才的摇篮，大学生的创新能力必须以具备信息素养为前提，没有良好的信息素养，很难实现创新。因此，对大学生进行信息素养教育是在为国家储备创新人才，具备创新能力的大学生在走上工作岗位后才能发挥其创新能力和创新精神,把学到的各种技能和创新意识运用到实际工作中,从而为建设创新型国家提供重要的人力支援。

③培养大学生的信息素养是社会可持续发展的需求。人才资源已成为社会可持续发展的根本,网络化急剧发展,推动社会经济快速发展的核心动力是Internet和教育,而掌握 Internet和教育的正是人才。目前,互联网+时代已凸显了信息素养人才的缺乏。因为只有这种人才,才能获取有价值的信息,才能有创新意识,才能显现出无限的发展潜力。社会的可持续发展迫切需要大力培养当代大学生的信息素养。

④培养大学生的信息素养有利于构建终身学习型社会。学习型社会以全民学习、终身学习为主要特征,终身学习以学习者具备自学能力为前提,终身学习和自主学习都必须以良好的信息素养为基础,作为大学生,培养他们的信息素养,也就是在培养大学生实践终身学习所应具备的品质,能够对构建学习型社会起到一定的推动作用。

(2)信息素养培养是大学生自我发展的需要

不断学习的过程就是不断获取和利用信息的过程,如何准确把握学习方向,涉猎、鉴别、采纳、利用知识,实质上是信息能力、信息素养的问题。信息获取可以扩展人的感觉器官功能,为人们有效探索世界的深层奥秘提供技术支持,为人们认识世界和科学决策提供强大的智力支持,为人们改造世界提供强有力的工具。主要体现在以下几个方面。

①信息素养培养有利于提升大学生的创新能力。良好的信息素养是培养大学生创新能力的基础。没有良好的信息素养,根本谈不上真正的创新,只有具备良好的信息素养,才能少走弯路,避免重复劳动,才能提升创新能力。伴随着高校的教育改革,对大学生创新能力的培养也日益被提上了日程。创新首先要有知识的积累,具备足够的信息知识和信息能力,并且要遵守信息伦理道德。所以,在一定程度上,培养大学生的信息素养,实际上是培养他们将创新思维变为现实的能力。因此,信息素养的培养在创新能力的培养中起着举足轻重的作用。

②信息素养培养有利于提高大学生的自学能力。培养大学生的自学能力是高等教育的重要目标之一。从教育者的角度出发,应当从"授人以鱼"转变为"授人以渔"。信息社会,知识更新的速度日新月异,如果不能与时俱进,就会被社会淘汰出局,大量新知识的获得主要靠自学。具备良好的信息素养,是提高自学能力的基础,自学能力的获得要求学习者有强烈的获取知识和信息的意识,并掌握筛选、提取、整合信息的方法和能力,这正是具备良好信息素养的学习者具备

的。通过对知识、信息重要性的介绍，使大学生树立正确的信息概念，通过对获取信息技能的训练，培养他们过硬的信息能力，并使他们在信息社会中遵守信息伦理道德，从而赋予他们获取自学能力的武器。

③信息素养培养有利于大学生个人的自我发展。在信息社会，谁掌握了信息，谁就掌握了主动权、话语权。因此，培养大学生的信息素养对他们个人的发展非常重要。在这样日新月异的信息社会，信息素养日益成为影响人们幸福感的重要因素。单就大学生就业这点来说，如果缺乏对各种就业信息的了解，不能及时关注就业信息动向，欠缺获取、筛选和整理相关信息的能力，缺乏信息意识，就很难抓住机会，相反，越是最先了解信息的人，越容易把握机会。培养大学生的信息素养，使他们具备主动获取信息的意识、对信息加以分析筛选的能力，这样有利于他们按照自己的兴趣、爱好和专业，制定合理的职业生涯规划，并能及时做出调整，对于他们及时把握就业机会，或者进行自主创业都有很大益处。从个人长远发展来看，还可以让大学生更深入地掌握专业知识，并有所创新。同时还促使他们广泛涉猎其他领域的知识信息，对其日后的人生规划会有很多帮助。良好的信息素养可以帮助大学生养成自主学习的习惯，获得终身学习的能力。

④信息素养培养有利于提升大学生的思想政治素质。由于信息社会的多元化，各种信息通过媒体、网络等途径传播、碰撞、交流，其中不乏不良信息的传播，大学生很容易接触到各类良莠不齐的信息，由于他们的人生观、价值观、世界观还不完全成熟，辨别力不高，极易受到非主流文化的影响，从而造成思想的混乱和立场的妥协。另外络的虚拟性和交互性成为弱化大学生意志品质的重要因素，甚至导致大学生道德感和责任感滑坡，主动散播不良信息或制造虚假信息，严重影响大学生的思想政治素质，这个状况十分令人担忧。面对这样的困境，要培养大学生的信息素养，提高他们自身的免疫力，教会他们正确看待信息的价值，避免负面影响，学会如何面对不良信息和虚假信息。所以，培养大学生的信息素养有利于提高他们的信息伦理道德，加强大学生的思想政治素质。

（3）大学生的信息素养培养是高等教育发展的要求

实施素质教育是高等教育改革的主要目标，信息素养教育是实现素质教育的重要内容之一。对大学生进行信息素养的培养，对高校素质教育的改革具有积极的促进作用。素质教育的显著特征是主体性，以教师为主转变为以学生为主体的自我教育；全面性，促进学生德智体美劳全面发展的教育；全体性，面向全体受教育者；开放性，注重学生创造性思维的培养；发展性，注重培养学生的自我发展能力。因此说，培养大学生的信息素养是高等教育发展的要求。

培养大学生的信息素养是与教育信息化过程同步的，有助于推动高等教育的信息化进程。良好的信息化环境对大学生的信息素养培养起着至关重要的作用。校园网络化、数字图书馆、远程教育的开展都是对大学生进行信息素养培养采取的策略，都有利于大学生进行自主学习。高等教育信息化与大学生信息素养的培养相互促进，同时进一步深化高等教育信息化改革。

培养大学生的信息素养有助于改进高校传统的思想政治教育工作。在信息时代，信息的开放性和交互性使得大学生具有更多的主动性和开放的自主空间，他们很容易接触到各类信息，如果高校的思想政治教育跟不上形势发展的需要，不能与时俱进，不加强大学生的信息素养教育，仅仅从外部采取措施抵制不良信息的影响，显然是不够的。

那么如何应对这个挑战呢？

①要加强正面舆论宣传，增强大学生自身免疫力。

②要加强大学生信息素养道德的培养，就是积极引导大学生吸收正面信息，学会评价信息，自觉抵制不良信息的诱惑，并保证自己的信息活动符合道德规范和法律法规，这在一定程度上弥补了传统思想政治教育工作的不足，也是应对新环境下高校思想政治工作的良策。

2.信息素养教育的途径

信息素养是可以通过教育进行培养的，信息社会教育工作者的主要任务就是通过各种途径，有效地培养学生的信息素养，使人类社会能够健康持续地得到发展。信息素养不是与生俱来的，是通过后天培养养成的。正像听说读写算等技能和文化修养是通过教育才能获得一样，信息素养也是通过学校教育有意识、有目的培养的，还可以通过个人自我学习、自我提高的方式获得提升。

（1）统一认识，从思想上重视信息素养教育

弗洛伊德说过："思想是行动的预演。"有什么样的思想，就会有什么样的行动。信息素养教育在我国起步比较晚，可以说是一个新生事物，开展信息素养教育，首先，要解放思想、改变传统观念，尤其是改变急功近利的教育观念，把信息素养教育贯穿到整个教育教学的全过程中。其次，要认识到信息素养是一种高级的认知技能，是一种综合性的素质教育。

①信息素养教育是传统文化素养教育的延伸和拓展。信息素养包括诸多方面的内容：了解自己的信息需求，能在已掌握信息的基础上系统阐述问题，具有识别潜在信息的能力，能制定成功的信息检索策略，具有评价信息的能力。信息素

养的核心是提高学生面对各种信息的解释、批判、防范与筛选的能力；并能把筛选出来的信息整合到原有知识体系中去，内化为自我意识。提高学习素养，就等同于培养了人的独立自主的学习态度和方法，因此，信息素养的培养日益成为世界各国教育界所关注的重大理论与实践课题。

②信息时代不仅带来教育形式和学习方式的最大变化，更重要的是对教育的思想、观念、模式、内容和方法产生了深刻的影响。从某种意义上说，大学应该是人文荟萃之所，是以研究为主的知识生产机构，高校对学生信息素养的教育不应该停留在操作技术层面，应该实施完整的信息素养教育。

③应该认识到信息素养教育是一种综合性素质教育。信息素养不是具体哪一门课程所能够涵盖的，进行信息素养教育，不能只在计算机学科教学中实施，而应该渗透到各门课程的计算机辅助教学和计算机教育管理的应用中。

高校将信息技术的培养目标整合到各门课程的教育目标与评价体系中，将信息教育贯穿到教育的全过程。信息技术与其他课程的整合，既有利于其他课程内容的学习，也有利于信息技术的学习。不仅如此，它对学校的教学改革、学生创新能力的培养也是十分重要的。

高校应把信息技术作为教学手段与认知工具渗透整合到每一门学科教育中，以信息技术促进其他课程的学习。

（2）发挥图书馆在信息素养教育中的作用

在培养学生的信息素养方面，图书馆有着得天独厚的有利条件。尤其是高校图书馆，它们信息资源充足，文化氛围浓厚，有着良好的阅读环境、完善的信息检索工具以及具有丰富经验的信息检索专业人员，使其成为大学生信息素养教育的重要基地。

目前，绝大多数高校图书馆在实施信息素养教育中开设了文献检索课，但多数学校开课范围比较窄，有的只限于部分专业，如管理、计算机、医学等。对此，有必要让文献检索课惠及全校大多数专业，同时着重开展网络信息检索的教育，让学生了解信息处理的思想、基本方法和实际操作能力，使其在面对新的学习内容时，也能根据学校处理的方法来解决实际问题，交给学生网络信息检索的钥匙，加强学生的信息意识，提高学生的信息能力。

3.信息素养教育评价

在信息素养教育的研究过程中，一个重要的问题是如何评价信息素养，这就涉及用什么样的标准来评价、采取什么评价方法以及依据什么原则的问题。国外信息素养的评价标准已经确立，我们在借鉴国外先进经验的同时，也在不断探索和制定适应中国国情的信息素养评价体系。

信息素养的评价，可以是对一个国家或地区的群体评价，也可以是对具体人的评价。我们这里着重评价学生的信息素养的程度与水平，衡量这些信息素养对于学生在信息社会中学习、生活与未来工作的价值与意义。

（1）评价方法

对多指标系统中的不同对象，无法直接比较其优劣，必须借助于某种评价方法，将多指标系统转化为单指标系统，再进行比较。评价是人类行为自觉性与反思性的反映，促使人类的各种活动逐渐完善，是人类有意识活动的一个表征。

处于数字化信息时代，信息的收集、处理和应用已经成为构成一个国家综合实力的一部分，信息素养已然成为一个人除了读、写、算之外的一项基本技能，作为信息时代的大学生信息素养成为其生存发展的基本技能，同时也奠定了其信息素养的基础。在国家大力提倡素质教育的今天，评价是教育活动中一个重要组成部分。大学生信息素养评价就是对大学生进行信息素养教育或培养过程中的自觉性与反思性的反映。信息素养评价标准是用来衡量个体信息素养达到了一个什么水平，个体之间信息素养差异水平。

过去我们评价信息素养的方法侧重于考查学生的信息知识与信息能力，而且采取的主要方式是通过测验，也就是说以笔试的形式进行。这样就产生了一系列问题：

①对信息意识和信息道德这两部分的程度和水平没有认真进行判断；

②依靠笔试来衡量和判断，比较难以判断学生的实际操作能力；

③通过笔试检测，容易产生部分学生只重视知识方面的训练而忽视动手能力的培养。

（2）评价原则

①要科学、合理。一个评价体系必须要符合教育的客观发展规律，不能只是为了迎合某种短暂的需求。坚持科学性原则，评价指标体系必然由相互联系而又彼此独立的指标组成。指标间要具有逻辑层次关系，逐层递进，环环相扣。在构建指标体系时，要按照统计学的资料分类要求，使上下级指标具有一致性、同一层次的指标与指标间不能雷同，外延不交叉、确保整个评价标准体系构成一个完整的科学的逻辑系统。

②内容要全面、系统。既然评价体系是培养学生质量和规范化的重要保证，并为学生接受培养后的评价和认证提供参考。因此，标准的内容应能够全面、系

统地反映对学生信息素养方面的要求，包括需要具备的信息概念、基本知识、技能、态度以及信息化教学所需要的能力等。要求指标涵盖为达到评价目的所需要的基本内容，制定信息素养评价标准及其体系不能遗漏任何重要方面，应全面、系统、本质、辩证地反映信息素养的各个方面。如果遗漏了某些重要方面，就不具备完整性，评价结果就不准确，评价者就不能多层次、多方位地评价与分析所面对的对象。构建信息素养评价体系应该全面、系统地考查学生的各个方面，应该覆盖学生信息素养的内涵与外延、培养目标以及未来的发展要求等内容。

③具有可行性和开放性。实施起来要有可行性，要求评价体系的各项内容一定得是可以观察记录下来的现象或测评的结果，同时各项评价指标应该比较详细而又完整的体现现象素养的价值描述，而且结果最好还是易于统计和处理的。实施起来还要有可行性，它既要体现信息技术教育的一般特征，又要为不同地区和不同条件的学生留有可变通的余地，应具有因时、因地、因人的开放性和可行性。构建信息素养的评价体系要能被学生所接受，要广泛征求学生的意见，制定切实可行的评价体系，使其成为学生通过努力达到的一个评价标准。

④要进行综合评价。信息素养培养是一个技术、人文、伦理的综合体系，因此对它的评价应该是定量与定性相结合，传统评价与表现评价相结合。

⑤要遵循可测性原则。信息素养教育评价标准要采取多层次法，一级指标相对抽象，然后逐级具体，末级指标最具体，要做到各个评价指标内容明确，具体、直观、全面，构建大学生信息素养标准时应对大学生信息素养认真分析、发现最能反映其特点与内涵的主要因素，准确具体地表达评价标准，从而构建大学生信息素养评价体系。

在明确大学生信息素养内涵的基础上，结合大学生信息素养评价标准，依据以上五项原则，认真制定信息素养教育评价体系。在制定信息素养教育评价体系时要注意三个方面的内容：

第一，评价所需考查的因素集合，即评价标准体系；

第二，各因素的重要程度，即评价指标权重；

第三，确定系统分类，即评价等级。

"冰冻三尺，非一日之寒"。评价体系的建立不是一朝一夕的事，它任重而道远，需要我们进一步的努力和探索。

（三）"互联网+"信息素养教育的创新路径

信息素养教育的传统模式在新时期面临越来越多的问题，"互联网+"在诸多领域的成功实践为信息素养教育的改革与突破提供了机遇与思路，信息素养教育与"互联网+"的融合创新需要探寻具体的行动路径。

1. 确立新目标：三位一体的教育目标

信息素养教育目标的重塑主要是适应"互联网+"时代对人才的要求。在"互联网+"时代，社会对人才的能力和素养需求发生了变化，以检索技能为主要培养目标的传统信息素养教育目标已经不能适应"互联网+"时代的要求，信息素养教育的目标需要重新定义。为适应"互联网+"时代对人才综合能力和素养的需要，确立三位一体培养目标是信息素养教育培养目标调整的重要方向。在这个目标框架下，信息素养教育总目标是提升学生的信息素养，包括3个具体目标：一是强化基于信息解决问题的意识，使问题的解决更有效率；二是强化解决问题过程中的探究精神，在主动的探索中解决问题；三是强化解决问题过程中的知识重构，培养终身学习能力。总体目标与具体目标三位一体，相辅相成，和谐统一。具体而言，就是在遇到问题的时候，首先想到而且能够做到基于信息通过自己的主动探究来解决所遇到的问题，提升解决问题的效率和质量，并且能够把基于信息解决问题的意识、探究的过程和结果融入自身的知识体系和能力体系，实现知识与能力的重构，在解决问题的过程中进行终身学习。

（1）提升信息素养

提升信息素养是课程的总体教学目标。信息素养不指的是某一方面的技能，而是一种基于信息解决问题的综合能力和基本素质，不仅包括确定信息、检索信息、获取信息、评价信息、管理信息、应用信息六种重要能力，而且涉及信息知识、信息意识、信息伦理三个基础，更重要的是强调了解决问题过程中的知识重构和能力重构。因此，在教学内容的选择中要充分考虑信息素养的各个方面，进行有针对性的内容设计。

（2）提升解决问题的效率和质量

强化基于信息解决问题的意识，使问题的解决更有效率是课程教学的具体目标之一，也是最基本的目标。信息素养能提升解决问题效率的逻辑主要体现在四个方面：一是基于信息素养摆脱思维方式的羁绊，促进思维方式的转变；二是基于信息素养发现解决问题的新方法；三是基于信息素养找到解决问题的新工具；四是基于信息素养整合多方面资源。通过一些基于信息素养提升工作学习效率的具体案例和内容，让学生深刻体会二者之间的关系，实现我们的教学目的。

(3）强化探究精神

强化解决问题过程中的探究精神，在主动探究中解决问题是课程教学的又一个具体目标。探究精神，既是一种人文精神，又是一种教育精神，是一种基于具体问题进行信息收集、实践验证、不断试错与探索进而解决问题并获得知识、掌握方法的想法和意识。通过课程内容的设计，让学生得到的不仅是基于信息解决问题的具体方法，更重要的是体会解决问题过程中的探索精神。探究精神与信息素养必不可分：信息素养是探究精神的基础，探究是基于信息素养的探究，探究的过程不仅需要良好的信息意识、信息知识、信息伦理，而且依赖于信息需求的识别、信息的检索与利用；探究精神是信息素养的一个重要内容，在信息素养的定义中蕴含着探究精神的理念，确定信息、检索信息、获取信息、评价信息、管理信息、应用信息，进而解决问题实质上就是一个不断在探究中解决问题的过程。

（4）培养终身学习能力

强化解决问题过程中的知识重构与能力重构，培养终身学习能力是最核心的课程教学目标，是最高层次的具体目标。终身学习指的是社会每个成员为适应社会发展和实现个体发展的需要，贯穿于人的一生的持续的学习过程。无论是对于个人还是整个社会，终身学习都非常重要。终身学习是个人适应社会发展的必然需要。社会在进步，新的事物替代旧的事物，个体为适应生存的外部环境的改变，就需要不断学习，抱残守缺必将被社会淘汰。终身学习是个人实现自身发展的必要条件。即便社会不发生变化，个体本身也有进步的要求，要进步必须进行自身的全方面提升，而这种提升就需要不断的学习和积累，需要终身学习。

2.增加新内容：以终身学习为导向调整教育内容

信息素养教育内容调整是"互联网+信息素养教育"创新的重要步骤。以文献检索、信息检索为代表的传统信息素养类课程大多按照信息资源的具体类型设计框架结构，绪论和信息检索基本概念理论之后开始逐个介绍信息资源，如图书、期刊、学位论文等。"互联网+"时代，随着网络信息资源的爆发式增长，这个由著名图书馆学家陈光祚先生于1972年确定的框架结构已经不能满足"互联网+"时代信息素养教育的需要。因此，信息素养教育内容的创新首先需要摆脱传统信息素养课程框架的桎梏，基于信息素养的逻辑对内容框架进行结构性调整。信息素养教育内容调整可以基于这个基本思路：对信息素养的定义进行知识点分解，具体分解成信息知识、信息意识、信息伦理三个信息素养基础以及信息需求识别、检索信息、获取信息、评价信息、管理信息、应用信息六种能力。以信息素养的三个基础和六种能力为主线设计信息素养教育的基本框架，在具体的案例中实现相关知识点的融合。在具体内容的选择上，尽可能地摆脱传统文检课以学术资源检索为主的思维惯性，增加与终身学习相关的通识性内容，重点涉及以下七个方面。

（1）在基础理论知识中强化信息素养、终身学习、探究精神相关内容

信息素养理论知识是信息素养的重要基础，同时也是信息素养教育的重要内容。以信息检索为主要内容的传统信息素养教育内容框架中，对基础知识的设计主要基于信息检索的视角，一般包括对信息、信息检索等基本概念的认知，以及信息检索语言、信息检索技术、信息检索策略、信息检索效果评价等内容。"互联网+信息素养教育"模式下，这部分内容调整的重点是增加信息素养、终身学习、探究精神等相关内容，着重强调"互联网+"时代信息素养、终身学习、探究精神的重要意义、核心内涵以及相关概念之间的逻辑关系。

（2）在介绍传统信息源及其数字化基础上大幅度增加新型网络信息资源

信息需求的识别是信息素养六种能力中的一个，也就是确定信息。从信息素养教育的角度上，识别信息需求涉及两个方面：一是要知道这个世界上有什么信息；二是找攻略，参考别人的经验识别自己的信息需求。我们可以通过信息素养教育的资源介绍解决第一个问题，也就是尽可能多地呈现各种各样的信息资源。随着信息技术的发展和整个社会信息化的深化，互联网上的信息资源越来越多，内容和形态也发生了很大变化。书、期刊论文、学位论文、报纸等传统信息源大多有了数字化、网络化形态。更重要的是互联网的发展催生了许多新的信息资源类型。

（3）强化垂直搜索引擎和专业资源检索系统的介绍

尽管"有问题，百度一下"已经深入人心，但从信息素养的角度分析，搜索引擎并不是获取信息的唯一渠道。"万不得已，不用综合类搜索引擎"是信息素养教育的一个基本理念。当然，不用综合类的搜索引擎是因为有更好的检索系统，也就是垂直搜索系统。根据索引资源的来源，垂直搜索又分为垂直搜索引擎和资源系统中的站内检索。垂直搜索系统种类繁多，主要涉及网盘、电子书、图标图片、声音、程序代码、字体、类似网站、古籍国学、学术、专利、标准、数据等资源的检索系统。而数据资源又有多种类型，如统计指标、价格、电商指数、百度指数、微博指数、微信指数、影视指数、交通、医药等数据类型。这些资源类型背后都有具体的检索系统，在对这些资源类型进行介绍的同时重点突出

获取这些资源的检索系统。

（4）突出检索技巧的实用性

检索技巧是信息素养教育的重要内容，在信息素养教育中不仅要关注检索技巧本身，更重要的是要突出检索技巧的实用性。信息检索能力是信息素养定义中六个重要能力之一，从信息素养教育的角度来看，这种能力的培养分为两个方面：一是知道在哪里检索，也就是找到合适的系统；二是掌握检索技巧。对资源系统的介绍解决地是第一个方面的问题，也就是找到合适的系统，第二个问题的解决需要呈现检索技巧。

（5）不仅要检索，而且要获取与下载

这个部分对应的是信息素养中的信息获取能力，在传统的信息素养教育中较少涉及。这部分内容涉及两个方面：一是下载方法，主要包括文本、图片、视频等信息资源的非常规合法下载方法以及相关下载工具的高级用法；二是获取信息技巧，如图书馆资源的合法远程使用、向作者索要原文的套路、网络求助获取文献、文献传递等内容。

（6）增加信息评价内容

这个部分主要涉及三个方面：一是对信息真伪的判断与鉴别，如谣言、诈骗、刷单等信息的真实性判断；二是对信息资源质量优劣的评价，如对图书、论文等资源的评价；三是基于信息评价其他，如对公司、大学、医院、食品药品、人、学术的评价。

（7）增加个人知识管理内容

这一部分主要体现信息素养中的信息管理能力，主要介绍比较实用的个人信息管理工具与在线服务。由于互联网上这方面的内容比较多，在具体内容选择上遵循实用标准，尽可能选择比较小众但比较实用的内容，并创设合适的应用场景来体现这些工具的强大。主要包括笔记软件、思维导图、云盘、同步盘、网络协作平台、文件管理软件、二维码在线生成系统、本地搜索软件、格式互转、在线表单、个人时间管理等工具和系统。

3.整合新资源：充分利用优质网络资源

互联网不仅促进了信息素养教育资源的建设与积累，而且为信息教育资源的整合提供了便利，基于互联网技术、方法和模式对信息素养教育资源进行整合利用是"互联网+信息素养教育"的重要创新路径。

互联网上信息素养教育主要有以下几种类型：一是各慕课网站的信息素养慕

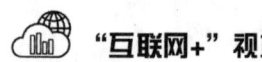

课；二是信息素养教育方面的精品资源共享课；三是图书馆网站上的信息素养教育资源；四是以检索系统为代表的信息素养教育实践资源，主要涉及专业资源系统和各类搜索引擎。

我们不仅可以充分利用互联网上的信息素养教育资源，而且可以基于"互联网+"的理念对这些资源进行整合。结合具体的案例实现信息素养教育资源的跨领域融合，通过模式创新提升资源整合的力度和效率，在资源整合与呈现的过程中充分考虑用户的学习体验，强化资源、用户、图书馆之间的连接，打造一个开放、高效的信息素养教育生态。

3.采用新技术：利用"互联网+"的创新成果

"互联网+教育"是近年来教育改革与创新的重要方向和趋势，"互联网+"的诸多创新成果被引入教育领域，对传统的教育方式和教育模式产生了很大的影响，同时也为信息素养教育的创新提供了参考与借鉴。"互联网+"的创新成果与信息素养教育的结合有很多形式和途径，主要体现在以下两个方面。

（1）利用互联网平台建设信息素养教育资源

教育资源的建设是信息素养教育的重要基础，无论是自己开发，还是对资源的整合，利用互联网上成熟的平台系统进行信息素养教育资源的建设不仅可以保证建设的质量，而且可以大幅度地降低资源建设的成本，提升建设的效率。

（2）利用互联网工具提升信息素养教育效果

在信息素养教育的具体过程中，特别是信息素养教育课堂内外，互联网工具往往能发挥重要的功能。QQ群、微信群之类的社交工具可以构建教师和学生、学生与学生之间的在线联系，很多问题可以通过这些平台进行交流和分享，在交流和分享中实现信息素养的提升。云盘等网络存储工具方便信息素养教育资源尤其是视频等大文件的存储和分享，结合社交工具可以加快资源的传播。雨课堂等课堂互动工具有利于促进师生之间的实时互动，提升学生的参与兴趣和参与深度，提升课堂教学的效果。问卷星等网络问卷调查工具不仅可以通过网络问卷辅助教学，而且可以利用其在线考试功能进行信息素养教育的教学评价。

二、"互联网+"德育的深入发展

（一）"互联网+"时代高校德育实践创新的总体目标及策略

创新是人类社会组织系统的自我更新和进化，是人类社会文明与进步的必然要求，是人类生存和发展遇到严峻挑战时的客观要求。"随着自然科学领域的每一个划时代的发现，唯物主义也必然要改变自己的形式"，当"互联网+"时代以不可阻挡之势来临时，我国社会发展的各个方面都遇到了前所未有的挑战，"互联网+"时代的特征和优势与社会各行各业的融合发展成为当下最炙手可热的研究课题。管理学大师托马斯·彼得斯曾说过："距离已经消失，要么创新，要么死亡。"面对"互联网+"时代的新形势和新情况，机遇与挑战并存，带着明确的目标和策略对各项事业进行扬长避短、开拓创新，成为当下我国各项事业抢占发展先机的时代要求和民族呼唤。

1. "互联网+"时代高校德育实践创新的总体目标

要明确创新的目标，首先要弄清创新的含义和特征。创新指的是以现有的思维模式提出有别于常规或常人思路的见解为导向，利用现有的知识和物质，在特定的环境中，本着理想化需要或为满足社会需求，而改进或创造新的事物、方法、元素、路径、环境，并能获得一定有益效果的行为。具体地讲，创新指的是人们为了一定的目的，遵循事物发展的规律，调动已知信息、已有知识，开展创新思维，对事物的整体或其中的某些部分进行变革，产生出某种新颖、独特、有社会价值的新概念、新设想、新理论、新技术、新工艺、新产品等新成果的智力活动过程。创新的特征在于它的目的性、超前性和独创性：所有的创新活动都带有明确的目的性，这一特性贯穿于创新过程的始终，旨在明确创新实践活动所要攻克的难题，带有目的性的创新才是有价值的；创新活动一定是超前性的，人们根据所处的环境提前预计未来将发生的改变和挑战，对现有的状态进行改革和创新，争取主动的做法便构成了创新；创新也具有独创性的特点，它不是简单的再造或者模仿，而是对以往的不合理或者不先进事物的扬弃，人们独立思考和革新的研究成果体现了创新的新颖独特性。

创新的目的性决定了创新的价值所在，而创新的超前性和独特性又决定了创新必须是根据当前的具体情况策划和组织发展过程的流程再造。此前已详细分析过"互联网+"时代对我国教育的深刻影响，特别是对学生的道德发展以及高校德育实践的影响分析。高校德育实践的创新发展已经变得迫在眉睫，结合目前高校德育实践面临的新环境和新形势，找到创新的新方法和新规律，从而解决实践中的新问题，才是高校德育实践创新的目标所在。因此，高校德育实践创新的总体目标是：充分把握"互联网+"时代的高校德育实践过程中面临的新形势和新问题，遵循高校德育工作的基本规律，结合新一代互联网信息技术最前沿的科技成果，以学生成长、成才的实际需求为导向，推进"互联网+高校德育"的深入融合，建立高校德育实践创新发展的方法体系和实践模型，为高校德育实践工作的科学化发展提供理论依据和技术支撑。

2."互联网+"时代高校德育实践创新的方法策略

在创新研究的过程中，正确的研究方法和策略是保证创新目标能够顺利达成的关键。德国著名哲学家黑格尔曾说过，方法是任何事物所不能抗拒的、最高的、无限的力量。方法的含义较广泛，一般指的是为获得某种东西或达到某种目的而采取的手段与行为方式，策略指的是根据形势发展而制定的行动方针和方式方法，方法策略是人们在带有目的性的活动中，采用的有特定逻辑关系的动作所形成的集合整体。方法和策略的制定应该是围绕着行动目标而展开的，正确的方法和策略往往能使行动的效果事半功倍。结合高校德育实践的实际，围绕创新研究的总体目标，创新研究的方法和策略包括以下三个方面。

（1）创新研究要以互联网意识的培养为基础

"互联网+"时代的到来已经逐步改变了当今社会的生产方式、贸易方式、生活方式、社交方式等，当然，由于社会的各个阶层和群体的接受能力和思维方式的水平差异，受到互联网影响的程度也不尽相同。然而，我们相信互联网终将彻底颠覆当前的社会状态，"未来已经发生，只是尚未流行"，创新的前瞻性就体现在这里。高校德育实践创新研究必须着力培养高校整体的互联网意识，提升高校德育工作重视互联网、了解互联网、运用互联网的意识。只有提前掌握了互联网的原理和运用互联网解决问题的能力，才能在"互联网+"时代全面到来时的各项工作中游刃有余，各项事业方能立于不败之地。

（2）创新研究要着重发挥互联网信息技术的优势

"互联网+"时代的到来之所以迅速改变着社会的每一个角落，在于新一代互联网信息技术确实表现出颠覆以往的面貌。如今，在街边买个红薯都能够用支付宝付款，这说明"互联网+"对人们的衣食住行、一举一动都会带来前所未有的影响。高校作为社会中知识层次和思维活跃度最高的群体，互联网对其的改变可想而知。学生们不仅对互联网兴趣很高，而且他们的学习、生活、社交越来越离不开互联网信息技术，老师们的教学工作、个人生活同样也离不开互联网，可以说，互联网成了社会关系的一个极其重要的桥梁和纽带。高校德育实践创新研究充分利用好互联网信息技术的优势，用"互联网+"时代学生喜欢的媒介和方式，解决"互联网+"时代学生共有的问题，一切问题会迎刃而解，这也正是高校德育实践创新的新手段和新智慧的体现。

（3）创新研究要以建立德育实践模型为重点

"互联网+"时代的到来给高校生活和社会关系带来了深刻的影响，不论学校地域和学校层次的差别，还是学生性别、年龄和层次的差别，受到互联网的影响程度基本相同，"互联网+"时代各高校德育实践遇到的具体问题也大致相同。在这种具有较高相似度的环境下，构建德育实践模型对解决高校德育实践过程中的普遍性问题显得尤为重要。"互联网+"时代的信息技术也是具有科学性、稳定性和严密性的特征，利用这些科学技术结合当下人们所共有的生活习性，以理论框架的研究为支撑，重点研究建立德育实践创新的模型，对广泛提高高校德育实践工作的科学化水平有着极为重要的意义。

（二）"互联网+"时代高校德育实践创新的基本原则

教育是民族振兴、社会进步的基石，是提高国民素质、促进人的全面发展的根本途径。坚持德育为先、推进素质教育，是教育改革发展的战略主题，是贯彻党的教育方针的时代要求。高校德育实践德育功能实现的主要途径、实践创新必须立足我国国情和我国高校的实际，整体布局，科学谋划，特别是面对"互联网+"时代新的发展契机，更要坚持正确的政治方向，根据高校学生思想品德素质发展的现状和高校德育工作的实际，有效推进德育工作的创新发展。据此，高校德育实践创新必须坚持以下几项原则。

1. 方向性原则

方向性原则是高校德育实践创新的根本原则，这是由德育的本质所决定的。学校德育是教育者按照一定的社会或阶级要求，有目的、有计划、有系统地对受教育者施加思想、政治和道德等方面的影响，并通过受教育者积极的认识、体验与践行，以使其形成一定社会与阶级所需要的品德的教育活动，即教育者有目的地培养受教育者品德的活动。

2. 科学性原则

科学性是判断事物是否符合客观事实的标准，高校德育工作是一项科学性很强的工作，德育工作富有科学依据，涉及教育学、心理学、管理学、社会学、哲学等多个学科和相关领域。高校德育工作不能盲目或随意地执行，它有很强的学科和理论支撑，同时，德育过程必须遵循教育规律和管理规律，贴近学生实际，着眼于学生的全面和可持续发展。"互联网+"时代高校德育实践创新的动因之一来自德育实践与日益发展的社会关系的不和谐，通俗而言就是在当前的形势下,德育实践已经"不那么科学"了。因此,在新时期,高校德育实践创新必然要坚持科学性原则,坚持科学发展。

客观规律指的是不以人的意志为转移的客观世界的规则,在马克思主义哲学中的含义是:事物运动过程中固有的、本质的、必然的、稳定联系。马克思主义哲学所预设的认识对象是人的存在本身、实践活动本身的规律,因而客观规律本质上是实践活动本身的规律,我们所了解的教育活动的基本规律、管理过程中的一般规律等都属于客观规律的范畴。高校德育实践创新必须遵循教育规律、管理规律等客观规律,才能在改革创新中将德育的功能彻底释放出来,激发出最大的德育效果。

"互联网+"本身就是信息技术发展到一定阶段,生产力为了更加适应生产关系的发展而诞生的,"互联网+"时代的到来是非常有代表性的客观规律的体现。在这样一个时代,高校德育实践创新必须遵循的客观规律又有了新的描述:德育目标的设定要充分体现以人为本的理念,坚持社会目标、组织目标和个体目标的统一;德育内容和德育资源的构建要体现出国家意志、政治导向和时代追求;德育途径的拓展要更加尊重个体的行为规律和个性需求;德育方法在设计和选择上要更多地体现出全员育人的理念,形成社会、学校、家庭、虚拟空间的教育网络格局。高校德育实践创新在德育的目标设定、内容构建、途径拓展和方法设计上如若都能够体现出极强的科学性,那么德育实践创新一定能够达到预期的效果。

党的十九大报告指出,发展是解决我国一切问题的关键和基础,发展必须是科学发展,必须坚定不移贯彻创新、协调、绿色、开放、共享的发展理念。当前,随着信息技术的飞速发展,人们的生活环境、学习习惯等社会关系已经发生了很大的变化,高校德育实践已经无法满足大学生的现实需求。基于此,一方面,高校德育实践创新的关键是要体现出以人为本的教育理念,要尽可能地贴近学生的现实需求,把握学生的时代特征,立足现在、放眼未来,促进学生道德水平和综合素质的全面协调、可持续发展;另一方面,高校德育实践创新要不断地接受和利用信息技术发展的划时代成果,准确掌握大学生所习惯、喜爱的信息技术和手段,剖析其中的奥秘,充分利用这些大学生所推崇的新的媒介方式,提升德育实践创新的实效性。

3.整体性原则

整体性原则强调的是德育实践的内容、过程、载体等各方面都要成为一个有机的系统，分别发挥出各自的教育力量。如果可以将创新过程划分为几个阶段或主要环节的话，那么创新可以发生在任何阶段和任何环节。高校德育系统的基本要素包括德育的主体、客体、介体、环体，每个环节和阶段的创新都是德育实践创新整体的组成部分，创新的目的是不断提升德育主体的主导性、德育客体的主动性和发挥德育介体的纽带作用和德育环体的条件作用。因此，在德育实践过程中，要用整体性的教育思想和理念指导德育活动，从而达到德育目标的整体性和学生身心发展的整体性的完美境界。高校德育工作从来都是一个非常复杂的系统工程，社会环境、学校条件、家庭情况和个体特征等都在德育过程中影响着德育功能的实现。从学校层面来讲，德育实践过程中，如德育课程、文化营造、管理服务等各种育人载体、媒介、途径也都是整个德育实践体系里不可或缺的部分。高校德育实践创新应该是整体性思考和整体性推进的一个过程，应以德育系统整体目标的优化为原则，协调德育实践中各个组织和环节的相互关系，确保德育实践工作的平衡性和完整性。

（1）高校德育实践创新要注重整体思维

事物之间错综复杂的联系是构成整体的前提条件，整体思维是一种从整体和全面的视角把握对象的思维方式，非常重视整体和局部的关系。高校德育实践是一项系统性、层次性和参与性都很强的活动，德育过程是各个局部按照一定的秩序组织起来的，德育效果受到各种客观原因的影响，那么权衡好德育实践整体系统中各个组织和环节的关系，将直接决定德育实践的效果。高校德育实践创新要注重整体思维必须做好两个方面的工作：一方面，德育创新应该建立在对德育过程进行全面的、全方位审视的基础上，德育实践体系的创新必须有整体的目标和计划，创新过程整体实施，分类分层次推进；另一方面，德育实践创新还应该衡量、评测德育过程中各个环节、途径、组织在创新整体构架中的地位和作用，梳理和把握好各局部创新环节之间的逻辑联系，通过局部创新的作用激发整体创新的能量。

（2）高校德育实践创新要充分激发德育合力

高校德育工作具有科学的实践体系，德育实践中只有全体教职员工、各种途径和环节的德育目标一致、协调配合，才能提高德育的实践效果，形成卓有实效的德育合力。高校德育实践创新应该进一步重视和发挥德育过程中学校、家庭、社会等各种力量的整体教育功能。其一，德育实践必须通过创新不断适应社会环境和社会关系的变化，将社会资源通过过滤和提纯转化为有价值的德育资源，呈现在大学生面前；同时，要达成德育主体对实践创新的高度共识，高校各德育实践单位和组织要统一德育创新理念，理清德育创新思路，形成德育创新机制，激励德育工作者贯彻德育创新思想，与家庭保持沟通，互通有无，形成联动，将创新举措落到实处。其二，德育实践创新应把握好德育过程中各个环节的创新要点。德育课程创新要通过提升课堂的活力、增强德育资源的张力，来不断提高课程德育在理论学习方面的优势；校园文化活动要通过创新不断提高自身的亲和力和吸引力，进而提升大学生的文化气质和文化自信；管理服务育人应该通过创新手段切实提高管理科学化水平和服务高效的能力，不断增强学生的荣誉感和归属感。据此，高效德育实践创新只有通盘考虑、整体思维、协同推进，才能最大程度地发挥出德育合力。

4.适用性原则

高校德育实践创新的适用性原则指的是德育实践的对象、内容、过程等各方面的创新必须符合各单位的自身特点，以满足本单位和组织德育实践的实际需要为准则。高校德育工作一直十分强调理论与实践的结合，德育实践的设计与实施也一直以大学生的实际需求为第一要素。当前，我国正处在中国特色社会主义现代化建设的征程中，随着改革开放的不断深化，经济飞速发展，社会关系深刻变革，人们的社会生活层面和精神生活层面都已经发生了巨大的变化。特别是"互联网+"时代的到来，具有更加鲜明的时代特征，高校德育工作面临的挑战不言而喻，德育实践创新必须以大学生的需求为指向，遵循适用性原则，才能使德育实践创新真正满足广大学生的需要，切实提高德育实践的功能和效果。高校德育实践创新要实现适用性就必须从以下三个方面着手。

（1）高校德育实践创新要保持对社会环境的适应性

社会环境对高校德育实践产生着重要的影响，学校德育乃至整个学校教育都是整个社会文化巨系统的一个较为基层的子系统，它与社会的经济、政治制度及社会文化的其他方面是相互作用的，学校德育不仅是文化积累和突变的产物更重要的是它参与了整个巨系统的量变和质变。高校德育实践创新必须充分把握政治制度、经济体制及文化传统等各方面的新发展和新变化，明晰如何克服社会发展对大学生的思想道德观念带来的负面冲击，思考社会现实生活需要大学生具备何种思想道德品质，帮助大学生提前培养新的观念和行为方式，减少大学生走入社会的不适，培养出真正的社会政治和道德生活的主人，从而提升德育实践的准确性。

（2）高校德育实践创新要以具体校情为出发点

当前，虽说国家社会的发展不断缩小着地域、区域、组织的差距，但教育发展的不均衡、不公平还客观存在着，各级各类学校在资源配置、硬件设施、师资力量、专业设置等多个方面的差距不可避免。高校德育实践创新不是对工作经验和优势进行一步到位、千篇一律的复制，一定要从各个学校的实际情况出发，把握学校的具体优势和不足等特点，扬长避短，有针对性地开展改革创新，确保德育实践创新的适用性，方能使德育工作取得良好的实践成效。

（3）高校德育实践创新要充分尊重个体的适应性

高校德育实践的基本任务，是帮助大学生学习理论知识，并通过生活实践来锻炼提升适应社会的能力。当前，生活在"互联网+"时代的大学生，在信息爆炸、文化多元的背景下，不仅其生活方式、学习方式、行为方式发生了深刻的变化，价值观念也面临巨大的考验。高校德育实践创新要考虑到个体的适应性，主要使命就是尊重个体的身心发展规律，通俗地说就是从大学生的实际需求出发。高校德育实践创新必须对个体的德育接受行为及能力进行充分的研判，准确掌握个体的生活习惯、心理特点、兴趣爱好等行为特征，有针对性地组织德育实践活动，在多元化的社会环境中不断追求德育创新和德育效果的个性化。

（三）"互联网+"时代高校德育实践创新的思路与框架

在高校德育实践创新的具体构思和研究过程中，必须首先确立创新的主导思想和条理脉络，这就是创新的主要研究思路和框架。创新研究的思路和框架关乎本项研究的内涵和风格特点，也决定了本项研究的个性化、专业化和与众不同的研究成果。创新是一个相对的概念，其价值与时间、空间有关。同样的事物在今天看来是创新，明天可能是追随，后天大多数人都接受了，可能就是传统了。"互联网+"时代高校德育实践创新研究的想法是在我国全面实施网络强国战略、国家大数据战略和"互联网+"行动计划的背景下产生的。"互联网+"行动计划旨在促进互联网与经济社会的深度融合发展，让互联网发展成果惠及更多中国人民，更好地造福各国人民。教育领域当然不能成为"互联网+"行动计划的局外人，应该增强加快教育信息化的紧迫感，把握好"互联网+"给教育带来的机遇，解放思想、与时俱进，以互联网思维不断提升教育质量。

1. 以思维塑造为关键的德育主体素养提升

德育主体在德育过程中发挥着极其重要的作用，德育主体的素养直接影响着德育实践的效果，因此，高校德育创新应以德育主体素养的提升为关键。在我国,关于教育主体的问题有"单一主体论""双主体论""主体转化"等不同的论述:"单一主体论"认为教师或者学生中的一方是主体,"双主体论"认为教师和学生都是主体,"主体转化"则认为教师开始是主体,随后学生变成主体。本书关于德育主体的相关讨论,是倾向于建立在"双主体论"基础上的,但又不能忽视德育过程中主体的相互转换。当前"互联网+"已经渗透于我们生活的方方面面,并深刻地改变着社会的生活、学习和交流方式。创新从来都不是一个新的概念,它是由社会发展而引起的必然行动,高校德育实践创新是"互联网+"时代的必然要求。德育主体素养一般包括道德素养、专业素养和能力素养,处于"互联网+"时代的高校德育主体在思维和能力上都必须紧跟社会发展的脚步,不断提升自身综合素养,使高校德育工作符合时代的要求,从而彰显德育实践的成果,所以,德育主体素养的提升是高校德育实践创新的关键。

(1)互联网思维的塑造

思维是人类所具有的高级认识活动。按照信息论的观点,思维是对新输入信息与脑内储存知识经验进行一系列复杂的心智操作的过程。通俗点说,思维就是思考、思索,是人们为了完成一项任务大脑所进行的活动,人们的思维方式不同,会导致对相同问题的思考所得出的结论也不同,可见思维方式对于思考和解决问题是至关重要的,正确的思维方式可以帮助我们迅速地接近事实的真相。思维包括智力、知识和才能三个基本要素,因此,思维其实是一种能力,是先天与后天结合的能力,是学习与实践结合的能力。互联网思维,就是在互联网不断发展的背景下,对市场、用户、产品、企业价值链乃至对整个商业生态进行重新审视的思考方式,"互联网+"时代的高校德育主体只有运用互联网思维进行思考和解决问题,熟悉互联网的特性、提高互联网使用能力,才能够充分体验和分享这个时代的便利和优势。

首先,德育主体必须熟知互联网的特性。"互联网+"时代一切行业的行为方式都发生了变化,熟悉互联网的新特性,对于准确把握行为规律、得到满意的行为结果有决定性的作用和意义。作为德育主体的教师和学生都必须明白"互联网+"时代的教育面貌已经发生了很大的变化:互联网的信息传递和获取比传统方式快了很多,内容丰富了很多,德育资源配置的优势尽显无遗;互联网让人们表达、表现自己成为可能,每个人都有表达自己的愿望,都有参与到一件事情的创建过程中的愿望,德育过程中对师生相互尊重和参与互动有更高的要求;互联网让数据的搜集和获取更加便捷了,并且随着大数据时代的到来,数据分析预测对于提升用户体验有非常重要的价值,德育过程中的对象体验分析同样可以利用数据分析来提高准确性。德育主体必须熟知诸如此类的互联网特性给高校德育实践带来的变化，并且转变传统的思维方式，用全新的视角和方式来对待德育实践，方能在新的环境和条件下争取主动。

其次，德育主体必须具有互联网的意识。高校师生从来都是思维最活跃的群体，容易接受新事物和新思想，接受能力也非常出众。当前"互联网+"时代的大潮滚滚而来，无数的新事物、新思想、新理念充斥着我们生活的每一个角落，在高校各种各样的教育思潮下，全新的教学方式、手段迅速替代着原有的内容。特别是在"互联网+"时代，通过互联网来实现教育资源的共享，教学手段的提升，在以往看来不可能的教育形态现在正在一一实现，在这种背景下，高校德育主体必须快速接受和具备互联网的意识，与时俱进，尤其是要交流当下的互联网使用的知识；德育主体更要有学以致用的意识，把互联网的新知识、新内容与高校德育实践更好地联系起来，不断更新和掌握互联网的知识，发挥互联网的作用，才能紧跟时代的要求，适应新形势下的高校德育实践工作。

最后，德育主体必须具备基本的互联网能力。德育主体具备了互联网意识只是德育实践创新发展的第一步，互联网能力的具备才是实践创新的核心竞争力。在"互联网+"的背景下，互联网的科学技术如何与德育过程深度融合成为高校德育实践创新的一个核心命题。德育主体能够将互联网技术灵活地融入德育实践中，不仅能够充分地适应"互联网+"时代的主客体特征，而且能够让德育过程呈现出脱胎换骨的面貌，极大地提升德育实践创新的亲和力。德育主体需要掌握的互联网能力包括：能够独立制作和使用各种多媒体工具，利用生动的现代化教育手段，使学生能够更加容易地掌握复杂的知识；要熟练掌握信息化的德育手段和交流方式，通过新媒体的方式建立受学生欢迎的教育和交流途径；不断加强互联网知识的学习，互联网知识是更新极快的，学习不是一蹴而就的，它是一个系统的工程，同时又是一个不断更新的过程，而互联网的知识内容是良莠不齐的，对于正面和负面的内容德育主体要学会分辨和筛选。在这个大背景下，德育主体只有不断地提高自身的互联网素质，应对互联网大潮对高等教育的冲击，紧跟互联网的发展和变化，才能真正抓住"互联网+"时代的大好形势，克服高校德育实践在互联网高速发展中的各种不适，把互联网的优势发挥得淋漓尽致。

（2）创新能力的培养

德育主体创新能力的培养能否落实是高校德育实践创新成功与否的关键所在。创新能力是在各种实践活动领域中不断提供具有经济价值、社会价值、生态价值的新思想、新理论、新方法和新发明的能力。具有创新能力的群体或个体能

够运用新颖、独创的方法解决现实中的问题，他们通常是突破常规思维的框架界限，以新的视角和方法去思考问题，提出与众不

同的解决方案，从而产生新颖的、独到的、有社会意义的实践成果。创新的展开与实现，都是以创新主体特有的能力为基础和条件的，是主体的创新能力的产物。德育主体的创新能力是高校德育工作者进行创新活动的能力，是开展德育实践活动中产生新想法、实施新举措的能力。高校德育实践创新的过程中必须培养德育工作者运用已有的基础知识和可以利用的资源，联系相关学科的前沿知识，创造新颖的、独特的、有价值的思想观点和方法的能力。培养德育主体创新能力要注重培养以下几种素质。

第一，培养自信健康的心理素质。自信健康的心理素质让德育工作者保持良好的适应能力，并以积极的心态面对纷繁复杂的工作，始终坚持自己工作的方向，面对困难挫折仍然努力不懈；拥有自信健康的心理素质让德育工作者敢于正视工作中的问题，接受现实并勇于承担责任，找到工作的乐趣；自信健康的心理素质也会让德育工作者善于发现自己的不足，乐于找到他人的长处，善于学习、不断进步才能让工作有更大的收获。

第二，培养好奇求变的思考习惯。心理学认为，好奇心是个体遇到新奇事物或处在新的外界条件下所产生的注意、操作、提问的心理倾向。求变的习惯让人们不墨守成规，凡事都以新的视角去重新思考，那么会得到不一样的结果。好奇求变的思考习惯会让人们对某一事物感到疑惑，进而深入地进行思考，以求弄清事情的原委，这种思考和行为习惯往往被认为是创新的前奏，是产生创新的起点动机和驱动力。培养德育工作者好奇求变的思考习惯，不仅能够激发其学习的内在动机，以强烈的求知与求学的欲望去寻求知识，同时也是德育主体创新意识和创新基本素质提升的体现。

第三，培养目标意识和实践能力。所谓目标，就是要达到的目的、标准或境界，目标意识指的是人在言语、行动时及其过程中有意识地达到的目的或标准，也就是说当我们做任何一件事时，都应该要达到一种目的，或者形成一种标准。实践是创新的最基本途径，是检验创新能力水平和创新活动成果的尺度标准，实践能力就是把自己的创新思考和想法通过实践去实现的能力。袁隆平曾经说过：我们就是要敢想敢做敢坚持，相信自己能够依靠科技的力量和自己的本事自主创新，做科技创新的领跑人，这样才会取得成功。高校德育实践创新中必须制定合理的目标，每一步创新过程必须是在一定的方向和目的的指引下开始的，创新目标的确定使德育过程始终对目标实现保持较高的期待，从而产生克服各种困难的

坚强意志，通过大量的创新实践活动，向目的地不断前进。

2.以信息技术为驱动的德育实践体系优化

"互联网+"是新一代互联网信息技术飞速发展的产物，是基于各种革命性科学技术的积累和创新的成果，"互联网+"时代以去中心化、平台化、用户需求导向的特征宣告了新的信息获取和传播方式的到来。正如"未来已经发生，只是尚未流行"所带给人们的启示一样，"互联网+"时代给教育、高等教育、高校德育所带来的技术和方式上的变化，并由此产生的理念上的变化已经是势不可挡的。一直处于创新前线的高校，在创新的发生和引领上历来都肩负着巨大的使命，特别是在"互联网+教育"这个备受关注且预计有无限创新空间的命题面前，高等教育如何主动地适应教育信息化的飞速发展，巧妙运用并发挥"互联网+"时代信息技术的优势，不断提高高等教育的质量和水平，值得我们深入地思考和探究。基于"互联网+"的高校德育实践创新研究，互联网新一代的核心技术成果是创新研究的切入点，准确把握和利用好新兴的互联网技术的特性，结合高校德育实践的具体特点和需求，使互联网新一代的核心技术成果在高校德育实践中成功落地，是高校德育实践创新研究重点要解决的课题。以互联网技术驱动来优化高校德育实践应该从以下三个方面入手。

（1）德育资源的优化

"互联网+"时代对教育资源的影响尤为深刻，随着互联网技术的飞跃发展，在线学习、微课程、慕课、泛在课堂、翻转课堂等各种新生的教育资源和教育形式层出不穷，"互联网+"让教育资源打破了传统的壁垒变得更加多元和开放，这也使得高校德育能够通过互联网获得更加丰富和充实的教育资源。互联网技术为教育资源的丰富创造了无限可能，高校德育实践创新要抓住这一技术红利，在德育资源的内容延展和质量提升上下功夫，方能最大化地将互联网技术的优势运用在德育资源的优化上。

首先，要注重德育资源的内容延展。对于教育资源的内容延展，互联网技术体系最大的优势在于它能够突破时间和空间的限制。自古以来，教育资源都是稀缺资源，这是由各种原因所造成的。现如今，互联网科技将海量教育资源和内容，轻而易举地传送到教室、寝室、图书馆等我们愿意去获取的地方。只要是具备基本的上网设备和条件，通过各种各样的互联网终端，都能随时随地地连接互联网，自主地搜索和筛选个性化的学习内容。对于获取这些教育资源，除了微不足道的网络流量费用，其他的教育内容基本是免费的，这也在很大程度上为我们

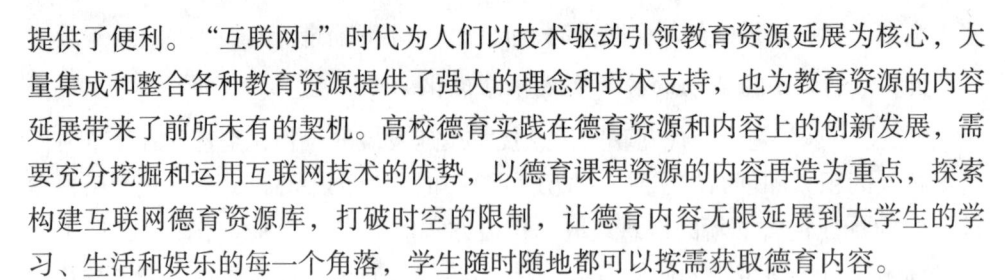

提供了便利。"互联网+"时代为人们以技术驱动引领教育资源延展为核心，大量集成和整合各种教育资源提供了强大的理念和技术支持，也为教育资源的内容延展带来了前所未有的契机。高校德育实践在德育资源和内容上的创新发展，需要充分挖掘和运用互联网技术的优势，以德育课程资源的内容再造为重点，探索构建互联网德育资源库，打破时空的限制，让德育内容无限延展到大学生的学习、生活和娱乐的每一个角落，学生随时随地都可以按需获取德育内容。

其次，要注重德育资源的质量提升。随着互联网信息技术的发展，网络上各种各样的教育媒体、教育机构和教育平台应运而生，人们不仅已经开始习惯了这种网络学习方式，同时，这些互联网学习资源表现出与众不同的一面。与传统教育资源相比，这些教育资源显得更加生动有趣，更加能够体现现代科技感，符合学生需求的同时，也更加能够深深地吸引学生，发挥出众的教育功能。随着互联网云技术、大数据的发展，如微课程、泛在课堂、慕课、虚拟课堂等各式新鲜的教学资源正在逐步发展壮大。在开放的大背景下，全世界的优质教育资源不断地充实和丰富着课堂，这些教育资源通过互联网连接在一起，使得人们可以畅游在知识的海洋。社会、经济、政治、文化、生活等各个领域的最新知识，都能够快速刷新至课堂之上，这将彻底改变传统教育资源内容陈旧的现状。德育资源的质量提升是高校德育实践创新要积极面对的难题，互联网信息技术的革命性成果让这些难题迎刃而解，高校德育实践的创新必须将互联网技术自然渗透到德育内容之中，"新瓶装旧酒"的操作会让德育资源显得更立体、更亲和。同时，增加德育资源的吸引力是质量提升的关键，高校德育实践创新应发挥技术驱动的支撑作用，如利用图像采集、数字虚拟、视频动画、社交网络等技术，构建更生动、更直观的德育内容。此外，以大数据和人工智能为核心技术的新一代互联网使每个人都成为网络社会中的一个独立的信息源，传统的中心化的信息传播的单向模式不复存在。学生不仅仅是教育资源的接受者，同样也是教育内容的生产者，高校德育资源的构建应充分融入学生的参与和智慧，这将使德育内容更加的人性化且具有亲和力。

（2）德育关系的重构

"互联网+"时代，不仅是教育内容的生产和传播的方式发生了巨大的变化，受教育者的知识、信息获取方式和学习方式也发生着变化。由此致使教育过程也改变了原有的面貌，以教师为中心的传统教授模式中，教师的中心地位正在逐渐减弱，教师在教育过程中的权威地位不那么明显了，教师也不再是教育内容的唯一来源，因此，可以说"互联网+"时代受教育者对教师和课堂的依赖性将明显减弱。高校德育实践也同样面临这样的挑战，不能正确地处理好新时期德育过程中的这些关系，不仅会使德育实践的权威性大大降低，也会让师生关系趋于紧张，最终影响高校德育实践的效果。所以，"互联网+"时代的高校德育实践创新必须清晰洞察、重新梳理德育过程中的师生关系和德育方式，方能让德育实践创新在师生和谐中形成合力、产生实效。

首先，师生关系的重组要讲究"对称交流"。所谓"对称交流"就指的是师生的平等关系和获取信息的对称性。"互联网+教育"打破了教育系统中原有的各种关系结构，并对其进行优化重组，使教师与学生的关系、教育单位与学习个体的关系发生根本变化。在互联网的环境中，知识和信息的获得变得更加自由和便捷，不管是教师还是学生都能够根据自己的需要方便地找到学习内容，故而学生对教师的依赖性逐渐减小，或者说教师不再是学生获取知识的主要渠道。师生关系的传统内涵被打破，在现实中的师生关系，到了网络上，可能成为同在学习某项新鲜知识的同学关系，现实世界与虚拟世界界限变得模糊。这时，教师的身份和作用可能就从教育过程的主导者变成了学生学习的辅助者和服务者，教育过程从灌输式转变成互动式。高校德育实践创新就是要对师生关系进行重组，建立与"互联网+"时代相适应的师生关系，着力发挥和增强教师在信息化条件下对学生的个性化学习需求的辅导功能，让教师具有足够的互联网能力，让学生拥有足够的选择权利，在德育过程中实现德育主客体的对称交流。

其次，德育学习方式的重建要注重"学监并重"。"学监并重"强调的是学生自主学习的地位与教师监管指导的地位同等重要。随着教育现代化的飞速发展，多元化、实时化、碎片化、个性化的互联网新形态，无限放大了受教育者的主体地位，而更加自由和便利地获取各种知识信息，也使受教育者能够自主制定学习目标和计划、安排学习进度、选择学习时间和地点等，他们的自主性、个性化和能动性将得到充分的发挥。高校德育实践创新要明确学生学习习惯的特点是"互联网+"时代的特点决定的，学习方式的改变既然不可逆，就要顺应这种改变找到新的合理的德育学习方式。一方面，要尊重学习者新的学习方式和习惯，要利用互联网信息技术为学生创造更便利的学习条件，充分满足学生在网络上的学习需求，将之作为学生课后自学的补充；另一方面，要构建互联网学习和现实教育的良性互补关系，发挥德育教师的经验优势，在现实教学中不仅帮助学生对互联网海量的教学资源进行筛选、过滤和把关，把握德育内容的健康性，监督指导学生的学习进度，而且对学生互联网学习中解决不了的问题给予解答，进一步提高学生学习的针对性和目的性。高校德育实践在这种新的德育学习方式的推动下，将更加体现对差异的尊重，也将从整体上促进德育质量的提升。

(3) 德育实效的提升

德育实效，是德育主体按照德育计划，通过一定的德育途径和手段，完成德育目标的程度，通俗说来就是对德育工作的效果和效率的考量。高校德育实效的基本内涵，是高校德育在一定德育计划的指引下，通过德育过程来实现德育效益、德育效果和德育效率的统一。德育的实效性是高校德育工作价值的出发点和归宿，也真实反映了高校德育实践工作的成败，所以，德育工作的实效性一直是学校乃至社会都非常重视的一个话题。促进高校德育实践效果提升的途径和方式很多，包括政策上的、机制上的、手段上的等，而在"互联网+"时代背景下，高校德育实践创新研究的重点是如何以信息技术为驱动来提升德育的实效性。

第一，促进德育实效的可能性提升。提升德育实效就必须回归到德育实践的本身，洞悉德育实效得以实现的基本规律，找到提高德育实效性的着力点，解决制约德育实效的障碍和问题。影响德育实效达成的是德育过程中包括德育工作者、学生、德育内容及环境等在内的基本要素，不断加强这些基本要素的素质提升和质量建设，德育工作自然会达到理想的德育实效。简单来讲，就是要努力确保德育过程的高质量完成，才能保证德育实效的实现。那么，"互联网+"时代就要求高校德育实践从德育过程中的基本要素出发，把握"互联网+"时代德育实践各个基本要素和德育环节的特性，通过信息技术手段的创新，落实德育过程中各要素的质量提升，保证德育环节的圆满完成，从而提高高校德育的实效性。

第二，推进德育过程的科学化控制。德育实效性的提升与否是德育目标达成与否的关键指标，德育过程的每个环节都是德育实效性得以实现的保障。在传统的德育实践中，德育过程的把握、德育主客体的激励、德育实效的掌控，都是由德育工作者或者德育机构来完成的，这一流程需要耗费大量的人力和物力，而且对德育过程的掌控由于这样或那样的原因，往往并不科学、准确，德育效果也就不尽如人意。"互联网+"时代科学技术的飞速发展，为人们带来了与以往大为不同的技术优势。维克托·迈尔舍恩伯格在《大数据时代：生活、工作与思维的大变革》中指出，大数据就像无处不在的"第三只眼"一样窥视着每个人。可以预见，"互联网+"时代的信息技术对德育过程具有极大的应用前景，在信息技术的协助和驱动下，德育实践的过程会更加科学地被掌控，将严格地遵循德育计划，按照德育的目标取得满意的德育效果。

第三，提供德育评价的可靠性依据。德育评价贯穿于德育实践的每一个环节，德育实践需要通过德育评价来分析其德育过程是否合理，评判德育效果是否

第四章 "互联网+"视域下大学生核心素养培养面临的挑战与机遇

满意，从而判断德育目标是否实现，因此德育评价的功能对德育实践的不断完善和发展具有重要的意义。"互联网+"时代，大数据所采集的海量数据是不会说谎的，大数据分析的结果是最客观的现实反映。德育实践可以充分利用大数据带来的技术优势，在德育过程中对德育内容教授各环节的指标进行测评和反馈，更加有效地指导德育过程的调整及优化，促进德育实效的提升。同时，德育实践要利用可靠的德育评价系统，准确地把握个体的德育接受特性，根据反馈的结果制定有针对性的、个性化的德育目标和计划，形成差别化德育的生态系统，以最大程度保证德育的实效性。

3.以需求导向为目标的德育过程模型构建

德育过程的模型构建是高校德育实践创新研究的重要指标，高校德育工作本身就是一项十分注重实践的工作，德育实践创新研究旨在通过对包括德育环境、德育主体、德育途径、德育手段等在内的德育过程的分析和研究，建立一套具有科学化、标准化、代表性、可复制的德育工作模式，切实提高高校德育实践的实效性。所谓"模型"，汉语词典的词语解释是用压制或浇灌方法使材料成为一定形状的工具，通称"模子"。概念解释是通过主观意识借助于实体或者虚拟表现、构成客观阐述形态、结构的一种表达目的的物件，人们依据研究的特定目的，在一定的假设条件下，再现原型客体的结构、功能、属性、关系、过程等本质特征的物质形式或思维形式。模型构建的过程具有极强的目的性，是把握研究对象主要特征的一种简化描述，通过概括性、结构化的表达来形成人们思考和解决问题的基本模式，在这一点上，正好切合了德育实践以学生需求为导向的特点。因此，当前高校德育实践的模型构建是基于"互联网+"背景下社会所期待的德育模式尝试，模型的构建不仅要以德育的过程需要和学生的现实需求为导向，克服德育过程中存在的现实问题，解决学生学习、生活中的具体困难，同时，还是对社会各界"互联网+教育"期待的一种现实回应，是顺应社会生产力发展和生产关系变革的实践创新。

（1）决策模型构建

德育实践是非常注重人文关怀的一个过程，其中势必会夹杂许多主观的和感性的因素，而德育目标的制定、方法的使用、效果的评价却应该是非常严谨的工作，必须有系统的原则和科学的依据，因此，在德育过程中处理和平衡好这些关系，做好德育实践的决策，对于实现德育实践的效果至关重要。决策是为了实现特定的目标，根据客观的可能性，在占有一定信息和经验的基础上，借助于一定的工具、技巧和方法，对影响目标实现的诸因素进行分析、计算和判断选优后，对未来行动做出决定。决策模型是为了辅助决策而研制的数学模型，是一项与数学、社会学、心理学和行为科学有密切关系的工程，建立决策模型的目的是帮助人们提高决策效率和质量，缩短决策时间，降低决策成本。所以，决策模型是一门创造性的管理技术，它包括发现问题、确定目标、确定评价标准、方案制定、方案选优和方案实施等过程。高校德育实践创新的决策模型构建意义正是在于，通过增加德育过程的科学化和准确性，提高德育效率和质量。德育实践决策模型的构建要瞄准以下三个方向。

第一，精准把握学生状态。高校德育实践的基础在于准确地了解和熟悉学生的状态，有针对性地开展德育工作，而落脚点在于通过德育工作能够引导学生塑造正确的道德品质、养成正确的学习习惯和培养健康的生活状态。正如本书前面所论述的，"互联网+"时代的到来，彻底颠覆了人们的思维模式和行为习惯，这对社会管理和秩序提出了极大的挑战。大学生是好奇心和接受能力极强的群体，包括学习方式、生活习惯、娱乐喜好在内的大学生的状态也发生了深刻的变化。当然，互联网从来都是一把"双刃剑"，在改变学生状态的同时，也为德育工作提供了有利的技术手段。"互联网+"时代的云计算、大数据分析等新一代信息技术让德育实践决策模型的构建成为可能，并让德育实践工作把握学生状态的能力更加强大。德育工作可以将学生的信息终端作为信号源，利用信息技术的手段准确把握学生在哪里、干什么，通过技术分析得出会发生什么、为什么的结果，精准地把握学生状态，为德育实践决策提供可靠的依据。

第二，实时反映德育过程。德育过程的完成质量直接决定着德育效果，对德育过程的把握和调整的基础是准确了解德育过程的真实面貌，例如，学生在学习学校所开设的网络课程时，学习时间是否有保证，课程学习的覆盖率是否理想，学生对德育文化的关注是否踊跃，学生参与德育实践活动是否积极等，这些信息如果能够准确及时地得到反映，帮助德育工作者准确把握德育实践的执行情况，无疑将极大地提高德育实践工作的实效性。利用"互联网+"时代的信息技术手段第一时间收集这些德育过程的数据，构建分析和决策模型，将进一步提高高校德育实践工作的有效性。

第三，客观反馈德育评价。德育实践是一个强调参与和互动的过程，德育目标的达成要靠德育主客体在德育过程中共同努力完成，德育实践中的过程、形式和内容的质量是否让德育对象满意，德育效果是否理想，这些关于德育的评价对德育决策有决定性的意义。德育评价包括很多方面，决策模型的构建和研究关注更多的是学生对德育过程的直观感受，类似于用户体验。用户体验是在用户使用产品过程中建立起来一种纯主观的感受，是一种强调以用户为中心、以人为本的产品设计理念。显然，建立一套能够客观反馈学生对德育实践体系的认知印象的决策模型，有利于准确把握德育实践中学生的体验和感受，客观的德育评价使德育目标的制定和德育过程的设计更加科学、有效。

（2）环境模型构建

"互联网+"时代的网络生活已经是学生成长过程中的常态环境。环境既包括大气、水、土壤、植物、动物、微生物等为内容的物质因素，也包括以观念、制度、行为准则等为内容的非物质因素。环境是相对于某一事物来说的，指的是围绕着某一事物并对该事物会产生某些影响的所有外界事物，即环境指的是相对并相关于某项中心事物的周围事物。本书界定的高校德育环境包括围绕着学生和整个德育过程的，对德育效果产生影响的教师队伍、朋辈关系、文化氛围、网络环境等外部空间、条件、状况的总和。高校良好的德育环境构建，就是在学校整体规划设计、积极引导和管理下，全体师生共同参与、共同营造的符合学生成长特点，旨在培养学生思想素质、政治素质、道德素质和心理素质等总和素养的过程。改革开放以来，我国高校德育工作的创新发展实践证明了德育环境既是一种外部的环境，也是一种内部的素养，既是静态的目标构建，也是动态的过程实践，高校德育环境是德育实践过程的土壤和空气，良好的德育环境将使德育实践充满了活力和生命力。环境模型的构建旨在通过模型设计，提炼和固化德育过程中各因素的质量，为德育过程的顺利完成和德育效果提供保障。环境模型构建主要从以下几个方面入手。

第一，把握主题导向的网络环境营造。网络环境被描述为学习者在追求学习目标和问题解决的活动中，可以使用多样的工具和信息资源并相互合作和支持的场所。结合互联网时代高校学生的学习和生活特性，可见网络环境对德育实践的影响非常之大。"互联网+"时代，高校德育资源和内容的传播呈现出多媒体化、传输网络化、处理智能化和教学环境虚拟化的特征，在德育实践的全过程中，包括多媒体终端、网络教室、网站网页等在内的经过数字化处理的多样化、可全球共享的学习材料和学习对象空前的繁荣。网络环境方向把控显得尤为重要，一方面，要通过技术手段实现对全球化的学习资源的过滤，保证网络环境的干净整洁，减少甚至杜绝对学生的负面影响；另一方面，要主动构筑理论学习、专题教育、主题网站等网络主题舆论阵地，主导正确的思想素质和价值理念，由此保证高校德育工作的正确方向。

第二，体现思想引领的朋辈素养提升。正如《荀子·劝学》中所说，"蓬生麻中，不扶而直；白沙在涅，与之俱黑"，在学生德育素养提升的过程中，朋辈关系起到了非常重要的作用。高校德育实践过程中教师队伍的素质对学生道德培养所起的作用不言而喻，朋辈之间的影响对学生道德素质的提高更是起着决定性的作用。大多数学生在青少年时期的世界观、人生观、价值观尚未成型，思想道德和各方面的素质都易受影响而出现偏差，因此，教师的思想引领和朋辈的感染对学生德育的效果至关重要。高校德育实践的创新要加强德育工作队伍素养及学生群体整体素质的提升，一方面，应该培养广大德育教师的创新意识，通过学生喜爱和习惯的途径，比如网络微博、微信等交流媒体，深入到学生群体中开展工作，加强对学生的思想引领和指导；另一方面，要不断提升学生的道德素养，选拔培养优秀的学生骨干，作为意见领袖在学生群体里发挥引领作用，及时检测、发现和报送学生群体中的思想隐患，营造良好的朋辈道德成长氛围，切实提高学生群体的道德素养。

第三，突出文化带动的网络社区构建。"互联网+"时代，网络社区是在学生成长实践中，在时间长度、影响广度和深度、收获的成果等方面，远比现实生活占有的比重要多。网络社区是包括BBS、论坛、贴吧、公告栏、群组讨论、在线聊天、交友、个人空间、无线增值服务等形式在内的网上交流空间，同一类型和主题的网络社区集中了具有共同兴趣的访问者，网络社区就是社区网络化、信息化，简而言之就是一个以成熟社区为内容的大型规模性局域网，涉及金融经贸、大型会展、高档办公、企业管理、文体娱乐等综合信息服务功能需求。由此可见，"互联网+"时代网络社区作为伴随学生成长的主要环境，对学生思想道德品质形成的重要性不言自明。高校德育实践创新要形成各部门联合行动的管理机制，有计划地组织网络文化的创建，以文化氛围引导学生网络文明的形成，以积极上进的网络社区环境激励学生利用网络学习知识、创新创业、表达观点、抒发情怀。

（3）管理模型构建

高校学生事务的管理与服务是高校德育实践不可或缺的一部分，我们知道，德育实践过程中的"用户体验"对德育效果的影响非常之大。高校学生事务管理和服务中管理的水平和服务的质量都对德育效果起着决定性的作用，科学的管理和优质的服务对发挥德育功能、实现德育目标有着不言而喻的作用。随着社会经济的不断发展，人们对社会管理和服务的要求越来越高，与需求相匹配的管理和服务往往会赢得人们的认可，形成良好的社会秩序和氛围。与此同时，高校学生

第四章 "互联网+"视域下大学生核心素养培养面临的挑战与机遇

对校园管理和服务认知与要求也不断提高,特别是随着互联网信息技术的不断发展,学习生活习惯的变化更是使学生对高效率、高质量的管理服务充满期待。充分利用互联网新一代的信息技术,准确把握学生的特点和需求,建立人性化、高质量的管理模型是高校德育实践创新的必然要求,"互联网+"时代的大学生自主性和独立性更强,学习和生活的方式趋于个性化,因此,高校德育实践应该以学生的体验为出发点,力争在管理和服务中构建能够实现学生自助服务、自我管理和自主学习的管理模型。

首先,管理模型的构建要完善学生自助服务的平台。不断增强高校学生事务管理服务的快捷度和高效性,不仅能够为德育工作队伍减负,节约大量的人力、物力成本,而且在为学生带来便利服务的过程中,能够极大地提升德育实践工作的亲和力,增强学生对学校及德育工作的认同感和归属感。科学技术的发展不仅带来了社会的进步,也使学生的需求不断提高,高校学生事务管理服务信息化建设刻不容缓,通过科技手段建设自助服务是学生事务管理服务发展的趋势。自助终端采用的模块化结构设计,维护方便,成本低廉,可使得管理服务过程达到较高的便利性,更加体现了管理服务的人性化设计理念。同时,建立和完善这样的学生自助服务平台,也使学生在使用这种可靠和稳定的数据设备中,潜移默化地接受诚信教育,在规则和规范的帮助下自发形成契约意识。

其次,管理模型的构建要培养学生自我管理的意识。培养学生的独立意识和独立精神是高校德育实践的重要内涵之一,通俗地说就是要实现学生的自我管理,使其能够对自己的目标、思想、心理和行为等表现进行管理,实现自我组织、自我管理、自我约束、自我激励、自我奋斗的一个过程。在高校以往的学生事务管理服务模式中,德育工作者参与过多,一方面限制了管理服务效率的提升,另一方面让学生的独立性得不到足够的锻炼,凡事易对他人产生依赖感。管理模型的构建要通过建立一系列的学生信息化服务系统,让学生能够自己完成个人的信息管理、课程管理、生活管理等工作。在这一过程中不断培养学生的计划能力、自控能力,进而实现学生自我管理、自我教育。

最后,管理模型的构建要提高学生自主学习的能力。学习能力是学习态度、学习方法和学习计划的总和,是动态衡量人才质量高低的真正尺度。"互联网+"时代学生的学习方式、生活节奏和行为习惯都发生了深刻的变化,学生的个性化需求被放大并得到足够的重视。高校德育实践管理模型的构建要充分体现对个体行为差异的尊重,利用互联网信息技术建设更多的信息化学习平台,使学生能够随时随地通过笔记本电脑、手机、平板电脑等移动终端选择学习方式和学习内容。模型的构建要帮助学生自主制定学习目标和学习计划，自我调节学习时间、学习负荷和心理压力，克服学习中的挫折和困难，合理规划并形成自己的学习过程。管理模型的构建不仅能够满足学生在互联网时代新的学习需求，而且在通过帮助学生建立自我学习的过程中，还能切实提高学生的学习效率和学习效果。

综上所述，"互联网+"时代不仅给高校德育实践带来了一系列的难题和挑战，同时也为提升高校德育工作水平和质量带来了机遇和契机，按照高校德育实践创新研究的总体目标，遵循创新的基本原则，采用正确的方法和策略，将互联网与高校德育实践深度融合，并产生化学反应，从而为高校德育实践提供更有力的支撑保障，最大限度地释放"互联网+"带给高校德育工作的红利，会让"互联网+高校德育"的果实惠及莘莘学子。

第五章 "互联网+"背景下大学生核心素养培育

第一节 "互联网+"对大学生核心素养培育的作用

一、"互联网+"促进大学生批判性思维发展

在世界各国对学生核心素养的培养目标中,最重要的一条是培养学生独立人格和批判性思维能力。我国传统教育是典型的主客分离教育模式,这种教育模式的特征就是教师主体观。教师是知识的权威,拥有绝对的权威,不容质疑,而学生只能被动接受知识。这个过程中,考试要求标准的答案,课堂回答要求统一的回答,学生只会盲目服从,没有思考,没有怀疑,更缺乏批判精神和创造精神,思维求同成为"求知"的目标。而批判性思维要求学生能多角度、辩证地分析问题,做出选择和决定。

互联网+"教育模式具有"开放生态、连接密切"的特征,为学生提供了海量的资源,给他们更多的选择。互联网给核心素养教育带来的不仅是技术上的革新,更让教育有了"人的维度"。"互联网+"时代,教师不再是"权威的声音",不再是知识的唯一来源,"内事不懂问百度,外事不懂问谷歌",学生可以很方便地利用网络搜索到自己所需要的信息。

基于互联网的视频共享网站上提供了各种学科的学习视频,学生也越来越喜欢使用网络资源。例如,在辛辛那提大学,心理学学生拒绝购买课程教科书,他们在学习中只使用互联网搜集的课程资源。另外,从互联网搜集信息的过程唤起

了学生更多的批判性思维，在搜集信息的过程中，学生不仅在阅读教科书，阅读知识，更在主动学习，他们需要解释、分析、评估、推论、说明网络所提供的学习信息或模型，并不断思考、批判、超越，尝试做出决策以及独立行动，进行有目的、能自我调节的学习。更为重要的是，互联网上的信息的准确性越来越高。据研究显示，维基百科上的信息与印刷的大不列颠百科全书的知识精确度正越来越接近，大学生完全可以放弃对网络信息准确性的疑虑。

同时，互联网为评论打开了方便之门。"互联网+"时代，师生之间、学生之间是平等的关系，交往的空间充满自由、民主和活力。学生不再被动接受知识而是积极地参与学习，学生的思想不再被局限，而是多元和发散的，学生进行的是独立判断和选择。学生可以对网络平台上的各种资源、学生作业、各种问题等通过BBS、MSN、邮件、微博等开展实时的讨论、评论。学生在这种"虚拟学习社区"中，以积极态度从不同的角度积极思考问题，各抒己见，发表评论，在全面审视自我和他人思维的过程中，碰撞出思想的火花，学会批判性思维。

二、"互联网+"促进大学生自主发展，学会学习

"互联网+"教育尊重学习规律，能促使大学生高效学习。好的教育应该"尊重教育规律和学生身心发展规律，为每一个学生提供适合的教育"。高效学习的核心原则是：相比间隔时间更长、不频繁的实践与学习，更短、更频繁的实践与学习会带来更好的学习效果。在传统教育中，高校一般采用班级化的集中学习，这种教育模式不能照顾每个学生的最佳学习时间和学习风格，影响学生的高效学习。有的课程和学习间隔时间太长，尤其是在高等教育中，有的课程每周只进行一次或两次集中学习。例如，大学生的单项课程大多数每周只进行一两次，许多学习活动每周只举行一次。一般情况下许多学生直到上课前才能接触到学习资料，然后上课，然后再过一周才能再次接触到学习材料。在一次学习中学习一周的学习内容，并不符合学生的学习规律，也不利于学生掌握知识。

相对于传统教育模式，"尊重人性是互联网最本质的文化"，分布式学习完全可以满足学生对学习适应性和灵活性的要求，是最符合教育本质特征的一种学习方式。它可以让学生每天都能接触学习资料，并参与学习，学生能够根据自己的时间合理安排自己的学习，在频繁与材料接触的过程中进行学习，进而逐渐掌握学习技能。从众多研究者的研究结果来看，分布式学习比集中学习更有效率，适用于所有年龄阶段的学生，能更好掌握各种知识和技能。因此，不少学者呼吁要充分利用分布式学习的教学力量改善大学生核心素养教育的质量。

三、"互联网+"能创新学习过程与学习形态

"注重学思结合,倡导启发式、探究式、讨论式、参与式教学,帮助学生学会学习"是国家对教育提出的新要求。伴随着互联网与教育领域的融合发展,它的影响已经覆盖到信息化学习的各个环节。学生通过网络可以利用各种工具,采用灵活的学习方式,在自己喜欢的场地进行学习,并根据实时的学习记录和反馈,不断调整学习过程、反思学习结果。

(一)"互联网+"促进新型学习模式的发展

"互联网+"时代,学习的核心在于"人",在于人与人的互动关系在互联网支持下,实现不同时空、学科领域、种族文化的连接、共享、包容和创新。互联网拓展了大学生学习的时空界限,突破了传统课堂教学的局限。学生在学习上越来越能够"自己做主",不再受限于时间、空间、教师、专业等外在条件的限制。他们更多的学习行为发生在网上、课外、图书馆和博物馆,是一种无时不在、无处不在的学习行为。这满足了学生个性化的学习需求。规模学习、跨界学习、定制学习、众创学习等新型学习方式满足了学生对海量链接式资源、教学界限突破、推送式知识配置以及创新学习模式的诉求,是学生对"我需要学什么、怎么学"的时代呼声。

(二)"互联网+"记录学生学习过程,并提供即时反馈

"互联网+"时代,利用大数据分析,高校可以准确挖掘每一个学生在线学习的时长、答题正确率等信息,能够分析学生核心素养培育存在的困难和问题所在,也能够分析学生喜欢的学习内容和形式。结合大数据分析的结果,学生可以有针对性地改善学习方法,调整学习进度,选择学习内容,提升学习效率。随着"三通两平台"建设与应用的深入发展,学生可以充分应用网络学习空间进行预习、作业、自测、拓展阅读等学习活动,学生的全部学习过程、学习成果都可以实时追踪。这为学生个性化学习与评价提供了重要依据,有助于学生养成自主管理、自主学习、自主服务的良好习惯。

(三)"互联网+"促进学生深度反思

反思是人类基于探究外部物质世界活动的经验来追寻事物本质和意义的内心活动。实证研究表明,互联网与教育的融合能够促进学生批判性反思和专业发展。通过建立社交网络,学生可以在全球范围内获得他人支持,这种协作反思有

助于消除学生独立反思的孤独感，为学生提供积极的"形成性评价"，有助于纠正学生自我反思的偏差，增进大学生核心素养教育的实际效果。

四、"互联网+"拓宽了教育的交流渠道

许多国家的学生核心素养体系都把交流与合作能力作为重要内容。美国21世纪技能、新加坡政府设置的21世纪技能都把交流与合作能力看作关键技能之一。"互联网+"时代核心素养培育的核心是以学生为主体，让学生在情境、协作和会话中成为知识的探索者和发现者，强调交流与合作的重要性。现实中的实践活动总是在一定的现实共同体之间进行，并与共同体成员进行互动，持续进行协商、交流。在教育中，社会互动对于教育有着非常重要的意义，学生必须分享他们的知识，并从别人身上学习新知识。

"互联网+"时代，基于网络的虚拟学习为学生提供了新的合作和交流的机会。这种合作不仅发生在学校社区，也有可能延伸至全球，成为一种全球性的合作。例如，学习一门外语的学生可以通过各种软件即时与另外一个国家的以这门外语为母语的学生互相交流、相互学习。基于互联网的项目合作可以为来自不同国家、不同文化背景的学生提供更好的交流、合作平台。他们通过多样化的社交媒介随时交流思想、分享信息，商讨如何完成学习任务，共同规划学习步骤，并在解决问题的过程中完成知识建构，有效消解学生之间的空间界限。"互联网+"教育利用互联网固有的、广泛的学生群体之间的相互协作来提高学生综合能力。学生在讨论板上发布帖子，并且将文档附加到公共讨论板上以供所有成员阅读、评论。这时，学生面对的读者非常广泛，不再仅仅是教师，还可能是整个班级或整个学校的学生。他们在网络空间中进行协作、互动、交流、评论，积极发挥自己的力量，贡献自己的智慧，有效提高学习效果。

当前，我国长期的应试教育造成一些学生独立自主学习能力比较差，不太善于与他人合作。"互联网+"时代要求大学生具备更强的交流与合作能力。当代大学生是在互联网环境下成长起来的网络"原著民"，他们更善于在网上进行交流和合作。研究证明，当代大学生更喜欢在网上进行交流、合作，他们在网上进行交流的经验要远远强于自己的老师。因此，学生应借助互联网的优势，大力培养自己的核心素养，而教师则需要教授他们对逻辑、伦理和吸引力等方面的掌握，教会他们对待不同观点的处理方法。

五、"互联网+"促进大学生实践创新能力的发展

实践创新能力是学生适应21世纪全球经济发展要求应具备的素养。美国教育一向注重学生创造性和创新能力的培养，注重培养孩子的创造力、冒险精神，这使美国在创新方面居于全球领先位置。"互联网+"时代，我国涌现了跨学科学习（STEAM教育）、创客教育等新的教育模式，这些教育模式突破了课程间的学科界限，提倡跨学科学习，提倡充分利用门类众多的教学工具、学习工具和设备来完成项目或学习任务。这种"互联网+"教育的新模式有利于培养学生的核心素养、创新意识和创新能力。

STEM教育以建构主义和认知科学为理论基础，通过为学生创设丰富且持续更新的学习环境，将跨学科知识运用到其他问题上，促进知识融合和迁移，其核心目标是培养学生的创造力和转化力。学生在STEM教育背景下，通过开设的STEM课程以动手体验的方式，形成利用科学知识进行探索、理解真实世界的能力。学生在新教育模式下学会如何合理、科学地使用新技术，学会综合运用各学科知识设计研究过程，获得解决问题的能力和综合实践能力。

第二节 互联网+"背景下大学生核心素养培育的原则

以网络为依托拓宽教育渠道、提升教学发展空间是当前教育教学推进的重要方向。以"互联网+"为依托，进一步深化大学生核心素养培育工作，是"互联网+"时代大学生教育发展的必然趋势，同时也体现了当前高校人才培养的态度和立场。利用"互联网+"优势助飞新时代大学生核心素养培养，全面贯彻高校人才培育宗旨和目标，必须在"互联网+"的时代背景下积极探讨学生核心素养培育的路径。

理念与思维决定大学生核心素养的培育要采取何种行动、如何行动。聚焦于"互联网+"时代对大学生的生活方式、学习方式带来的深刻变化，核心素养的培育应树立以下几个原则。

一、教育性原则

首先，更新教育理念，由灌输式教导向引导式思维调整。"互联网+"时代的信息传播思维与因材施教有内在契合性，要求教育者将教导转化为引导，基于主体选择确定教育内容，改变传统"美德袋"式的德育，确立一种平等交互式的引导思维，增强德育的亲和力，提升培育实效。其次，深化线下知识性教育与线上能力性建构的两级关系，协调推进德育影响力。"互联网+"时代大学生核心素养的培育不仅关注公民知识本身，更注重大学生公民能力的养成，要基于大学生的现实需要，在线上突出公民能力性培养，在线下突出公民知识性教育，实现线上与线下教育相融合，增强"互联网+"背景下大学生核心素养培育的针对性、有效性。

二、主体性原则

首先，关注学生主体，培育自由而全面发展的人。"互联网+教育"要求在大学生核心素养的培育过程中逐步推动由"教师中心"向"学生中心"的转变，呈现教师与学生平等交流、沟通、共享的教育情境，突出大学生的自由性，扩充大学生的全面性，以发展的态度完整地培养大学生核心素养。其次，树立关系性主体思维。不论是在现实空间还是在"互联网+"培育场域，教育者通常以大学生群体作为培育对象，两个空间既有重合又有独具特性的群体圈，在"互联网+"时代推进大学生公民核心素养的培育，既要关注大学生的个体差异性，也要关注学生个体之间的关系（如意见领袖与群体成员的关系），更要将线上线下相结合。

三、时代性原则

首先，主动参与时代变革。尽管现实空间是大学生核心素养培育的重要场域，但"互联网+"已然成为信息交互与人际交往的重要环境。因此，高校要转变将互联网视为媒介手段的思维，将其作为大学生公民核心素养培育的重要场域，主动参与时代发展，实现公民核心素养培育角色与视域的转变。其次，紧抓"立德树人"的时代任务。立什么德，树什么人，是高等教育的首要问题与关键所在。"互联网+"时代，"立德树人"要求大学生作为现实人和网络人身份的有机结合，落实立德树人根本任务，现实育人与网络育人两手都要抓，两手都要硬，要推进线上线下协同共进，从最广泛意义上实现"互联网+"与大学生核心素养培育的协调统一。

第三节 "互联网+"背景下大学生核心素养培育的策略

"互联网+"时代,网络在学生的学习生活中扮演着重要的角色,表现在给学生参与社会提供一个良好平台,影响学生的学习方式以及思维方式等方面。互联网的出现给学生核心素养的培育带来机遇和挑战。大学生作为新时代社会主义的接班人,应注重培养自己的核心素养,提升自身的综合素质,成为全面发展的人才。大学生在发展核心素养的同时,要积极应对互联网带来的挑战。高校在促进学生发展核心素养,形成健康的发展机制的同时,也要积极探索"互联网+"背景下大学生核心素养培育的实践路径。

一、利用"互联网+"优势完善核心素养教育方式

互联网已经成为信息传播的重要渠道,且彰显出巨大的影响力。在享受互联网给学生发展核心素养带来巨大便捷的同时,高校应该注意网络多元信息带给学生的发展误区,充分发挥教师的指导作用,利用"互联网+"优势拓展核心素养教育方式。

(一)基于核心素养体系建立"互联网+"新课程

高校应基于核心素养体系确定"互联网+"时代大学生核心素养的内容与框架。在核心素养体系下,高校应认真思考互联网对学生的影响,帮助学生树立正确、健康的价值观,构建和谐社会,使学生发展为具有较高综合素质的、对社会有用的公民,以应对当今社会的变革与全球化的进程。"互联网+"对学生的影响主要表现在互联网技术走入学生的课堂中。目前,探究式学习是应用较多的一种学习方式,最大的特点是学生围绕具体的问题,在教师的指导下,采用互联网技术,积极探索深入挖掘的学习过程。在探究式学习的过程中,教师首先要激发学生探索问题的兴趣,其次要指导学生为了解决具体问题而收集相关的支持性资料。在解决问题上,互联网发挥了重要的作用。之所以这么说,是因为互联网已经成为学生获取信息、资料、知识的最重要的渠道。学生获取知识的来源不仅有

课本，还有各类网络平台。新的教学方式强调师生关系的民主平等，要想更好更快地发展学生自身的核心素养，教师就要教会学生借助互联网为自己的学习、生活提供帮助。

（二）利用新媒体丰富课堂生活

海量的网络信息充斥在学生的生活中，有些大学生的辨别能力与预防能力较低。这就要求教师在学生的学习生活中发挥指导作用。运用"互联网+"相关技术优化课堂教学结构，使学生的认知结构在一定程度上有所改观。教师应利用"互联网+"真正提高课堂效率：使学生在最短时间内接受新知，发展学生利用互联网搜集、整理资料的能力，提升学生核心素养。教师要发挥"互联网+"在技术上的最大优势进行教学设计，将新的授课内容以新形式、新方法呈现给学生，锻炼学生的学习迁移能力。知识的情境性是信息时代的一个显著特征，学生发展核心素养离不开情境性知识。我们所说的"情境学习"，就是"在教师的辅导下开展的真实的、情境性的人物学习"。21世纪的学习环境呈现出虚拟与真实的交互。在新技术的支撑下，学生超越了时间和空间的限制，丰富了自身的课堂生活。

二、塑造以培育大学生核心素养为主脉的课堂育人新形态

无论是慕课还是翻转课堂等新型的课堂教学形式，都是基于网络技术的教学方法革新，利用"互联网+"提供的虚拟性平台，实现网络授课与传统教学相结合，推动教学创新。随着互联网与教学方法的深度结合，人类对课堂教学育人的理念、方式以及教与学的关系形成了新的认识，逐渐引发教学领域的整体性变革，催生课堂育人新形态。"互联网+"背景下的课堂教学，改变了传统的教师"教"、学生"学"的教学形式，以促进学生的自主学习为逻辑起点。学生的"学"决定了教师的"教"，使"互联网+"与教学进入全面融合的新阶段。大学生核心素养体现了未来的社会发展对人才的需求，站在未来社会的角度审视现实社会，形成对未来社会人的素养认识，并进步将未来社会现代人的素养总结、提炼为核心素养。由此观之，大学生核心素养是从学生学什么的角度出发定义教师的"教"，进一步诠释"互联网+"与教学全面融合下的课堂育人新形态——以大学生核心素养为主脉。

互联网技术指的是借助以微电子学为基础的计算机技术和电信技术的结合而形成的手段，对声音的、图像的、文字的、数字的和各种传感信号的信息进行

获取、加工、处理、存贮、传播与使用的能动技术。它使现实环境与虚拟环境相融合，形成虚实结合的智能环境，延展学生学习内容的现实感知，使之前无法呈现、接触的概念、原理与问题能够通过人类的知觉、听觉等身体感官予以认知，并且为大学生核心素养的培育设计真实问题存在的复杂情境，使学生在真实、复杂的情境中感知问题的形成原理，理性思索解决方案。在情境中生成的知识更有助于学生解决现实问题，比如，增强现实技术，使真实的环境和虚拟的物体实时叠加到同一个画面或空间中同时存在，将实物虚拟化融入客观的教学环境，打造虚实结合的教学业态，实现学生对复杂情境关系、概念原理和问题表征的可视化，更好地帮助学生发展核心素养。

三、积极开展通识教育，为学生搭建创新创业平台

对于高校而言，通识教育是培养学生核心素养的主要途径之一。这能在一定的程度上解决专业知识相互分裂、学生视野具有局限性等问题，培养学生形成健全的品格以及正确的思想观念。通识教育强调将人文、社会、自然科学这三个领域的知识相互融合。在实际的课程设置当中，高校可以增设时事政治、传统文化、思想道德、心理素质等课程，并组织学生进行一些劳动活动、体验活动等丰富的课程。这样的教育方式有利于夯实学生的专业课学习基础，培养其创新意识和创新能力，还能在实际的活动中增强学生的社会责任感，拓展其思维空间和视野。

为了实现鼓励大学生创新创业的教育目标，高校可以适当地开设相关的理论和实践课程，培养学生形成创新创业的意识。更加重要的是，高校应为学生搭建更多创新创业平台。在这样的目标指导下，高校可以从以下几个方面着手：首先在实习和实践教学体系中融入创新与创业的环节，积极为学生开展创新技能比赛、创业项目孵化等形式的活动；其次，应用"服务站"式创业实践教育方式，与一些企业建立合作关系，由学校和企业共同为学生提供就业方面的指导和管理，以及更多的创业机会；最后，应用"沙盘演练"创业实践方式，教师可以将学生分成几个创业小组，利用些信息化设备以及沙盘教具模拟企业的经营和管理过程。通过这样的方式启发学生逐渐形成创业思维。

四、转变传统教学观念，引导大学生提升认知能力

传统教学观念强调知识的静态性与单向性。在工业文明追求效率理念的驱动

下，教育形成了单一的学科逻辑架构与培育方式，使学科、专业和职业间缺乏必要的联系，表现出学科逻辑的静态性与专业逻辑的动态性之间的矛盾，以及职业性的多元需要与学科单向性供给之间的矛盾。这引发了现代社会对知识生产方式以及深层次建构的思考，相比传统教学观念"互联网+"时代的现代教学观念强调学生个人对知识有意义的建构与生成，以问题为导向和出发点，依据问题的多元性表征，明确多元性知识的意义价值，并内化为个人知识储备。由此看出，传统教学观念注重学生对知识的身心获得，而现代性教学观念更注重学生寻求知识的过程，注重让学生明白知识产生的源头。

抓住客观世界的真实性不仅有助于学生掌握学科知识，更有助于学生思考学科知识产生的原因，探明一切知识适用的条件、范围，提升自身的认知能力。高校应转变传统教学观念为现代教学观念，聚焦核心素养教学观念，回信素养教学观念有别于传统教学由知识到能力、最后形成素质的培育惯性，强调知识、能力、情感态度、价值观的整体性培育，使学生在知识的分析、评价和创造中进行批判性地自主构建，在对真实问题的思考与解决中，形成核心素养。大学生核心素养作为对现代人素养的新型探索与集中体现，深刻体现了对传统教学观念的继承与突破。改变传统的教学观念，寻求传统教学与现代教学的契合点，进而明确现代教学观念，是大学生核心素养培育理念的主要内容。传统教学观念以传授学科知识为主，注重知识的记忆、理解与应用，属低阶认知能力，而注重客观现实问题与真实情境融合的大学生核心素养强调高阶认知能力的获得，专注知识的批判性分析、评价与创造，侧重高阶思维能力的塑造与升华。

五、营造大学文化氛围，促进核心素养培育

大学文化实质可以理解为大学生的人格样式、活法。大学是由文化生活、学术研究以及学问传授等三大部分共同组成的。这三部分的存在、共同作用呈现出大学师生独特的文化趣味，彰显其卓越的心智以及创造性浓郁的文化氛围。最终则体现为开阔的文化生活。即具有创造性，趣味性的心智生活，彰显其生活方式的生命意义、文生情调以及文学气质等各个层面。总之在学生的文化生活中，高校要充分发挥大学文化的作用，以潜移默化的方式不断影响着大学生，以文化熏陶着他们，使他们成为有教养的高素质人才。大学生核心素养的培育和大学文化本质上是相通的，惟有理性的看待大学发展的一般规律、洞悉大学的本质，才能真正领会其文化内涵，结合制度、特色，彰显大学建设之文化属性、内涵，发扬民主，崇尚学术，追求高效，把大学生核心素养有机融合在大学教育中。大学生

要具有一定的鉴赏能力，良好的心智心平以及率直、公正的人生态度。

营造大学文化氛围能全方位提升学生的核心素养，提升他们的潜能，使他们具备较高的人格修养。大学生核心素养的培育，要注重大学文化的浸润、感染、熏陶，既要重视显性教育，也要重视大学生文化潜移默化的隐性教育，实现入芝兰之室久而自芳的效果。高校要走在精神文明建设前列，广泛开展文明校园创建，提升校园文明程度，努力打造良好的育人环境。让广大青年学子得以在大学汲取知识的养料，建构知识的殿堂，塑造精神家园，同时全方位培育他们的人生观、价值观，夯实学术修养，使之真正成为国家发展的中流砥柱，未来接班人，彰显大学育人之功。

六、实施大学课程改革，体现核心素养的要求

高校应积极参与核心素养的培育工作，根据大学生的身心特点和现实需求，多角度地推进落实核心素养的要求。对于核心素养，高校应有自己的表达，发出自己的声音，与中国表达相呼应形成中国课改、教改的生动气象。大学教育的本质是求真育人，培养高质量的人才。大学阶段核心素养教育应尝试按照教育本真意义建构核心素养的课程体系，将核心素养教育理念发展成为中国高等教育理论，使核心素养教育促进大学生自由而全面的发展，形成中国特色、中国风格、中国气派的核心素养体系。

（一）公共课程

在我国高等教育阶段，如大学，无论哪个专业，都要学习一些公共课程，这些课程是最最基础的理论教学课程，而且大多都面向前两个学年度的学生，专门进行一些公共选修课程。这些与专业不太相关的理论选修课程，虽然看上去对本专业没有什么大的作用，但为大学生日后走向社会，更进一步深入学习做好了铺垫，目的是让学生逐渐养成终身学习的习惯，并培养大学生不断汲取新知识、新观念的能力，为核心素养的自我提升打下良好基础，从而使大学生更好立足于社会，发挥自身长处，为国家发展贡献出自己的力量。

学好公共选修课程，对大学生而言意义重大。学习一些与专业不相关的公共课程，在一定程度上能够开阔大学生的知识面，丰富他们的知识储备，为今后顺利走向社会打下良好基础，为大学生正确人生观、价值观，以及世界观的形成提供必要的条件。尽管如此，对于公共选修课程，一些大学生存在一定的不认同感，因此，高校在培养人才的过程中，要重点考虑课程设置与学生核心素养培育

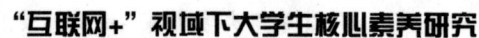

的有效结合，引导大学生积极主动的参与公共课程设置，为他们人生中重要"三观"的形成创造条件。

（二）思想政治课程

高校思想政治课程能更好地培养大学生的核心素养。培养大学生的思想道德，提升其政治意识与情操，离不开思想政治类课程。大学生是党和国家花费了许多心血培养出来的人才，是祖国各项事业的推动者与建设者。因此，高校必须加强其思想政治意识，使其更好地为国家现代化建设、社会主义发展而奋斗。国家有关部门和机构曾针对高校学生的思想教育工作，提出了专门指导性意见，指明了大学进行思修教育的目的在于提升高校学生的思想道德和政治修养，使学生树立与社会主义发展进程相符的人生观、价值观和世界观，增强自身的核心素养。

中国传统教育观念讲究德、智、体、美全面发展。由此可见，对于学生而言，其德育的重要性。尤其对于当代大学生，面对"互联网+"时代海量的网络信息和多元文化的影响，必须把握思政课这一提升自身思想道德和政治素养的重要渠道。大学生是社会发展中的中坚力量，为了更好地迎接将来的挑战，必须在大学期间具备国家意识、社会责任、人文素养、心理健康、团队合作意识、创新创业意识等，具备不畏艰难、敢于攻坚克难的勇气。这些都需借助思想政治课程进行塑造。因此，在一定程度上，高校的思想政治课程关系着党和国家的兴盛与繁荣，关乎社会主义建设能否进一步发展。高校必须从多个方面和角度入手，培养有思想、有抱负、有能力的当代大学生，充分发挥好思想政治课程的指导性作用。

（三）专业课程

专业的概念有广义和狭义之分。广义的专业指的是专门的学问或者产业部门的各业务部分，狭义的专业特指高等院校或者中专学校根据社会分工而设的学业类别。专业学习是建立在大学专业划分基础上的专门知识的学习。而课程是学校教育的心脏，是实现培养目标的蓝图。对于许多人来说，大学可能是其走入社会前的最后求学阶段。因此，大学是人生重要的过渡阶段，不仅要学习各种知识，更要为进入社会做好思想准备。"互联网+"时代，各类技术更新换代极为迅速，因此，学生在大学学习专业课的过程，更多的是一种专业思维的培养阶段。大学生借助对专业技术知识体系的深入学习，掌握专业学习的方法和思维是至关重要的。在这个过程中，教育对大学教师提出了更高的职业素养要求，促使其必须不断学习，接受并掌握学科前沿知识，以较为容易接受的方式传授给学生。此外，为了培养学生的核心素养，学生在进行专业课学习的同时，不能忽视基础必修课程，要努力提升自己的专业综合素养。

七、构建新型学习、培育方式

大学生核心素养的发展途径之一就是学习，学习的方式对于核心素养的发展有着直接的影响。传统的学习方式主要表现为学生在固定的时间与空间里被动地接受知识，这种传统单一的学习方式能够在短时间内将教学内容传授给学习者，但难以调动学习者主动学习的热情，学习的成效不显著。随着"互联网+"时代的到来，新型学习方式促进学生积极开展自主学习，并且运用小组探究、互动启发的教学方式进行学习，在相互配合中提高学习的科学性。学习空间和学习方式发生变化，学生通过互联网和手机可以在线实时获取自己想要的知识，线上线下一体式的学习方式也使学习体验更为丰富。这种有别于传统的学习方式更加符合"互联网+"时代的学生。对于大学生而言，这种学习方式显得更为直观和便捷。将核心素养教育以线上线下一体式的方式融入日常教学和学习，那么核心素养的培育也将变得更加便捷、灵活。

（一）重构以培育大学生核心素养为目标的跨学科学术组织

21世纪，经济全球化和知识管理信息化加剧了未来发展的不确定性，人类在经济领域、文化领域以及生态环境层面所遇问题更显复杂性、综合性和未知性，对现实世界客观问题的妥善解决突显传统单一学科乏力，突出跨学科与多学科的强大动力；以知识发展为发动力的社会发展模式的转变，越发凸显知识本质统一性的特征，知识形态与内涵的整合与重组引发学者对学科边界与真空地带的思考，更多的原创性知识成果产生于学科的交叉与边缘地带；市场化的影响，社会各类组织机构对知识尤其是原创性知识成果的渴求愈益强烈，导致知识生产的场域转变为大学与非大学机构组成的联合场域，知识生产方式的变革使大学对知识生产的垄断地位日益下降，而非大学机构的知识生产主要以解决现实问题为主，故跨学科的协同创新方式成为新知识诞生的重要渠道。

现实发展环境对跨学科的需求形成引发世界各国高等教育思考大学层面开展跨学科教育与研究的倒逼效应，跨学科已渐为世界各国高等教育发展的主流形态，"跨学科是从单学科到交叉学科再到横断学科这个过程中的一个阶段，是对发生较深入学科整合阶段的诠释,是跨越学科边界,把不同学科理论、方法或范式有机地融为体的研究或教育活动",受到分科教学长期积淀的影响,跨学科的教育、研究、学习受到来自学科权力冲突、组织冲突与文化冲突的三重影响。而大学生核心素养作为现代人应对未来发展不可预测的关键能力、必备品格和价值观念统整,是对真实问题的解决中自主形成的,表征了对接受跨学科教育与学习的急切需要。重构以跨学科教育和研究为核心特征的跨学科学术组织,形成以培育大学生核心素养的组织目标既是对未来知识创新的源泉与原动力的继承与回应,也是对未来现代人需要怎样的核心素养的探索与思考尝试,实现现代社会知识创新渠道与人才培养方式探索的有益融合,实现学科知识科学价值与育人价值的有机统一。

英国在实施核心素养的教学实践表明,课程实施过程中教师们能够清楚认识到,相对于传统学科教学,以大学生核心素养为目标的教学有助于提升教学技能,并且促进学生素养的形成与发展,但他们也明确表示不愿意做出改变是因为"非专家"身份的削弱给他们带来低效能感,非控制教学状态让他们感到焦虑与不安。将培育大学生核心素养作为大学跨学科学术组织的组织目标,有助于为目前分科教学教师提供一定的组织保障,为跨学科教师有效教学塑造适宜的组织环境,凝聚跨学科教师的教学组织向心力和凝聚力,形成不同学科相互交流、增进彼此理解的跨学科文化交融机制,为实现大学生可迁移素养构筑相宜的教学组织保障。目标的确定仍然需要相应平台力量的发挥与展现和课程板块这一着力点,在跨学科学术组织的环境保障下凝练跨学科课程资源,丰富学科教师的教学资料,为跨学科课堂教学的有效开展提供必要的资源准备至关重要。对凝结在跨学科课程中解决真实问题的一般性规律与原理进行总结,施教于生,以形成大学生终身发展需要的可迁移素养,有助于大学生有效解决未来生活、学习和工作中遇到的未知性问题,赢得对未来美好生活的自信。知识本身的静态性,使知识无法自动有效连接,而可迁移素养注重培育大学生理解知识,凝练知识内生的一般性规律,结合个人经验或经历、情感、态度和价值观依据环境或情境的改变展现合理的行为与价值选择,体现个人素养的可迁移性。

(二)融入多元文化共享与开放的课堂环境,提升大学生跨文化技能

高等教育信息化是以互联网、云计算、大数据、物联网和人工智能为特征的信息技术与高等教育深度融合交织形成的教育生态系统,改变学生认知事物的过程,信息源头的多元性打破传统教师对知识的垄断,使学生对事物的认知呈现

多向性表征，是对传统认知单向性过程的突破；获取渠道的便捷性，使学生能够突破一切时间与空间的限制随时随地获取自身所需要的信息，缩短学生的认知周期，凭借思维发展螺旋式上升的客观规律将注意力集中在艰深问题，通过自主性学习研究攻克难题。步入互联网时代，高校教师通过互联网这一虚拟平台呈现教学内容和成果已成为常态。改变教师、学生、教材之间的关系，教材不再是教师与学生获取知识的唯蓝本，教师、学生与教材之间的相互依赖性日益降低。所以，高等教育信息化促发的新型教学模式和学习模式深刻塑造着课堂环境，使得课堂教学存在的双元主体各自承担着明确的角色与任务，教师成为课堂教学的引导者与组织者，学生的主体性学习成为一切教学的出发点与核心，双元主体各自具备的角色与功能性定位展现的信息化改变增加双向性教学过程的复杂性与多元性；在线学习、移动学习和混合式学习等多样性学习形态的出现扩展与延伸了学生的学习时空与场域，信息传播潜移默化的渗透性与知识边界的模糊性扩展了课堂环境与外在环境的信息互换与隐性交流，知识信息隐存的内在是文化的渗透与交融，加剧信息化课堂环境的多元异质性特征。

全球化引发的文化多元化成为继经济全球化之后人类社会发展的客观实在，未来社会人类的生存更多地体现为一种文化的生存，以文化生存的方式存在展现未来人的文化生存观和文化生命观。文化生存的方式预示未来人的发展走向，人具有低阶交往技能和高阶思维能力，通过身体感官获得不同文化信息，运用大脑主导的高阶思维感受、领悟不同文化的深刻内涵，人本身能够成为多种文化的集合体；互联网平台将不同国家的文化资源得以凝聚、整合，技术的发达为人类文化生存承载多样性媒介，使未来人的文化生存成为可能。大学作为立德树人的关键场域，以实现未来人的文化生存扩展了大学教育实现立德树人根本任务新的维度选择，所以在课堂环境中融入多元文化共享遵循未来人文化生存的基本规律，符合高等教育信息化对课堂环境的基本要求。多元异质性的课堂环境有助于呈现复杂多样的教学情境在课堂中融入对不同民族文化的理解与认同，使学生学会尊重不同文化的生存机理，维护不同文明的生存活力，在求同存异的文化生存法则下，超越特定的文化情境，有助于提升中国大学生跨文化技能，尽可能保留自己文化身份的同时能够最大限度地接近与理解对方。

（三）改进大学生核心素养教育方式

1.改进改善大学生教育教学模式

随着当代大学生综合能力培养要求的提高，传统的教育方式很难满足其要求，为了增强当代大学生的竞争能力和竞争意识，有关大学生核心素养培养的课程、教学方法等必须更新改进，全面提升教学质量水平需要高校相关领导和国家的共同努力，提出一定的改革措施。首先，在提高教学水平和教学质量上下功夫，并积极响应我国教育改革的要求，制定相应政策，对当代大学生进行前沿的、科学的、符合我国国情的教育教学方法模式，并且结合相应的教育教学改革手段适应大学生核心素养培养要求，全面提升教学水平和教学质量。其次，相关高校领导和高校教师应该能够发现传统教育中存在的不足，并结合自身教育经验和教学环境，科学的选择最适合当代大学生的教学方法，充分结合利用现阶段先进手段和方式，吸引学生的兴趣，努力创造适合大学生学习的环境，实现学生素养技能的全面提升。为了提高高校教师现代教学水平，可以通过亲身交流或者教育教学模式的传授实现，通过与传统教育教学模式相比，审视其优点，不断地将先进的教育教学模式应用到当代大学生的高等教育中。在改进教育教学模式的同时，授课方式也有了新的要求在教师的带领引导下学生要很快的适应新的教育教学方式，实现核心素养的培养。

2.开发核心素养课程体系

课程标准指导学校教育，并且是学校教育的基础。为了实现核心素养的有效培养，必须将核心素养融入到课程改革，实现教育教学改革。

核心素养的课程形式需要根据核心素养的特征进行制定，并要具备丰富性。独立的和广泛的学科形式均存在于国际社会核心素养的课程形态中，并且贯穿整个课程体系。例如，在学生素养培养的过程中，同时融入了一定的"公民素养和社会素养"；更甚者将"信息素养"全面整合到课程之中。

教育培养目标的具体化便是学生核心素养指标体系，因此学生核心素养也是课程改革的根本导向与方针。国际上主要采用直接指导型与互补融通型两种途径将学生核心素养研究成果应用于课程改革。课程改革以核心素养指标体系为基本框架，便是所谓的直接指导型。而互补融通型指的是将核心素养的指标体系以互补的形式渐渗透进课程标准中，实现核心素养体系与课程标准的融合。为了实现课程目标的落实，必须首先调整课程机构和分布，进而进行课程内容的调整，主要包括以澳大利亚为代表的整体分布和以我国台湾地区为代表的局部分布。在核心素养的课程改革过程中，课程实施给予教师的空间充足，教师要能够不断地挖掘只是形态下的核心素养，丰富教学内容、教学过程、教学设计，以发展学生核心素养为主要目标进行创新与尝试，实现核心素养为本的课程改革。

现代的教学课程体系主要包括课程教学的目标标准、教学内容规定知识技能标准、保障学习的教育资源和经验的教学建议标准和学生应该达到的技能水平等质量标准。25 为了将核心素养的要求贯彻到课程标准中：首先，在体现本学科特色的基础上，根据学生发展核心素养的内容和形式，以学生发展核心素养为主要教学目标，制定本学科学生发展核心素养的具体目标；其次，结合学科与学生的特点，制定相应的教学建议，促进学生核心素养的形成，并提供保障；再者，要结合相应的质量标准和内容标准，制定学生核心素养评价标准，有效实现教育评价，并以此来推进学生核心素养的培养与发展。

3.改善教师素质教学方式

课程与教学改革的核心力量是教师，因此，教师的专业发展以及教师的核心素养对课程改革的实施具有重要的作用。欧盟要求教师的核心素养不仅要与学生素养保持一致，并且还包括教育教学、学科等素养等。因此，教师要以专业发展为前提和保障，促进学生核心素养的发展与进步通过知识传递、组织活动、思维开拓等系列研究教学过程，研究开发更多的有助于提高学生核心素养培养的教育教学模式。尤其是教师等教育者应该转变教育观念，应以"核心素养为导向"，而不是"以知识点为核心"采取教育教学模式。首先，为了使学生能够适应社会发展，必须为学生营造有助于形成解决实际问题能力的真实学习情境，提高学生问题解决能力，而不能够仅以学科知识点为核心。教师在教育教学活动中，要注意抽象问题与真实情境的融合教学；注重培养学生的学科素养，学生在学习成长过程中不断地学习知识、技能、价值观等，在一定程度上学科知识扮演者重要的角色。教师扮演的角色十分重要，是教育教学的具体实施者，教师能力和资格标准也是必要的，基于核心素养的教师培训也是关键。

八、转变教师观念，塑造学生批判性思维

大学教师是大学教育极为重要的组成部分，是开展大学教学活动不可或缺的主导性成分。塑造批判性思维，离不开大学教师主导性作用的发挥。信息化社会背景下以现代技术为依托的"以学为中心"教学范式深刻改变着大学教育教学塑造、提升大学生批判性思维。就教师而言，需转变传统知识性教学观念，引导大学生由低阶认知能力向高阶认知能力的转移；以在实施项目教学中促进大学生深度学习，深潜学习状态为抓手，从理念与教学实践两个方面予以发力。

（一）转变传统知识性教学观念，引导大学生由低阶认知能力向高阶认知能力的转移，塑造批判性思维

大学生核心素养作为对现代人素养的新型探索与集中体现，对其培育与养成深刻体现对传统教学观念的继承与突破。改变传统的教学观念，寻求传统教学与现代教学的契合点，进而明确何谓现代教学观念是大学教师实施核心素养教学的理念探寻。教学观念源于教学基本理论，传统教学观念以布卢姆的教育目标分类理论为主，教师划分三类教学目标即认知、情感与动作技能，并按照人的认知规律予以施教传统知识性教学观念以传授学科知识为主，注重知识的记忆、理解与应用，属低阶认知能力，而注重客观现实问题与真实情境融合的大学生核心素养强调高阶认知能力的获得，专注知识的批判性分析、评价与创造，侧重高阶思维能力——批判性思维的塑造与升华。

传统知识性教学观念强调学科知识的静态性与单向性，在工业文明追求效率性原理的驱动下形成单一学科的逻辑架构与培育惯习，使得学科、专业和职业间缺乏必要的张力与松弛力，知识表现出在学科逻辑的静态性与专业逻辑的动态性矛盾以及职业性的多元需要与学科单向性供给的矛盾，引发现代社会对知识生产方式以及深层次建构的思考，相比传统知识性教学观念，现代性教学观念强调学生个人对知识有意义的建构与生成，以问题为导向和出发点，依据问题的多元性表征，明确多元性知识的意义价值，予以内化为个人知识的结构性存在，由此看出，传统知识性教学观念注重学生对知识的身心获得，而现代性教学观念更体现在学生寻求知识演绎的过程，明晰知识产生的源头，不仅来自教师和书本，更产生于现实的客观世界和其展现的各种现象，抓住客观世界的真实性不仅有助于学生掌握学科知识，更甚于批判性地思考学科知识，探明一切知识适用的条件、范围和开拓区间，集中培育人的高阶认知能力。转变传统知识性教学观念为现代教学观念，聚焦现代素养性教学观念，区别于传统知识性教学由知识到能力最后形成素质的培育惯性，强调知识、能力、情感态度价值观的整体性生成，使学生在知识的分析、评价和创造中进行批判性地自主建构，在对真实问题的思考与解决中，凝练相信什么和做什么时表达合理而成熟的思考，形成批判性思维技能、态度与行为倾向，激发批判性思维。

（二）在实施项目教学中促进大学生深度学习，深潜学习状态，提升批判性思维批判性思维

作为中国大学生核心素养之一，是大学生应对未来社会不可预测方面的高

阶思维素养，深刻表达高等教育现代化核心人的现代化的实现程度，是现代人独立人格的精神展现。批判性思维意指一个人思维与行动的合理与成熟，其内涵不仅包括技能层还涉及内在性地人格倾向，本文通过项目教学的探究，明晰项目主题，大学生在解决项目难题的过程中，充分调动自身的一切知识、技能和情感态度促进其进入深层次的学习状态即深度学习，在对知识本质的理解与学习内容的批判性应用中寻求真实问题的解决，以此提升批判性思维。

项目教学起源于18世纪欧洲劳动教育思想，指"面对一个实践性的、真实的或与工作情境类似的任务，学生能够在教师的指导下独立地通过个人努力或团队合作确定目标要求、制定具体计划、逐步实施并对整个活动进行评价的过程"，由此看出项目教学是解决真实问题而发生发展的，突出学生的有效参与和知识体验，强调学生在整个项目研究过程中的独立性，注重学生的主体性地位与独立探究。而深度学习是"以内在学习需求为动力，以理解性学习为基础；运用高阶思维批判性地学习新的思想和事实；能够在知识之间进行整体性联通，将它们融入原有的认知体系进行建构；能够在不同的情境中创造性地解决问题；能够运用元认知策略对学习进行调控，并达到专家学习程度的学习"，完整地构建了学生在复杂情境下解决真实问题的封闭回路，不仅具备在不确定情境中对问题产生的质疑，意欲通过探究将问题产生的情境不平衡状态转化为确定的情境，而且通过思维的整体性联系与贯通，以达到对问题本真理解宏观认识并解决之目的，所以项目教学中构建真实问题和注重学生的独立性与深度学习对学习过程中的探究、质疑、体验与感悟这一实质特征成为深潜学习状态，提升批判性思维的演绎基础与融合之基。

教师在进行项目教学时，要求学生独立参与项目计划研究，收集、整理和分析资料，开始调查方案，提出研究假设，运用深度学习不断尝试与追求高阶思维，批判性地学习因问题解决所需要的知识技能，在主体与客体的互动中搭建知识架构明确生成意义，发展能力，提供多元的解决路径，完善项目解决方案，并向项目团体中的成员汇报自己的研究成果，接受成员的评判。在实施项目教学中，触及学科内容本质，追求知识的深层次理解、构建与运用，使大学生历经深度学习，形成与提升批判性思维。

参考文献

[1]余以胜，胡汉雄，姜心刚.解读互联网+[M].广州：华南理工大学出版社，2016.

[2]王晨，刘男.互联网+教育 移动互联网时代的教育大变革[M].北京：中国经济出版社，2015.

[3]靳玉乐，张铭凯，郑鑫.核心素养及其培育[M].南京：江苏人民出版社，2018.

[4]贾灵充，周卫娟，赵艳娟.当代大学生核心素养与思想政治教育研究[M].北京：新华出版社，2018.12.

[5]余文森.核心素养导向的课堂教学[M].上海：上海教育出版社，2017.

[6]刘峰.当代大学生社会责任感培育实证性研究[M].北京：中央编译出版社，2019.

[7]钟启泉.核心素养十讲[M].福州：福建教育出版社，2018.

[8]常琪，韩力争.浅析大学生核心素养培育路径[J].公关世界，2020（08）：128-130.

[9]付海东，谷艺萌，关群.高校大学生核心素养现状及影响因素研究[J].产业与科技论坛，2019（03）：100-101.

[10]宋灵青，田罗乐."互联网+"时代学生核心素养发展的新理路[J].中国电化教育，2017（01）：78-82.

[11]谭建平，王卓.论"互联网+"背景下大学生核心素养培育的内在机理[J].黑龙江高教研究，2018（09）：51-54.

[12]赵明媚，王海旭，蔡一之，等.基于高校众创空间的大学生核心素养培养研究[J].河北农业大学学报（社会科学版），2020，22（06）：59-64.

[13]栗文敏.基于核心素养的大学生积极社会心态培育[J].校园心理，2020，18（05）：452-455.

[14]郑敏.后现代主义视域下大学生核心素养的现状与提升路径[J].淮北职业技术学院学报,2020,19(04):13-16.

[15]鲁英.高校思政课应成为培育大学生核心素养的领路人[J].黑龙江教育(理论与实践),2020(09):46-48.

[16]朱红英.基于教学新生态视角的大学生学习力培养研究综述[J].教育观察,2020,9(25):14-17.

[17]王秋艳.基于核心素养的大学生思想政治素养培育策略[J].吉林工程技术师范学院学报,2020,36(06):4-6.

[18]常琪,韩力争.浅析大学生核心素养培育路径[J].公关世界,2020(08):128-130.

[19]隗宁,初晓.基于提高大学生核心素养的"双创"教育的探索与研究[J].创新创业理论研究与实践,2020,3(08):83-85.

[20]张娜,代大为,谢振安.立德树人背景下大学生核心素养的培育路径[J].黑河学院学报,2020,11(03):97-99.